Caspar Ehlers
Rechtsräume

methodica – Einführungen in die rechtshistorische Forschung

Herausgegeben von
Thomas Duve, Caspar Ehlers und Christoph H. F. Meyer

Band 3

Caspar Ehlers

Rechtsräume

Ordnungsmuster im Europa des frühen Mittelalters

DE GRUYTER
OLDENBOURG

ISBN 978-3-11-037971-6
e-ISBN (PDF) 978-3-11-037972-3
e-ISBN (EPUB) 978-3-11-039670-6

Library of Congress Cataloging-in-Publication Data
A CIP catalog record for this book has been applied for at the Library of Congress.

Bibliografische Information der Deutschen Nationalbibliothek
Die Deutsche Nationalbibliothek verzeichnet diese Publikation in der Deutschen
Nationalbibliografie; detaillierte bibliografische Daten sind im Internet über
http://dnb.dnb.de abrufbar.

Vorwort der Herausgeber

Einführungen in die Rechtsgeschichte und ihre Teilbereiche gibt es einige. Sie sind nicht selten mit Blick auf Vorlesungen verfasst und ihre Aufgabe ist, Ergebnisse der Forschung zusammenzufassen. Sie versuchen, ein Gesamtbild zu zeichnen und müssen dazu notwendigerweise auf Vertiefung verzichten. Nur selten können sie praktische Hinweise geben, über Hilfsmittel informieren oder Anleitungen zum Umgang mit konkreten Quellen bieten. Die Reihe *„methodica" Einführungen in die rechtshistorische Forschung* hat ein anderes Ziel. Sie richtet sich gerade an diejenigen, die auf der Grundlage des Forschungsstandes selbst als Studierende, als Lehrende oder als Forschende weiterarbeiten möchten. Sie versucht deswegen erst gar nicht, das Universum der Rechtsgeschichte vollständig abzubilden. Vielmehr werden Schlaglichter auf unterschiedlich dimensionierte Forschungsfelder geworfen. Einige Bände widmen sich langen Zeiträumen und historischen Großregionen, andere stellen spezifische Themen in den Mittelpunkt oder beschränken sich bewusst auf einen Moment in der Geschichte. Der Zuschnitt folgt der Logik der Forschungspraxis und die Bände sind verfasst von Wissenschaftlerinnen und Wissenschaftlern, die in dieser Praxis stehen. Gemeinsam ist allen Bänden das Ziel, in einen bestimmten Bereich einzuführen und grundlegende Informationen über Quellen, Hilfsmittel, Forschungstraditionen und wichtige Literatur zu geben. Diesem Ziel dient auch der einheitliche Aufbau: Auf die Einleitung und einen historiographischen Überblick folgen eine Einführung in Quellen und Hilfsmittel, in Methoden und wichtige Forschungsfragen sowie eine ausführliche Bibliographie.

Die Reihe antwortet damit auf ein nach unserem Eindruck steigendes Bedürfnis nach solchen praktischen Anleitungen, denn das Interesse an der Rechtsgeschichte ist in den letzten beiden Jahrzehnten enorm gestiegen. In der allgemeinen Geschichtswissenschaft ist die Bedeutung des Rechts als eines gesellschaftlichen Teilsystems und Sinnproduzenten wieder stärker anerkannt, Sozial- und Kulturwissenschaften sind zunehmend interessiert an unterschiedlichen Formen von Normativität, an Regelungskollektiven und den von diesen produzierten Regelungsregimen. Theologie, Philosophie, Religionswissenschaften und Anthropologie fragen nach der Geschichte normativer Systeme und ihrem Verhältnis zum (staatlichen) Recht. Auch in der Rechtswissenschaft selbst wird eine historische Perspektive als Erkenntnismittel genutzt. Weitab der klassischen Bezugsfelder rechtshistorischer Forschung etwa im Privatrecht integriert heute eine steigende Zahl der kreativsten Rechtswissenschaftlerinnen und Rechtswissenschaftler historische Perspektiven in ihre Analysen. Die grundlegenden Transformationen, denen sich unsere Gesellschaften und ihr Recht mit der Globalisierung und Digitalisierung ausgesetzt sehen, haben sicherlich zu dieser Entwicklung beigetragen. Die Rechtsgeschichte erfährt daher immer mehr

DOI 10.1515/9783110379723-202

Interesse aus unterschiedlichen Fachtraditionen und nicht zuletzt aus Regionen, mit denen die deutsche Rechtsgeschichtswissenschaft bislang nur wenig Austausch hatte: Asien, die islamischen Welten, Nord- und Südamerika. Diese internationale und interdisziplinäre Aufmerksamkeit hat angesichts einer institutionell schwächeren Präsenz der Rechtsgeschichte an den juristischen Fakultäten im deutschsprachigen Raum aber auch dazu geführt, dass ein großer Bedarf an methodischen Einführungen zur Rechtsgeschichte besteht, der bislang nicht angemessen befriedigt wurde. Wichtige Forschungstraditionen gerade der deutschsprachigen Rechtsgeschichte bleiben häufig unberücksichtigt. In dieser Situation schien uns eine Reihe wie die hier begonnene besonders wichtig. Die Idee zu *„methodica"* ist im Max-Planck-Institut für europäische Rechtsgeschichte entstanden, viele Bände werden von Mitarbeiterinnen und Mitarbeitern des Instituts verfasst. Wir hoffen, dass sie dabei helfen, die faszinierenden Geschichten des Rechts besser zu verstehen und fortzuschreiben.

Thomas Duve – Caspar Ehlers – Christoph H.F. Meyer
April 2016
Frankfurt am Main

Vorwort

Der vorliegende Band kann und soll keine Einführung in das breite Feld der rechts-
oder kulturwissenschaftlichen Erforschung von ‚Räumen' bieten, zu diesem Thema
gibt es aus den verschiedenen Bereichen zahlreiche einschlägige Werke, auf die hier
entsprechend verwiesen werden wird. Vielmehr geht es um die Frage nach den dynamischen Prozessen der Raumordnung, in erster Linie um die Übertragung und die
Rezeption von Ordnungsmustern im Zusammenhang mit der räumlichen Expansion
von Kulturen und der damit einhergehenden Installation bislang unbekannter Normen und Praktiken im Zielraum. Die Methodik einer interdisziplinären Erforschung
und Rekonstruktion der Ausweitung von Geltungsansprüchen, der daraus hervorgehenden Integration von geographischen Flächen und ihrer Bevölkerung steht im
Mittelpunkt dieses Buches.

Dazu gibt es viele auf Einzelbeispiele oder spezielle Zusammenhänge konzentrier-
te Referenzwerke, neu aber ist die Zusammenschau der unterschiedlichen Methoden
mit dem Ziel, einen weiterführenden Zugang mittels dezidiert interdisziplinärer Herangehensweisen zu entwickeln.

Da es sich bei dem Thema „Rechtsräume", wie es im Folgenden verstanden wird,
nicht um ein klassisches Feld der Rechtsgeschichte handelt, werden die schemati-
schen Gliederungspunkte der Reihe „methodica" sehr offen gegenüber den Nachbardisziplinen sein. Darüber hinaus ist es der Konzeption des Forschungsschwerpunktes
am Max-Planck-Institut für europäische Rechtsgeschichte geschuldet, dass eine Konzentration auf die Frühmoderne in Europa (auf diesen Begriff wird noch einzugehen
sein) unausweichlich ist. Der Verfasser aber hat sich wegen der offensichtlichen
diachronen Relevanz seines Forschungsgegenstandes bemüht, die epochenübergrei-
fenden Fragestellungen nicht aus dem Auge zu verlieren. Denn gerade der zeitlich
breit angelegte Vergleich enthüllt die ungebrochene Relevanz des Gegenstandes bis
in unsere Tage, in denen wir auf ein Neues die faktische Wirksamkeit – auch vermeintlich – historisch begründeter Argumente von Raumzusammenhängen als politisches
Argument erkennen.

Eine allgemein anerkannte methodische Voraussetzung dafür ist, dass eine an
den Quellen und der Forschung gewonnene Theorie diachron und im weitesten Sinne
global als Modell übertragbar und praktisch sein muss – eben nicht nur für den
jeweiligen Einzelfall tauglich, an dem sie entwickelt wurde.

Um einen im Rahmen des Möglichen lesbaren Band der Reihe vorzulegen, war
es jedoch notwendig, die breit angelegte Thematik stark auf die „Rechtsräume" als
Beispiel für Ordnungsmuster des frühen Mittelalters im europäischen Rahmen zu
konzentrieren und deren zahlreiche Randgebiete nur zu streifen. Allein eine Zeiten
und Räume überspannende Komparatistik, die klassische wissenschaftliche Fächer-

DOI 10.1515/9783110379723-203

grenzen und nationale Ansätze ausgleicht und zugleich in der Lage ist, Konvergenzen nicht mit Kausalitäten zu verwechseln, wird die Bedeutung regionaler oder zeitlich begrenzter Entwicklungen für die Menschheitsgeschichte vollends einordnen oder gar aufdecken können.

Großen Dank schulde ich meinen Mitarbeitern im Forschungsschwerpunkt „Rechtsräume" am Max-Planck-Institut für europäische Rechtsgeschichte, Frau Jessika Nowak und Herrn Simon Groth, die auch die Mühe der Endredaktion auf sich nahmen, sowie Herrn Dennis Majewski. Sie haben sich langmütig am Entstehungsprozess dieses Bandes beteiligt, ebenso wie die vielen Kollegen am Frankfurter Institut, genannt seien nur Christiane Birr, Wolfram Brandes, Peter Collin, Otto Danwerth, Christoph Meyer und Heinz Mohnhaupt. Dessen Direktoren Thomas Duve und Stefan Vogenauer schufen die nötigen Freiräume und nahmen Anteil wie auch Michael Stolleis. Nicht zuletzt ist auch den stets zur Diskussion mit dem Verfasser bereiten Rechtshistorikern der Frankfurter Goethe-Universität zu danken, Albrecht Cordes, Bernhard Diestelkamp, Gerhard Dilcher, David von Mayenburg, Guido Pfeifer und Joachim Rückert. Darüber hinaus gaben Johannes Krause, Direktor am Max-Planck-Institut für Menschheitsgeschichte in Jena, und Patrick Geary, School of Historical Studies am Institute for Advanced Study in Princeton, wertvolle Hinweise. Die Herren Konstantin Götschel und Florian Hoppe betreuten im Verlag die Drucklegung mit großer Umsicht und steter Hilfsbereitschaft.

Gewidmet sei das Buch meiner Frau und unseren drei Töchtern, denen die Rechtsräume auch verständnisvoll ertragene Zeit- und Spaßverluste einbrockten.

Caspar Ehlers
Fronleichnam 2016
Frankfurt am Main

Inhalt

Teil 3: **Arbeitstechniken und Perspektiven**

Teil 4: **Bibliographie und Verzeichnisse**

Teil 1: **Einführung**

1 Zu diesem Buch

Es soll eine Methode zur Erforschung und Beschreibung beziehungs- Ziel
weise zur Rekonstruktion dynamischer Prozesse entwickelt werden,
die der Übertragung von im weitesten Sinne normativen Vorstellungen zu Grunde liegen. Diese Prozesse beziehen sich ihrem Ansatz
nach auf eine zu beschreibende und somit kartierbare Fläche (die
„Raumwirksamkeit des Menschen": Schenk 2011, 15) und beinhalten
definierbare, aber zunächst nicht kartierbare, kulturelle und konstituierende Konzeptionen von ‚Ordnung'. Sie setzen einen zeitlichen
Ablauf ebenso voraus wie die Interaktion von Menschen als Handelnde und als Betroffene – oder als Beobachter. Der letzten Gruppe,
sei sie beteiligt oder rückblickend, kommt vermutlich die größte
Bedeutung zu, denn „Raum entsteht erst dadurch, dass er durch das
handelnde Subjekt, Zeitgenosse oder Historiker, wahrgenommen
wird", wie Frank Göttmann (2009, 3), „um keine Mißverständnisse
aufkommen zu lassen", den Konsens der modernen Forschung zu-
sammenfasst. Aus der Sicht des Beobachters entsteht so ein „dritter
Raum" (Schroer 2006, 211), „der gewissermaßen aus Elementen sowohl des Herkunfts- als auch des Ankunftraums zusammengesetzt
ist und dadurch etwas Neues darstellt".

Keinesfalls kann in diesem Buch sämtlichen Verästelungen aller Konzeption
beteiligten Forschungsdisziplinen, ihren besonderen Seiten- oder
Abwegen nachgegangen werden und ebenso wenig können alle methodischen Probleme berücksichtigt werden, die innerhalb der eigenen Fragestellung auszuloten wären. Da der Zweck der Reihe „methodica" darin besteht, **Zugänge** zu eröffnen und weitere Wege zu
beschreiben oder aufzuzeigen, wird es bei Diskussionen aktueller
fachspezifischer Tendenzen bleiben müssen. Um diese jedoch verstehen und einordnen zu können, wird, wo es nötig erscheint, die
entsprechende Forschungsgeschichte erörtert und im Rahmen des
hier Möglichen historisiert werden. Denn nur aus dem Verständnis
wissenschaftsgeschichtlicher und allgemeiner historischer Zusammenhänge können Wege weiter gebahnt werden. Voraussetzungslosigkeit ist hingegen eine Gefahr. Wenn im Text vermeintlich zwischen
Rechts- und Kulturwissenschaften geschieden wird, bedeutet das
freilich nicht, dass Recht kein Ausdruck von Kultur ist, sondern dass
die jeweiligen methodischen Ansätze, die hier zusammengebracht
werden sollen, befruchtend unterschiedlich sind. Dies ist zwar hin-

DOI 10.1515/9783110379723-001

länglich bekannt, jedoch leider ab und an Grund für Missverständnisse in der bilateralen Rezeption.

Da Lesen bekanntlich vor Überraschungen schützt, werden im Folgenden viele Verweise auf **Forschungsliteratur** in nachgestellten Literaturhinweisen im Fließtext und in der Quellen-Kunde sowie dem allgemeinen aber selektiven Literaturverzeichnis (Unterpunkte 8.3 und 8.4) gegeben, die nie den Anspruch erheben wollen und könnten, Vollständigkeit zu bieten, aber mit deren Hilfe die Leserinnen und Leser problemlos in der Lage sein sollten, ihre eigene Marschroute jenseits der vom Autor vorgenommen Auswahl zu planen. Insgesamt wurden etwa 1.000 Titel zu den angeschnittenen Fragen und eröffneten Perspektiven berücksichtigt, die eine weitere methoden- und problembewusste Beschäftigung erleichtern dürften.

Entsprechendes gilt für die in Frage kommenden **Quellen**, deren Zahl sich der auflistenden Bewältigung im Rahmen einer Übersicht wie dieser entzieht. In den Kapiteln 2 und 4 sowie 8 (Quellen-Kunde) wird jedoch versucht, dem zunächst unüberschaubaren Quellenkorpus anhand der gängigen historischen Methode der Quellenkritik eine Struktur zu verleihen, die Einstiegs- und Auswahloptionen zu den jeweiligen Teilaspekten der Erforschung von Rechtsräumen aufzeigt. Denn man kann wohl sagen, dass es kaum eine historische Überlieferung geben wird, die keine für die Erforschung von Rechtsräumen relevanten Informationen bieten würde.

Ansatz — Da dieser Band der Reihe „methodica" stark geschichtswissenschaftlich angelegt und den disziplinären Schnittstellen von und zu der Historik verpflichtet ist, wird mehr als dies sonst bei einer rechtshistorischen Einführungen zu erwarten wäre, auf Methoden und Probleme der modernen historischen Forschung hingewiesen. Zwar liegt, wie noch erläutert werden wird, der Schwerpunkt im Frühmittelalter, doch werden die Ausführungen über den gängigen Horizont hinaus erweitert werden und so hoffentlich auch für Leserinnen und Leser der Kultur- und Rechtswissenschaften neue Einsichten bieten.

Orientierung im Text — **Marginalien** und im Text fett gesetzte **Stichwörter** heben zentrale Begriffe hervor. Sie erleichtern das zielgerichtete Stöbern im Text unterhalb der drei Teile, ihren Kapiteln und deren Unterpunkten. Zwei **Register** (Kapitel 10 und 11) mit weiteren Lemmata und Nachweisen, etwa auf forschungsgeschichtlich relevante Personen jenseits der zu Rate gezogenen Literatur, erschließen den Band. Die mit einem **Asteriskus (*)** gekennzeichneten Titel finden sich in Kapitel 8, wo die ausgewählte Literatur zu den Quellen gelistet wird.

Um diesem Anspruch einen überschaubaren Horizont zu geben, wurde der Schwerpunkt der vorliegenden Untersuchung auf den europäischen Raum und die Zeit des frühen Mittelalters eingeschränkt. Beide Limitierungen erscheinen willkürlich, wenn man beispielsweise einen – negativ konnotierten – Eurozentrismus (Giegerich/ Odendahl 2014, 17) beziehungsweise eine Vorstellung von „Europa als Monade" (Duve 2012, 33 f.) zu vermeiden sucht. Daher sollen diachrone und globale Ansätze im Folgenden stets zu Wort kommen, auch wenn es bei Andeutungen bleiben muss, um den Rahmen nicht zu sprengen (siehe auch unten Kapitel 6).

Der zeitliche Rahmen ist jedoch nicht willkürlich gewählt und nicht auf einen nationalen Raum beschränkt, sondern stellt einen Gegenstand von ungebrochener Aktualität für die internationale Forschung dar, wenngleich die Falle einer „Periodisierung" stets aufs Neue betont wurde und wird. Exemplarisch steht für diese Schwierigkeit der historischen Wissenschaften der Band des französischen Historikers Jaques Le Goff (1924–2014, engl. 2015).

Die gestreckte Phase zwischen Antike und Mittelalter bildet eine Schnittmenge mit der „Spätantike" (Late Antiquity, Antiquité tardive, Tarda antichità) und dem „Frühmittelalter" (Early Middle Ages, Haut Moyen Âge, Alto Medioevo), sie bedeutet sowohl das Ende als auch den Anfang einer Epoche im klassischen Sinne. Dieses halbe Jahrtausend europäischer Geschichte ist bestimmt von Untergang und Transformation des Römischen Reiches, der Festigung der barbarischen Reichsbildungen nach den Migrationen sowie dem Aufstieg des Frankenreiches beziehungsweise seiner Nachfolger, den west- und ostfränkischen Reichen respektive Frankreichs und Deutschlands, zu den hegemonialen Mächten im 10./11. Jahrhundert auf dem Kontinent neben den Reichen auf den ‚britischen' Inseln (einführend Sarnowsky 2008) und an den Randzonen der damaligen christlichen Welt.

Raum und Zeit der Studie

Frühes Mittelalter

Groth 2017; Brown 2014; Tinti Hg. 2014; Pohl/Heydemann Hg. 2013; Mathisen/ Shanzer Hg. 2011; Heather 2010 und 2009; Kölzer Hg. 2009; Schmidt, M. 2009; Davis/McCormick Hg. 2008; Mayr-Harting 2007; Deutinger 2006; Goetz/Jarnut/Pohl Hg. 2003; Pohl/Wood/Reimitz Hg. 2001; Hedeager 2000; Ausenda Hg. 1995; Jarnut 1994; Bernhard/Kandler-Pálsson Hg. 1986; Wallace-Hadrill 1971; zur Archäologie dieser Übergangsphase siehe Heinrich-Tamaska/Krohn/Ristow Hg. 2012 sowie Brather 2008 und Brather Hg. 2008 sowie Henning Hg. 2002.

Zugleich fällt in das ausgehende frühe Mittelalter auch der Anfang der europäischen Monarchien in Ost- und Nordeuropa (Bagge 2014 und 2008; Kleingärtner/Newfield/Rossignol Hg. 2013; Kämper 2008; Herbers Hg. 2007; Carver Hg. 2004; Adamska 1999). Für den Raum des Oströmischen Reiches gelten andere, aber doch vergleichbare Parameter. Das Ausgreifen des Islams auf den Kontinent im ersten Drittel des 8. Jahrhunderts leitet darüber hinaus eine identitätsbildende Entwicklung ein, über deren Bewertung in der Forschung bis heute keine einhellige Meinung erzielt wurde. Dies liegt unter anderem an dem schillernden Begriff „Europa" und den mit ihm verbundenen Inhalten, die weniger geographisch als ideell zu sein scheinen (siehe etwa Airlie 2012 oder Schultz 1997 zum Konzept „Zentraleuropa" sowie die Beiträge in Joas/Wiegandt Hg. 2005), worauf zurückzukommen ist.

Europa

Daher ist der raumbezogene Europabegriff nicht ohne Umsicht zu verwenden (Schmale, W. 2012; Dipper/Raphael 2011), denn seine Konnotationen sind vielfältig und exemplarisch dazu geeignet, Ungleichzeitiges aus verschiedenen kulturellen und geistesgeschichtlichen Sphären kritiklos miteinander zu verschmelzen (vgl. auch Duve 2012, 14–17 und 24 ff.). Geographisch gesehen, ist zwar mit Hilfe der Fläche des Römischen Reiches, der räumlichen Ausbreitung des Christentums und der Expansion des fränkischen Reiches auf dem europäischen Kontinent bis zur ersten Jahrtausendwende unserer Zeitzählung eine räumliche Kontinuität zu konstruieren (Tremp/ Schmuki Hg. 2010; Wickham 2009; Ehlers, J. 2004a), aber zugleich ist zu betonen, dass diese Kriterien selbst schon Voraussetzung für das spätere Ergebnis sind – den Rechtsraum, dessen „Erwachen" Giaro (1995) juristisch unter dem Aspekt des Römischen Rechts, der Romanistik, in den Blick nahm. Siehe dazu auch Duve (2014b, 30 f. und öfters).

Backmann 2014; Bernsen/Becher/Brüggen Hg. 2013; Ertl Hg. 2013; Font 2013; Oschema 2013; Schieffer 2013; Boer 2012; Burke 2012; Kaufmann 2012; Schwerhoff 2012; Asbach 2011; Heather 2010 und 2009; Melville 2010; Wickham 2009; Samsonowicz 2009; Stolleis 2008; Strothmann, M. 2007; Borgolte 2005 und 2002; Joas 2005; McCormick [4]2005; Wagner, P. 2005; Ehlers, J. 2004a; Le Goff 2004; Geary 2002a und 1999; Henning Hg. 2002; Meier-Walser/Rill Hg. 2000; Wieczorek/Hinz Hg. 2000; Schneidmüller 1997a; Schultz 1997; Brown 1996; Leyser 1994; Bartlett 1993; Beumann 1989; Wolf 1989; Braudel 1989.

Mit welchen Mitteln kann das gesetzte Ziel erreicht werden? Zunächst ist es angebracht, sich auf die in der Geschichtswissenschaft etablierten Quellengruppen zu verlassen, wie sie in der Methodenlehre der Historik entwickelt wurden. Diese stützt sich einerseits auf „Traditionen", also die schriftlichen „erzählenden Quellen" und die gleichfalls schriftlich überlieferten „normativen Quellen". Daneben aber treten andererseits die „Überreste" und die „Denkmäler" als wichtige Mittel der Erkenntnis, mithin vor allem die nichtschriftlichen Quellen aus dem Bereich der Bau- und Kunstgeschichte (beispielsweise Johnson 2013) sowie der Archäologie, deren Erkenntnishorizont in den letzten Jahren durch die Einbeziehung modernster naturwissenschaftlicher Praktiken, zuletzt der Paläogenetik, enorm an technischen Möglichkeiten aber vielleicht weniger an theoretischer Bandbreite gewonnen hat.

Quellen

Die Kombination von zumeist ausführlich erforschten Traditionen mit den Überresten aus dem ‚historischen Raum' eröffnet daher innovative Perspektiven über die zeitgenössische Historiographie hinaus. Im folgenden Kapitel 2 werden die wichtigsten für die Erforschung der Rechtsräume relevanten Quellen erörtert, die damit einhergehenden methodischen Probleme finden sich in Kapitel 4. Da im Rahmen dieser Einführung aus naheliegenden Gründen die Quellen nicht annähernd komplett ausgebreitet werden können, kann in Kapitel 8 eine ‚quellenkundliche Übersicht' zur Hilfestellung konsultiert werden.

Im Mittelpunkt des vorliegenden Bandes steht, so mag man es kurz zusammenfassen, das Verhältnis von geographischem Raum und sich etablierenden Ordnungen unter dem Aspekt der Zeit. Mithin die **Dynamik** der Konstituierung von Rechts-Räumen (*Legal Spaces*: Müller-Mall 2013). Dieser Forschungsgegenstand ist in erster Linie sehr komplex, meist recht unscharf zu erfassen und immer kontaminiert mit jeweils den Forschungsdisziplinen eigenen Verständnisinhalten (siehe Rau 2013, 71–121 mit weiteren Verweisen). Immer wieder wird daher zu unterscheiden sein zwischen raumbildenden Prozessen mittels vorgefundener oder erst noch zu erschaffender Räume und zwischen terminologischen Feinheiten aus der Sprache der raumbezogenen, zumal internationalen Forschung (dt. „Punkt, Platz, Raum" – engl. „place, location, space"). Weiterführend ist hier die ertragreiche Konversation zwischen dem deutschsprachigen Gerd Schwerhoff (2013a) und dem englischsprachigen Leif Jerram (2013) in einem Forum der Zeitschrift „History and Theory" (52/2013),

Zentrum der Studie

in dem auch Beat Kümin und Cornelie Usborne (2013) bedenkenswerte Aspekte beigesteuert haben, die noch zu erörtern sind (Unterpunkt 5.3 und Kapitel 6 sowie Dipper/Raphael 2011, 40).

Ordnungs-muster

Um beispielsweise von Anfang an eine implizit vorausgesetzte Intention der Akteure – also das Wissen um das eigene Tun und dessen Folgen – als methodische Prämisse zu vermeiden, wird der passive Begriff ‚Muster' dem der ‚Vorstellung' vorgezogen, soweit dieser nicht eine gängige und an den Quellen feststellbare zeitlich gebundene Praxis beschreibt (siehe unten in 3.4). Nur rückblickend wahrzunehmende Entwicklungen in der Zukunft der Akteure fallen in das Sujet des Historikers, der Erfolge erkennen und das Scheitern von Ordnungsentwürfen beurteilen kann.

Interdiszipli-narität

Die meist terminologisch begründeten Kommunikationsprobleme zwischen den am Forschungsvorhaben beteiligten wissenschaftlichen Disziplinen stellen ein Hindernis bei der Zusammenschau dar. Das betrifft auch die Komparatistik, die sich raumübergreifend oder diachron mit dem Gegenstand beschäftigt. Archäologen oder Sprachwissenschaftler haben ihre eigenen Bezugspunkte ebenso wie Rechtshistoriker (vgl. schon Meyer 1997, 85–88, zur Komparatistik in der Rechtsgeschichte) oder Kunst- und Geschichtswissenschaftler. Politische oder kulturelle Vorstellungen formen die Erkenntnis, eine fachspezifische Epistemologie und der sogenannte ‚Mainstream' verhindern darüber hinaus oft das Verlassen tradierter Wege.

Wie zu zeigen sein wird, spielt in der Rechtsgeschichte wie in der Gegenwart des geltenden Rechts (Giegerich/Odendahl 2014, 18 f.) der räumliche Aspekt meist eine eher nachgeordnete und oft metaphorische Rolle, während er in der Geschichtswissenschaft stets ein wichtiger, wenn auch nicht immer angebrachter Ansatz gewesen ist. Der viel zitierte „Spatial Turn" bedeutete ja eben nicht die Hinwendung zum Raum in den Kulturwissenschaften als Innovation (Schwerhoff 2013a und 2013b sowie Schlögel 2006, 60–71). Das zeigt schon die gleichzeitig mit dem Etablierungsversuch des „Turns" stattfindende Aufarbeitung der raumbezogenen Geschichtswissenschaft des 19. und der ersten Hälfte des 20. Jahrhunderts in Deutschland (Wood 2013; Köster 2002).

Handlung, Zeit, Ort

Dass Geschichte als Handlungen von Menschen nur im Zusammenhang mit ihrer Zeit und ihren Orten zu erkennen und zu beschreiben ist, war schon Hugo von Sankt-Viktor († 1141) klar, der im Sinne der antiken Tradition der Poetik die Geschichtsschreibung als genau diesen drei Kategorien verpflichtet charakterisierte: „Es sind daher drei [Umstände], auf denen die vorrangige Erkenntnis der historischen Taten gründet, nämlich die Personen, von denen die Taten vollbracht wurden, und die Orte, an denen die Taten stattfanden, sowie die Zeiten, in denen die Taten vollbracht wurden" (*Tria igitur sunt in quibus precipue cognitio pendet rerum gestarum, id est, persone a quibus res geste sunt, et loca in quibus geste sunt, et tempora quando geste sunt*: „De Tribus Maximis Circumstantiis Gestorum", ed. Green 1943, 491), vgl. Rau 2013, 27. Dementsprechend findet sich bei Rudolf von Jhering (1818–1892) in seinem monumentalen Werk über den „Geist des römischen Rechts auf den verschiedenen Stufen seiner Entwicklung" in Teilband II/2 (1858) ein noch als „Raum und Zeit" überschriebenes Kapitel (§ 47/3, S. 683–695), das dann in der überarbeiteten vierten Auflage aus dem Jahr 1883 den eine Entwicklung des Gedankens spiegelnden und daher weiter gefassten Titel „Raum und Zeit als Element der Rechtsformen" bekommen hat (Jhering ⁴1883, II/2, § 47d, hier benutzt die unveränderte fünfte Auflage 1898, 662–674).

Die Forschung zu Rechtsräumen interessiert sich unter Berücksichtigung dieser methodischen Trias der „Res Gestae" für die Rolle des Rechts sowie anderer, räumliche Ordnungsmuster erzeugender Institutionen, wie etwa der christlichen Kirche spätantik-römischer Prägung, bei der Integration von Räumen durch Personen. Mit dem Sammelbegriff des Rechts im Sinne normativer Ordnungen werden somit Regelungsvorstellungen sowohl aus der weltlichen als auch der kirchlichen Sphäre beschrieben, die Anspruch auf Beachtung erheben und einzeln oder zusammen als Konfigurationen neuer oder Modifikationen bestehender Ordnungsmuster erkannt werden können. Die Beobachtung dynamischer Veränderungen durch räumliche, sprachliche oder kulturelle Übertragung von Normen und Praktiken steht im Fokus (Duve 2012 und 2014c).

Forschung zu
Rechtsräumen

Gegenstände dieser Translationsprozesse können rechtliche Vorschriften sein, aber ebenso gut auch religiöse und weltliche oder technische und ökonomische Handlungsweisen. Beispiele dafür in West- und Mitteleuropa wären etwa die Ausbreitung des Römischen Reichs der Antike, die spätantiken Transformationen von dessen Ordnungen nach seinem Untergang beziehungsweise die ‚Renaissance' des Gedankens vom Römischen Reich in der Epoche des frühen Mittelalters (statt vieler seien Fried 2006 zum Imperium Romanum als Gedächtnisort für den mittelalterlichen Reichsgedanken sowie Strothmann, J. 2014 zur verkannten römischen Kontinuität ge-

Translations-
prozesse

nannt). Derartige Vorgänge lassen sich zugleich als Hintergrund der Christianisierung eines Großraumes beschreiben, die im ausgehenden 8. Jahrhundert auf dem Kontinent auch auf Gebiete außerhalb des einstigen Imperiums der Römerzeit ausgreift und die sich dabei wiederum in regionalen Bezügen unterschiedlich entwickeln und ausprägen wird (siehe unten 1.3).

Foljanty 2015; Wisnovsky Hg. 2011; Bachmann-Medick ³2009, 238–283; Werner, M. 2009. Zur Antikenrezeption vgl. Brodersen 2015.

Kulturwissenschaftlicher Ansatz

In den Kulturwissenschaften hat in den letzten Jahrzehnten die Kategorie des Raumes wieder konstruktive Bedeutung gewonnen, als es gelang, sich von zeitgebundenen geopolitischen Prämissen und ‚volksgeschichtlichen' Vorstellungen zu lösen (Wood 2013; Puschner 2004; Wolnik 2004). National oder ethnologisch rückgebundene Geschichtsschreibung als Fundament für Deutungen der Vergangenheit oder für staatliche Ansprüche auf Räume haben sich weitestgehend, aber beileibe nicht immer (Puschner/Großmann Hg. 2009), zu Gunsten von Fragen nach kulturellen und normativen Entwicklungen erledigt, deren Beantwortung nicht Konstruktionen von Identitäten verlangt, sondern interdisziplinäre und transnationale Ansätze sowie diachrone Komparatistik voraussetzt.

Spatial Turn

Erregte also vor kurzem noch der „Spatial Turn" (Schwerhoff 2013a; Bachmann-Medick ³2009, 284–328; Schlögel 2006, 60–71) große Aufmerksamkeit (vgl. auch 3.2 und 3.3), weil er das Denken in raumbezogenen „Containern" zu überwinden versprach, so ist nun nach einer ersten Phase befruchtender Anregungen der kühle Blick gefragt (Schlögel 2006, 68 ff.), der alle Quellengruppen der genannten klassischen Historik wieder einbezieht. „Traditionen", „Überreste" und „Denkmäler" müssen mit den modernen Fragestellungen der historischen Kulturwissenschaften, aber auch der Rechtswissenschaften, der Archäologie oder der Volkskunde und der Soziologie verbunden werden. Die Einbeziehung naturwissenschaftlicher Methoden, wie noch auszuführen ist, verspricht darüber hinaus weiterführende Erkenntnisse jenseits der Horizonte schriftlicher Überlieferungen.

Diachrone und raumübergreifende Vergleiche

Als weiteres Mittel zur Erforschung solcher Übertragungsprozesse der Ordnungsvorstellungen von einem Raum auf einen anderen mit dem sie begleitenden Versuch der Integration der dort lebenden Menschen bietet sich also der interdisziplinär gestützte, diachrone und raumübergreifende Vergleich an. Gibt es beispielsweise Parallelen zwischen der karolingerzeitlichen Expansion des fränkischen Reiches in den sächsischen Raum mit dem spanischen Ausgreifen in Mittel- und Südamerika sieben Jahrhunderte später? Welchen Anforderungen waren militärische Eroberer und christliche Missionare ausgesetzt, wenn sie Ethnien ohne römisch-europäischen Prägungen begegneten, wie es auch im Fernen Osten der Fall war?

Die Erforschung der Rechtsräume hat es sich zur Aufgabe gesetzt, diesen Fragen mit innovativen Ansätzen nachzugehen. Dafür muss zuerst ein Inventar der Fragestellungen und Begriffe erarbeitet werden, das Ansätze und Methoden über die fachspezifischen Eigenheiten hinaus erschließt und eine für den interdisziplinären Dialog tragfähige epistemologische Grundlage bereitstellt. Dabei wird ein besonderer Schwerpunkt auf den Möglichkeiten für eine quellengestützte Kartographie der Quellen/Traditionen und Überreste im Sinne Hugos von Sankt-Viktor sowie der Systematiken Droysens (1857, 1868) und Bernheims (1908) liegen – anders als noch Immanuel Kant (1724–1804), der der Geschichtswissenschaft die Ordnung der Dinge nach der Zeit und der Geographie nach dem Raum zuwies (siehe Göttmann 2009 sowie zu Droysens Position als Kantianer gegen den Metaphysiker Leopold von Ranke [1795–1886] auch Oexle 2004, 170–174 und Rau 2013, 27 f. sowie Göttmann 2009, 1 f.). Methode

Für die Rechtsgeschichte eröffnet sich aus dem raumübergreifenden und diachronen Zugang eine neue Perspektive, die Geltungsräume in dynamische Zusammenhänge bringen kann. Das frühe Mittelalter stellt freilich nur einen der vielen möglichen Bezüge für das Projekt „Rechtsräume" dar, der diachrone Rahmen des Vergleichs kann sich aber keineswegs auf diese Phase beschränken. Denn erst die Einbeziehung von Moderne und Gegenwart, von Epochengliederungen außereuropäischer Kulturen und den Chancen des unbeschränkten Zugriffs auf Phänomene jenseits etablierter Methoden öffnet den Zugang zur *terra incognita* der Rechtsräume. Daher wäre es wünschenswert, wenn als Hilfsmittel zur Erforschung von Rechtsräumen ein Wörterbuch („Dictionnaire") erarbeitet werden würde, das transdisziplinär wie international die verwendete(n) Terminologie(n) aufeinander abstimmt und so für die Zukunft eine tragfähige Basis der gegenseitigen Verständigung herstellt, vgl. den korrespondierenden Vorschlag von Thomas Duve (2014b, 60): „a vocabulary to address normative plurality". „Wörterbuch"

1.1 Rechtswissenschaft und Raum

Raum

Die Verwendung und Deutung des Begriffes „Raum" in der Rechtswissenschaft ist nicht einfach zu umreißen, siehe dazu etwa die Ausführungen von Massimo Meccarelli (2016), Thomas Duve (2014b, 47–50, besonders S. 48: „the lack of attention of the spatial dimenson of legal history"), Desmond Manderson (2005, 8: „legal spaces are everywhere and nowhere"), Andreas Philippopoulos-Mihalopoulos (2001, The „Fear of Space") sowie den von Franz von Benda-Beckmann, Keebet von Benda-Beckmann und Anne Griffith herausgegebenen Sammelband (2009). Einen systematischen Versuch hat Günther Winkler (1999) vorgelegt, auf den in Unterpunkt 3.2 noch einzugehen sein wird. Eine frühe Studie zu den rechtlichen Instrumenten der Raumbeherrschung präsentierte, als der „Spatial Turn" noch in den Geburtswehen lag, der Frankfurter Rechtshistoriker Heinz Mohnhaupt (1987 mit dem damaligen Forschungsstand) im Rahmen einer Sektion des Max-Planck-Instituts für europäische Rechtsgeschichte beim Trierer Historikertag „Räume der Geschichte – Geschichte des Raums" im Jahre 1986 (vgl. Heit Hg. 1987 sowie unten 5.2).

Einleitend ist auf die verschiedenen Möglichkeiten hinzuweisen, die Begriffe „Recht" und „Raum" miteinander zu verbinden und die sich daraus ergebenden verschiedenen Bedeutungen voneinander abzugrenzen. Hierbei ist einerseits zu berücksichtigen, dass es ‚das' oder ‚ein' Recht nicht gibt, sondern dass „normative Ordnung … aus einer Vielzahl von unterschiedlich strukturierten und unterschiedlich legitimierten Teilsystemen" besteht (Sieber 2010, 190), und andererseits, dass jedes Rechtsgebiet seine eigenen Verständnisinhalte von „Raum" mit sich bringt. Auf diese Spezifika der juristischen Teilfächer kann und soll nur dort eingegangen werden, wo es für den rechtshistorischen Zugriff von Bedeutung ist (siehe zum „Spatial Turn" der Rechtsgeschichte beispielsweise Costa 2013).

Raum und Recht

Zum einen kann „Recht" mit einem den Raum im Sinne eines Geltungsbereiches beschreibenden Begriff verbunden werden. Ein Beispiel dafür ist ein **„Rechtsraum"** wie die Europäische Union (Bogdandy/Hinghofer-Szalkay 2013, 214 ff.), ein Staat wie die Bundesrepublik Deutschland et cetera, also mit völkerrechtlichen Konnotationen verbundene Begriffe.

Arnauld 2014; Duve 2014b, 52 f.; Oeter 2014; Ascheri 2013; Heger 2012; Dölemeyer 2010; Giaro 1995; Schmitz, H. 1973/2005; Bader 1953, 454 f.

Ähnlich verwendet werden Termini wie die „**Rechtslandschaft**" beziehungsweise die bei Tomasz Giaro (1995, 9 ff.), und Susanne Deißner (2012) gebrauchte „**Rechtsregion**". Ein Begriffsfeld eigener Art bildet der in der Rechtswissenschaft etablierte Begriff „**Rechtskreis**", der als Bezugsebene für den Rechtsvergleich auf die weltweiten Geltungsbereiche des römisch beeinflussten Rechts, des deutschen und des nordischen Rechts, des Common Law sowie der außereuropäischen Rechte verwendet wird (vgl. Scholler/Tellenbach Hg. 2001; Kalb 2008, 215 f.). Letzterer kann in einem erweiterten Sinne auch zur Beschreibung der Bildung von „**Rechtsfamilien**" angewandt werden (zusammenfassend Dölemeyer 2010). Zu diesem terminologischen Problemfeld siehe auch die entsprechenden Artikel in HRG und demnächst in HRG². Ein missglücktes Beispiel stellt dagegen der ,mediävistische' Zugriff unter dem Schlagwort „**Rechtskreise**" dar, der sich außerhalb des juristischen Sinnes der etablierten Terminologie bewegt und mit eigenen Stichworten (beispielsweise „Religiosenrecht", „Feudalrechte", „Landrechte" oder „Stadtrechte") versucht, verwandte Ausprägungen von Recht zu beschreiben (Melville/Staub Hg. 2008, Bd. 1, 215–244) und somit die Rechtsfamilien meint. Auch das unterstreicht als vorzügliches Beispiel die Forderung nach einer einheitlichen, mithin den Vergleich ermöglichenden, interdisziplinären Terminologie, die dringend geboten ist (siehe Kapitel 7.3).

Zum anderen wird „Recht" mit einem den Raum umschreibenden Begriff gekoppelt, wie die eher immateriell zu verstehende „**Rechtszone**" oder der mehr indirekt mit dem Raum verbundene Terminus „**Rechtsgemeinschaft**" von Walter Hallstein (1901–1982) aus der Anfangszeit der europäischen Einigung (EWG) in der zweiten Hälfte des 20. Jahrhunderts, der dem modernen Verständnis von Europa als einem „Rechtsraum" (siehe unmittelbar oben) den Boden ebnete (siehe Bravermann/Blomley/Delaney/Kedar 2013, 15–18 [„Law and Space"], und Duve 2012, 36 [mit Bezug auf Hallstein und Stolleis 2010]).

Die weiteren derzeit verwendeten Komposita meinen den Raum nur in einem übertragenen Sinne, wie dies bei der Doppeldeutigkeit von „**Rechtsgebiet**" beziehungsweise „**Rechtsbereich**" besonders deutlich wird, die entweder als „Geltungsbereich" oder als Beschreibung von juristischen Teilfächern verstanden werden können. Überhaupt ist festzustellen, dass gerne Metaphern, wie „Felder", „Gebiete" et cetera, aus der auf den Raum bezogenen Begrifflichkeit

Raum als Metapher

entlehnt werden (Philippopoulos-Mihalopoulos 2001, 190 und 196 f. mit Verweisen), um andere Sachverhalte zu beschreiben. Einen anderen Ansatz umfasst der Begriff „Normativ Spaces" bei Gunnar Folke Schuppert (2016, 137–143), der keine topographischen, sondern eben normative „Räume" und die mit ihnen verbundenen theoretischen Ansätze der Rechtswissenschaft betrachten will.

Was für ein Recht?

Von welchem „Recht" sprechen wir? Es ist dem ausgewählten Untersuchungszeitraum geschuldet, dass der Begriff nicht sensu stricto verwendet werden kann, sondern schriftliche wie mündliche Normen einschließt und vom Römischen Recht über die sogenannten „Volksrechte", die *Leges Barbarorum*, bis hin zu deren beider „Verschmelzungen" (Goetz 2006, 538; Weitzel 2006b, 357) oder nicht fixierten Formen von Ordnung, die sich anhand indirekter schriftlicher Überlieferung fassen lassen, reicht. Siehe dazu die Überlegungen von Harald Siems (2009, 260 f.), der den „Rechtsbegriff" gegen die „Rechtsempfindung" stellt (250 f.) und auf die regional divergierenden „Regelungsprogramme" verweist (269 ff., siehe auch Unterpunkt 7.1).

Dazu gehören Elemente der Konfliktregulierung (Krah 2006) oder Vorstellungen von Ehre und deren Schutz. Hier verquicken sich indigene und exogene Rechte beziehungsweise Normvorstellungen im Sinne der Fragestellung nach der Übertragung von Ordnungen auf Räume und deren Bewohner. Als mittelalterliches Beispiel mag das Landrecht des hohen Mittelalters als eine Synthese von auf den Raum übertragenen und aus dem Raum stammenden ‚Rechtsvorstellungen' dienen (*Laufs/Schröder 2014; Pötschke Hg. 2014), aus der Neuzeit bietet sich das Kolonialrecht an (zum englischen: Janssen 2000). Siehe Christoph H. F. Meyer (1997, 97 ff.) zu den mit der Erforschung solcher Vorgänge verbundenen – methodischen – Problemen.

Es liegt zudem in der Natur der Sache, dass „Recht", verstanden als normatives Steuerungssystem, einer schleichenden Transformation unterworfen war, ist und sein wird (Sieber 2010, 158; Dilcher 2006a, 609 f., zum „modernen Rechtsbegriff als allgegenwärtiges Verständnis"). Dies ist einerseits räumlichen andererseits aber auch zeitlichen Veränderungen geschuldet. Es kommt also darauf an, für eine sinnvolle diachrone und überregionale Komparatistik geeignete Ebenen des Vergleichs und einen angemessenen Grad der Abstraktion zu finden, da Recht „kein objektives, zeitresistentes Kriterium der Volkszugehörigkeit" bot (Pohl 2006, 55).

Voraussetzung für die Untersuchung dynamischer Übertragungsvorgänge ist demnach eine genaue Analyse des Bezuges von normativen Ordnungen zu ihren Räumen, die sich in etwa auf drei Kernprobleme konzentrieren dürfte:

- die Existenz und die Fortdauer indigener Praxis im Zielraum,
- die Verschmelzung von eigenem und fremdem Recht sowohl im Zielraum als auch im Herkunftsraum im Sinne einer bidirektionalen Interaktion,
- die ausschließliche Übertragung der Rechte durch die neuen Herren in den Zielraum und deren Anwendung im Zusammenhang mit regionalen Rechtsbezügen (Siems 2009, 261 f.).

Übertragung der Rechte auf Räume

Dass die Definition vom modernen Staat sein Recht, sein Territorium und seine Bevölkerung sowie die Integrität dieser drei Faktoren umfasst, ist inzwischen Allgemeingut – und erschwert im Übrigen die Übertragung des Staatsbegriffes auf vormoderne Zeiten (Luminati 2010, 51), auch wenn umgekehrt vormoderne Zustände als Vergleich für heutige herangezogen werden können (siehe dazu Esders/Schuppert 2015 und Sieber 2010, 168 und 172 ff. sowie unten in Teil 3). In der jüngst erschienenen „Reflexion" von Thomas Giegerich und Kerstin Odendahl (2014) werden daher die gegenwärtigen Auseinandersetzungen zwischen Staaten um territoriale Ansprüche zum Ausgangspunkt gewählt, auch wenn die Thematik des von ihnen herausgegebenen Sammelbandes „Räume im Völker- und Europarecht" (Odendahl/Giegerich Hg. 2014) weit über solche Konflikte hinausweist und den Weltraum ebenso wie den Cyberspace berücksichtigt.

Staatsräume

Dass sich ein Raumbegriff auch über Staaten hinaus anwenden lässt, wird neben diesen Beispielen auch durch die juristisch definierten „Wirtschaftsräume" deutlich, die auf der Grundlage von „Geltungsbereiche[n] der völkerrechtlichen Verträge, mit denen Freihandelszonen, Zollunionen oder gar Gemeinsame Märkte gegründet werden" (Giegerich/Odendahl 2014, 15), entstehen. Ökonomische Verhältnisse und Beziehungen sind selbstverständlich auch für die vormodernen Zeiten ein nicht zu unterschätzender Faktor (Clarke 2012; Flachenecker/Kießling Hg. 2010; Schipp 2009; McCormick [4]2005; Grünewald, Th. [2]2001; Weber, M. 1922/[5]1972), was übrigens auch schon für die Vor- und Frühgeschichte gilt, wie durch die Ergebnisse der Paläoanthropologie deutlich wird, auf die in Unterpunkt 3.3 noch einzugehen ist. Inwieweit Normen beziehungsweise Frühfor-

Wirtschafts- räume

men nicht kodifizierten Rechts im Bereich der Wirtschaftsregelungen hier schon zur Anwendung gekommen sein könnten, ist Gegenstand aktueller Forschungsprojekte.

Moderne Ansätze

In der Rechtswissenschaft wurde in den letzten Jahren eine „anthropologische Geographie des Rechts in der Gesellschaft" thematisiert (siehe mit diesem (englischen) Titel Benda-Beckmann, F./Benda-Beckmann, K./Griffith Hg. 2009), die sich bewusst in die Schnittmenge zu den Kulturwissenschaften begibt. Es werden Grenzen (hier im mehrfachen Sinn zu verstehen) geöffnet, um eine Raummetapher heranzuziehen, und es wird nach den Möglichkeiten der Rechtsanthropologie oder der Rechtskartographie (Bavinck/Woodman 2009 in demselben Sammelband) gesucht. Auf diese jungen Horizonte der rechtswissenschaftlichen Forschung wird in den Kapiteln 3, 5 und 6 einzugehen sein.

Rechtshistorische Bibliographien entstammen meist der Zeit vor den elektronischen Katalogen, dienen aber dennoch zur Orientierung für die einzelnen Themenkomplexe der Rechtsgeschichte in ihrer eigenen Entwicklung, vgl. etwa Köbler 1990 oder Planitz/Buyken 1951/1952.

Kontinuitäten

Entstehung, Entwicklung und Fortdauer von Norm, Recht und Praxis sind daher keine nur an modernen Verhältnissen zu untersuchenden Gesichtspunkte menschlichen Handelns (Siems 2009, 254–259). Der Raum spielt als Bezugsgröße dabei eine Rolle, auch wenn seine konstituierende Funktion zu oft überschätzt und instrumentalisiert wurde und wird. Eine „Volksgeschichte", die heutige „Lebensräume" zur Bühne, dem „Container", einer ungebrochenen Erzählung erhebt, geht fehl und trägt bittere Früchte (Wood 2013; Ehlers, C. 2011a; Puschner 2004; Geary 2002a beziehungsweise 2002b; weitere Verweise in den Beiträgen bei Puschner/Großmann Hg. 2009). Daher ist die Negierung räumlicher Zusammenhänge und einer daraus hervorgehenden abwertenden Beurteilung als „Konstruktion" eine die Wirkmächtigkeit solcher Vorstellungen unterschätzende Gewohnheit einer sich aufgeklärt gebenden Moderne. Markus Schroer (2006, 225) spricht in diesem Zusammenhang von der „permanenten Erfindung und Neuerfindung des Raums" (siehe auch Haferkamp 2014 zum Begriffsfeld der „Kontinuität" in rechtshistorischem Kontext).

1.2 Raumtheorie: Begrifflichkeiten

Die Beschäftigung mit dem Raum hat viele Facetten, die sich aus den unterschiedlichen wissenschaftlichen Herangehensweisen zum Gegenstand ergeben, aus denen ihrerseits mannigfaltige Terminologien erwachsen (vgl. die Kategorisierung der Raumbegriffe bei Rau 2013, 52–70). Markus Schroer spricht von der „Gleichzeitigkeit verschiedener Raumordnungsmodelle" und davon, dass „Raum nun nicht mehr im Singular, sondern nur noch im Plural zu denken" sei (Schroer 2006, 188 und 226), und dementsprechend auch abweichende Begrifflichkeiten beinhalte. Martina Löw sieht in der „Konzeptualisierung von Räumen als eine Verdinglichung zu Orten und Territorien" das Problem, „dass diese Denkfigur ausschließt, dass durch die Aktivität verschiedener gesellschaftlicher Teilgruppen an einem Ort oder auf einem Territorium mehrere Räume entstehen können" (Löw 2001, 64). Neben den im folgenden Text gebotenen Erklärungen einzelner Termini sollen die wichtigsten Ansätze nun systematisiert werden, was angesichts einer hohen Zahl von Publikationen in der letzten Zeit aus nahezu allen Ländern nicht mit großer Tiefenschärfe geschehen kann; siehe dazu die Forschungsbibliographie (Kapitel 9) sowie die grundlegenden Bemerkungen von Otto Gerhard Oexle (1939–2016) zur Problem- und Begriffsgeschichte (Oexle 2011). Angesichts der Fülle von Theorien – alten, neuen und recycelten – ist der Empfehlung zu einem „pragmatischen Umgang mit Theorien beim Thema ‚Raum'" (Dipper/Raphael 2011, 40) im Prinzip zuzustimmen.

In der Geschichtswissenschaft kam und kommt dem Raum als „Kategorie" (Göttmann 2009) Bedeutung zu, allein als Teil der Triade der klassischen Poetik beziehungsweise Geschichtsschreibung ist er nicht zu ignorieren. Nur sind die Ziele und Methoden nicht immer kongruent, sondern spezifischen Fragestellungen und Intentionen unterworfen. Da dies ein die Breite der Kulturwissenschaften im heutigen Sinne verbindendes Element ist, soll im Folgenden, wie schon bei den vorangegangen Einführungen in die rechtswissenschaftlichen Raumbegriffe, den Methoden und Möglichkeiten der ‚Raumforschung' nicht nach klassischen Fächergrenzen innerhalb der Geisteswissenschaften geschieden nachgegangen werden (vgl. dazu auch unten 3.2 und 3.3), sondern anhand pragmatischer Kategorien, um in die Problematik einzuführen.

Zugänge der
Kulturwissen-
schaft

Man kann die Zugänge der Kulturwissenschaft zum Raum daher wohl in vier methodische Familien einteilen, die jeweils untereinander Beziehungen eingegangen sind: geographisch-beschreibende Ansätze, politisch-administrative, soziologisch-kulturelle sowie ökonomische (vgl. Göttmann 2009, 9, der sechs Subkategorien nennt). Einen aktuellen Überblick mit breitem interdisziplinären Ansatz bieten nun Baur/Hering/Raschke/Thierbach (2014).

Beispiele für jüngere Sammelbände mit weiterführenden Beiträgen wären Hansen/Meyer Hg. 2013; Baumgärtner/Klumbies/Sick Hg. 2009; Davies Hg. 2006; Davies/Halsall/Reynolds Hg. 2006.

Hinzu tritt die weitgefasste Mentalitätsgeschichte (Dilcher 2006a, 628–631; Dinzelbacher 1993; Schild 1993; Gurjewitsch 1986; Fichtenau 1984) beziehungsweise die Wahrnehmungsgeschichte (Goetz 2003, 2007 und 2010b sowie im weitesten Sinne auch ²2008; Lutter Hg. 2011) und die Indienstnahme der Geschichte als Argument (McKitterick 2006; Hen/Innes Hg. 2000; Spiegel 1997 oder Remensnyder 1995).

Geographisch-
beschreibend

Der Geographie liegen Räume zu Grunde, die zumindest morphologisch oder geologisch zu beschreiben sind. Sie können vermessen und kartographisch dargestellt werden, so entsteht ein Bild vom „**Naturraum**" (oder „**mathematisch-physikalischer Raum**", vgl. Schmitt 1940), das es erlaubt, sofern es wissenschaftlichen Standards genügt, die natürlichen Bedingungen von Räumen zu beurteilen und zu vergleichen. Gleichwohl werden die Kriterien für diese Zugriffe auf den Raum nicht nur mittels naturwissenschaftlicher Methoden gewonnen, die Schnittstelle zu den Naturwissenschaften ist nicht größer als die zu den Sozialwissenschaften (siehe zur Historischen Geographie die Einführung von Winfried Schenk, nach der sie die „historische Raumkompetenz" beansprucht, Schenk 2011, 7, mit Verweis auf Fehn 2004). Susanne Rau (2013, 71–82) fasst die Nachbarfelder und verschiedenen Ansätze der Geographie zusammen. Als Begründer der modernen, im „Spatial Turn" dann wiederbelebten Forschung zu Räumen gelten nicht ohne Grund Geographen: Carl Ritter (1779–1859) entwickelte den Ansatz einer „**Geo-Geschichte**" (vgl. Rau 2013, 28–31 und Schlögel 2006, 40) und Friedrich Ratzel (1844–1904) verfasste die „**Anthropogeographie**" (²1899, Nachdruck 1975), aber auch ein Werk mit dem Titel „Lebensraum. Eine biogeographische Studie" (Tübingen 1901), aus der sich der Ungeist bedienen sollte (Rau 2013, 31–34 auch zur internationalen Rezeption Ratzels, sowie Schlögel 2006, 235 sowie dort im Register s.v. Ratzel).

Vgl. zur „klassischen Geographie des 19./20. Jahrhunderts" insgesamt Schultz 1997 und 2013, zu mittelalterlichen Formen der ‚Vermessung' Kanitschneider 2010.

Die französischen Historiker der **Annales-Schule**, vor allem Lucien Febvre (1878–1956), Fernand Braudel (1902–1985) und Henri Lefebvre (1901–1991, zu seinen Theoremen vgl. Elden 2004) sowie Marc Bloch (1886–1944), bezogen allerdings auch wichtige Impulse aus den geographischen Forschungen des 19. Jahrhunderts (*Geohistoire*: Braudel 1949/1994). Zu den Einflussgebern gehörte beispielsweise Paul Vidal de la Blache (1845–1918). Eine Zusammenfassung der „europäischen Alternativwege" zur spezifisch deutschen Raumforschung des langen 19. Jahrhunderts bis zum Ende des Nationalsozialismus und seiner Nachwehen bietet Susanne Rau (2013, 39–52, siehe auch unten 3.1 und 3.2). Eine deutsche Übertragung der wichtigsten Texte dieser Schule findet sich bei Middell/Sammler (Hg. 1994). Die Weiterentwicklung dieser Ansätze der Humangeographie, wie sie in Frankreich unter anderem von Patrick Gautier Dalché (2014 sowie 2013: eine Sammlung seiner wichtigsten Aufsätze seit 1982) verkörpert wird, bringt eine eigene Terminologie mit sich, zu der beschreibende Begriffe gehören, wie die „**Landschaft**" (Schenk 2011, 6 f. sowie 11–15 und öfters), obschon sie sich nicht eindeutig nur einer geographischen beziehungsweise geomorphologischen Sphäre zuweisen lassen und daher eine angepasste Forschungsmethode benötigen (siehe dazu das „Dresdner Manifest zur Landschaftstheorie" bei Krebs/Seifert Hg. 2012, 17 ff.), oder die diachrone Studie von Küster (1995). Der Terminus „**Region**" ist für eine geographisch-beschreibende Methode kaum noch sinnvoll anzuwenden (vgl. am Beispiel Europas beispielsweise Font 2013 sowie in Auseinandersetzung mit dem „Spatial Turn" Hindelang/Wüst/Müller Hg. 2011).

Die Region bedeutet eine Landschaft mit einem gemeinsamen konstituierenden Kriterium, etwa eine geographische Lage – die „Rhein-Maas-Region" – oder ein kulturelles Merkmal. In erster Linie aber dürften Ordnungen aus der politisch-administrativen Sphäre Räume (siehe Schroer 2006, 185–194) wie die „**Rechtslandschaft**" kreieren (zum Spätmittelalter: Krey 2015). Ausgehend von personalen oder nationalen Machtverhältnissen spricht man

Politisch-administrativ

vom „**Herrschaftsgebiet**" beziehungsweise Herrschaftsraum (letzteres wird eher auf Reichweiten der Durchdringung als auf umgrenzte Gebiete angewandt, vgl. Groth 2017), vom „**Territorium**" (Elden 2013, 1–6 zum Verhältnis des Territoriums zum Raum) oder dem „**Staatsgebiet**". Hier spielt das juristische Kriterium „**Geltungsbereich**" (vergleiche auch den „Rechtsraum") eine wichtige funktionale Rolle. Während der „**Rechtskreis**" (oben 1.1) ein übergeordnetes, am Vergleich von Systemen gewonnenes räumliches Kriterium bildet (Scholler/Tellenbach Hg. 2001), stellt die „**Provinz**" einen Verwaltungsraum dar, der in vielen Bezügen, etwa innerhalb der Raumordnungen der römisch geprägten Welt und davon beeinflusst der christlichen Kirche, verwendet wird. Der mehrfache Sinn raumbezogener Begriffe in verschiedenen Kontexten erschwert seine konkrete Anwendung, wie das Beispiel des Terminus „Imperium" (Osterhammel ³2004 und 2006; Münkler 2005) zeigt, das sowohl einen Herrschaftsbereich als auch eine Herrschaftsform bezeichnen kann (siehe unten 6.4).

Soziologisch-kulturell

Neben dieser ‚politischen' Seite definieren Kriterien aus der Soziologie und der allgemeinen Kulturwissenschaft den Raum (zuletzt beispielsweise Baur/Hering/Raschke/Thierbach 2014). Wie erwähnt, hat vor allem die soziologische Forschung in den letzten Jahrzehnten den Raum für sich entdeckt und als bisher vernachlässigte Größe ihrer Disziplin erkannt (Schroer 2006 und Löw 2001). Die Philosophie folgte ihrerseits mit einer beträchtlichen Zahl raumphilosophischer Arbeiten, wobei hier an Kontinuitäten anzuknüpfen war (siehe beispielhaft statt vieler Schmitz 1973/2005, die Quellensammlung Dünne/Günzel Hg. 2006 beziehungsweise die von Stephan Günzel herausgegebenen Werke [2007, 2009, 2010 und 2012] sowie Füller/Michel Hg. 2012 und Elden 2001).

Kulturland-schaft

In der historischen Geographie (Schenk 2011, 11–15) aber auch in anderen Disziplinen ist der Begriff der „Kulturlandschaft" verbreitet, der zunächst einen der Definition würdigen Terminus, dessen Semantik Gegenstand der Forschung ist, mit einem Raumbezug verbindet. Eine Diskussion des Kulturbegriffes kann hier nicht geleistet werden, dass er Räume konstituiert, steht außer Frage (Schenk 2011, 15: „‚Kulturlandschaften' sind gedankliche Konstruktionen und keinesfalls Entitäten"; siehe auch Schmid/Schmid 2007 und Weigel 2002 sowie Tauschek 2013 zum stets virulenten Begriff „Kulturerbe"). Durch die Rede von „**Kulturräumen**" und „**Kulturkreisen**" können darüber hinaus Räume konstituiert werden, die „als solche allgemein erkannt werden, ohne mit letzter Genauigkeit beschreibbar zu sein" (Richter 2014, 71 f.). Das kann mit philosophischen (Marquardt/Schreiber 2012 am Beispiel Foucaults), juristischen (Stolleis 2010), historisch-geographischen (Schenk 2011, 14 und 76–81) oder archäologischen (Brather 2011b) Mitteln unternommen werden. Nicht zuletzt ist am Beispiel des Konzeptes „Europa" gut zu erkennen, wie aus einem gedachten Raum heraus Kultur entstehen kann und aus der konstruierten Kultur umgekehrt auch Räume geschaffen werden können (Bulst 2015; Font 2013; Reinhard ²2006; Braudel 1989; grundlegende transdisziplinäre Beiträge dazu finden sich im Sammelband Joas/Wiegandt Hg. 2005).

Die historische und historisch-geographische Erforschung von Siedlungen und Siedelland, die „genetische Siedlungsforschung" (Fehn 2006), mit der ihr eigenen besonderen Spannung zwischen „Alt- und Neusiedelland" bietet dabei im modernen Sinne unserer Fragestellung nach Tradition und Innovation beziehungsweise dem Transfer kultureller Praktiken einen breiten interdisziplinären Ansatz, wie ihn beispielsweise die archäologisch-historische Forschung nach den Ordnungsmustern der Grundherrschaft zu entwickeln sucht (Kropp/Meier 2010, vgl. auch 2.2). Siedelland

Ökonomische beziehungsweise wirtschaftshistorische Kriterien (siehe auch oben in 1.1) liegen den nicht unproblematischen (Dreier 2002) Bezeichnungen „**Wirtschaftsraum**" oder „**Handelszonen**" zugrunde, während regionale Wirtschaftsbeziehungen ihre jeweils eigenen Kriterien ausbilden (vgl. am Beispiel Bayerns Flachenecker/ Kießling Hg. 2010). Für unserer Fragestellung nicht zu unterschätzen ist die Funktion der frühmittelalterlichen Grundherrschaft für die Ausbildung von Territorien im hohen Mittelalter (beispielsweise Willoweit 2000 anhand deutschsprachiger Urkunden des 13. Jahrhunderts und Bader 1953, 468–477, mit einer kritischen Auseinandersetzung der bis dato geltenden Lehre). Ökonomische
Kriterien

1.3 Synthese

Aus den oft unbeeinflusst voneinander verlaufenden Forschungen zu Recht und Raum sowohl in den Rechts- als auch in den Kulturwissenschaften, von den ‚traditionellen' Gräben zwischen diesen Fakultäten ganz zu schweigen, muss eine gemeinsame von unmittelbarem Austausch geprägte, der Interdisziplinarität und der Globalisierung Rechnung tragende Wissenschaft werden, was als Forderung inzwischen allgemein akzeptiertes Gedankengut, aber auch aus praktischen Gründen beziehungsweise aus pragmatischer Netzwerkbildung resultierender Ignoranz nicht immer gelebte Wirklichkeit ist. Eine Synthese müsste die verschiedensten Faktoren berücksichtigen, die im Grunde jeder Forschungsrichtung a priori eigen sind, deren Austausch aber nicht immer selbstverständlich ist, wie das Fehlen rechtshistorischer Beiträge beispielsweise in einem Sammelband über den „frühmittelalterlichen Staat" (Pohl/Wieser Hg. 2009) zeigt, während man andererseits in der „Oxford international encyclopedia of legal history" (Katz Hg. 2009) das Lemma „Space" vermisst.

Recht – Raum – Religion Die Untersuchung der Genese von Rechtsräumen lässt sich für das erste Jahrtausend (vgl. zu den Anfängen unter Konstantin beispielsweise Dillon 2012), aber vermutlich auch weit darüber hinaus, ohne die Komponente der Religion nicht vornehmen (Rau 2008; Goetz 2011); zu verzahnt sind die **Ordnungsmuster** beider Sphären, der Welt und der Kirche als der institutionalisierten Form der Religion (Berndt 2015; Mayr-Harting 2010). Nicht zuletzt ist für die christliche Welt zu beachten, dass es ja die Kirche ist, die die römischen Rechtsvorstellungen und Kodifizierungen transportiert (Heather 2013; Brown 1996), unter anderem durch Klöster und Stifte in peripheren Regionen als Mittel zur Durchdringung des Raumes (siehe etwa Jamroziak Hg. 2013 und Ehlers, C. 2007a). In diesem Zusammenhang gehören auch die **Missionsgeschichte** sowie der stets an Bedeutung gewinnende **interreligiöse Vergleich**.

Lunven 2014; Pohl/Heydemann Hg. 2013; Körntgen/Waßenhoven Hg. 2012; Dölemeyer 2010; Mayr-Harting 2010; Angenendt 2009b; Austin 2009; Freeden Hg. 2009; Oesterle 2009; Siems 2009, 262 ff.; Sievernich 2009; Hartmann 2008; Muldoon Hg. 2008; Rau/Schwerhoff Hg. 2008; Boshof 2006; Landau 2006; Müller, W. Hg. 2006; Felgenhauer-Schmiedt Hg. 2005; Padberg 2004; Sander 2004; Körntgen Hg. 2003; Erdö 2002; Fabech 1999; Constable 1996; Haendler ²1976; Schmidt, H.-J. 1996; Kahl 1978a; Plöchl 1960.

Personenbezogenes religiöses Recht stellt das **Jüdische Recht** dar, dessen Geschichte hier nicht ausgebreitet werden kann (Battenberg 2012a und 2012b). Die jüdischen Gemeinden in Europa bilden Rechtsräume eigener Art und sind in ihrer Geschichte Gegenstand spezieller Forschungen; eine Untersuchung zu ‚Jüdischen Rechtsräumen' innerhalb christlicher wie islamischer Einflussbereiche kann hier ebenfalls nicht unternommen werden, ihre Relevanz auch für die Gegenwart liegt zweifellos auf der Hand (siehe mit weiteren Verweisen Zimmermann 2012; Angenendt 2008 und Battenberg 2008).

Etwas über das Ziel hinaus schoss Leo Santifaller (1890–1974), wenn er anhand der Strukturüberschneidungen bei der Installation, der Ausübung und dem Erhalt weltlicher und kirchlicher Macht im Ostfrankenreich des 10. und 11. Jahrhunderts systemische Züge entdecken will („Reichskirchsystem": Santifaller ²1964 sowie zur geschichtswissenschaftlichen Einordnung dieses theoretischen Modells Schieffer 1998). Zutreffend ist jedoch zweifellos, dass das bipolare Herrschaftssystem der kirchlichen wie der weltlichen Sphäre von ein und derselben Oberschicht bedient wurde und daher durchaus als exemplarisch für die Triade „Recht-Raum-Religion" gesehen werden darf (vgl. Bode 2015 sowie die Beiträge in Körntgen Hg. 2011 und Depreux/Bougard/Le Jan Hg. 2007 sowie Patzold 2008 und 2007). Aber selbstverständlich kann es als theoretisches Modell auf nahezu alle Gesellschaften bis heute angewendet werden. Den Kontext von der Hoheit des Herrschers über die Kirche im Frühmittelalter geht raumübergreifend Arnold Angenendt (2009b, 122–128 mit weiteren Verweisen) durch. Zu den reichsunmittelbaren geistlichen Konventen, den monastischen „Reichsabteien" (nicht den entsprechend privilegierten Kanonikerstiften und ihren weiblichen Äquivalenten), vgl. die Arbeit von Thomas Vogtherr (2000).

Zu dem Themenkomplex der Bildung religiöser Räume gehören auch die „Sacred Spaces", um einen englischen Forschungsbegriff zu bemühen, also ‚geheiligte Räume' beziehungsweise ‚Räume des Heiligen', die von der Wissenschaft seit einiger Zeit verstärkt in den Blick genommen werden, und zwar unabhängig davon, ob sie christlich sind oder nicht (siehe schon Bradley Hg. 1996). Letztere sind in jüngerer Zeit Gegenstand der skandinavischen Kulturwissenschaften oder der Erforschung des slawischen Siedlungsraumes in Mittel- und Osteuropa, haben aber ebenso Relevanz für die Geschichte der Kulturen beider Amerikas vor wie nach der Zeit der europäischen Invasionen und ihrer Exklusions- und Integrationsprozesse (vgl. das Forschungsfeld „Rechtsgeschichte Ibero-Amerikas" am Max-Planck-Institut für europäische Rechtsgeschichte [8.5] sowie kurzgefasst zur komparatistischen Relevanz Dipper/Raphael 2011, 33). Dieser Forschungsansatz beginnt bei Mikro-Räumen, etwa eines ‚Kultplatzes' oder einer Kirche (Czock 2012; Beyer 2008; Kohlschein/Wünsche Hg. 1998) aber auch eines Hofbezirks (Claude 1997), und geht über

Reichskirch-
system

Sacred Spaces

zu Meso- und Makro-Räumen wie Immunitäten oder dem „Kirchen-
staat". Inwieweit hier Räume konstituiert werden, hängt jedoch von
der Frage nach ihrer Beschaffenheit ab (virtuell oder manifest), dem
Verständnis beispielsweise, ob der geheiligte Raum ein Phänomen
der Heiligkeit aus sich selbst oder einer Heiligung im Sinne von
„Gott geweiht" ist (lat. *sacer*, geheiligt, im Gegensatz zu lat. *sanctus*, heilig: Georges 1988/2, Sp. 2440 ff. und 2478). So galten zwar
das *sacrum imperium* oder das *sacrum palatium* als geheiligt, waren
aber eben nicht selbst heilig wie die *sancta ecclesia*, da dies blasphe-
misch gewesen wäre (Moraw 1989, 2027; Hiltbrunner 1968). So ist mit
Nordeide/Brink (Hg. 2013) zu unterscheiden zwischen „Sacred Sites
and Holy Places". Am Beispiel eines Prominentenstreits am Hofe
Karls des Großen um das Kirchenasyl zeichnet Samuel W. Collins
(2012) die Frage nach dem geheiligten Raum in der Karolingerzeit
nach (vgl. zum Kirchenbau als heiligem Raum in kunsthistorischer
Perspektive auch Jäggi 2006). In diesem Zusammenhang sind aber
auch rechtshistorische Konnotationen zu erwähnen, die sich aus einzelnen Bestimmungen in den *Leges Barbarorum* zum Rechtsschutz
von Häusern und Siedlungen ergeben. Eine Schnittmenge daraus
stellt, vereinfacht gesagt, die soeben genannte Immunität von kirchlichen Mikro- und Meso-Räumen und die sich daraus ableitende
Schutzfunktion der weltlichen Machthaber (Vögte) dar (siehe unten in Kapitel 4) beziehungsweise die notwendige Überschneidung
auf dem rechtshistorischen Feld der weltlichen und kirchlichen Gerichtsbarkeit (Hartmann Hg. 2007; Ullmann 1980).

Lexikalisch vgl. etwa Overbeke 2001; Messner 2006 zur kulturwissenschaftlichen
Perspektive am afrikanischen Beispiel.

„Werkzeug-
kasten"

Die hier summarisch dargelegten Ansätze beschreiben eines der
denkbaren Repertoires von methodischen Werkzeugen für die Erforschung von Rechtsräumen (siehe 6.4 sowie die Skizzen für deren
Anwendung in Kapitel 7). Anhand der vorgenommenen – und auch
hier nicht den Anspruch der Vollständigkeit von Themen und Autoren beanspruchenden – Übersicht der verschiedenen Möglichkeiten,
sich den Rechtsräumen als Forschungsgegenstand zu nähern, sollte
an dieser Stelle zumindest deutlich geworden sein, wie zahllos letztlich die Zugänge sind (im Sinne der „Quellenkunde – Heuristik" bei
Ernst Bernheim 1908, 252–323), mit denen solche Forschungsarbeit
verbunden ist, die sich daher interdisziplinärer Ansätze bedienen

muss, deren Auswahl letztlich vom Gegenstand abhängt. „Raum"
ist Kategorie und Objekt zugleich, die perspektivische Gewichtung
mit ihren methodischen Konsequenzen für die Wahl des Weges wird
durch die Frage bestimmt.

2 Rechtsräume und ihre Quellen

Quellenkunde

Der folgende Überblick ist als Einführung in die Quellen zur Erforschung von Rechtsräumen zu verstehen, eine genaue Vorstellung der Möglichkeiten, die sich aus der Arbeit mit diesen Quellen ergeben, findet sich in Kapitel 4, die sich eröffnenden Perspektiven in Teil 3, eine einführende Liste zur thematischen Quellenkunde mit Hilfsmitteln und Einführungen bietet Kapitel 8.

Beispielhaft seien genannt: *Dahlmann-Waitz; Erdö 2002; Both Hg. 1996; Schrage 1992; Metz 1976–1992; Steuer 1982; Mohr 1954; Verhein 1954/1955 und 1953/1954.

Eine Teilung der Quellen in zwei Kategorien nimmt Ernst Bernheim (1850–1942) vor, der zwischen Tradition sowie Überrest unterscheidet und beide Begriffe scharf voneinander sondert, so dass er die ‚klassische‘ Dreiteilung in Quellen, Denkmäler und Überreste bei Johann Gustav Droysen (1868, 14 f.) in ihrer Systematik vertieft, denn Droysen sah gleichsam Schnittmengen in den Gattungen. Trennt man jedoch mit Bernheim (1908, 255–259, Schema 258 f.) zwischen willkürlicher Überlieferung (bildliche, mündliche und schriftliche Tradition) und unwillkürlicher (Überbleibsel als „Überreste im engeren Sinne" sowie Inschriften, Monumenten und Urkunden aus dem Bereich der „Denkmäler"), so gibt es kaum Gemeinsamkeiten beider Klassifizierungen und die Intention (*causa scribendi*) macht den Unterschied aus. Darüber hinaus entwickelte Bernheim eine bis heute gültige und praktikable Methode der Quellenkritik und -analyse (1908, 324–776).

Zu Bernheim siehe Ogrin 2012 und Langewand 2009.

Tradition und Überrest

Historiographie und weitere schriftliche Quellen fallen daher zumeist unter die Kategorie „Tradition", Inschriften wären dem Schema Droysens gemäß eher den „Denkmälern" zuzurechnen, wenngleich ihre Überlieferung oft beabsichtigt ist („Inschriften historischen Inhalts": Bernheim 1908, 257), während archäologische Funde („wie sie in den ‚Küchenabfällen‘ erhalten sind und wertvolles Quellenmaterial für die Urgeschichte Europas geben": Bernheim 1908, 256) den „Überresten" zuzuweisen sind. Dennoch bleiben diese Gruppen in ihrer jeweiligen Aussagekraft aufeinander bezogen und die quellenkritische Methode, die seit dem 19. Jahrhundert selbstverständlich Modifikationen erfahren hat (vgl. etwa Ernst 2013; Fried 2008 und

DOI 10.1515/9783110379723-002

2002; zu den „Turns" Bachmann-Medick [3]2009), eröffnet die Ebene
des komparatistischen Abgleichs der gewonnenen und – fachspezifisch analysierten – Informationen im interdisziplinären Austausch
(siehe unten die Kapitel 5 und 7).

2.1 Traditionen

Es ist nahezu unmöglich, einen umfassenden Überblick zu den
schriftlichen Quellen zu geben, denn ein Bezug zur Thematik „Raum"
ist bei fast allen narrativen oder normativen Texten des Frühmittelalters immer dann vorhanden, wenn sie sich entweder mit Geschich-
te(n) befassen, und somit Handlungen in Zeit und Raum überliefern,
oder normative (Leges, Kapitularien, kirchenrechtliche Ordnungen)
beziehungsweise besitzrechtliche (etwa Landschenkungen [Dorn
1991], Besitzverzeichnisse oder Privilegien) Dinge ordnen. Hier zeigt
sich übrigens auch eine der Gefahren: Das Abrutschen in die Belie-
bigkeit in Anbetracht der tatsächlichen Bedeutung des Raumaspek-
tes in den Quellen, für die Raum als Kategorie eine Selbstverständ-
lichkeit ist.

Angesichts der großen Präsenz raumbezogener Informationen
in den schriftlichen Quellen, nicht nur des Frühmittelalters, verbie-
tet es sich auch, eine Übersicht als „Verzeichnis der Quellen zum
Raum" erstellen zu wollen. Es liefe letztlich auf die Darbietung der
edierten Quellen sortiert im Rahmen der fachspezifischen Systematiken hinaus. Der Historiker wird sich an Johann Gustav Droysen
(1808–1884) oder Ernst Bernheim (1850–1942) orientieren, die entsprechenden Einzelbände der seit 1972 erscheinenden „Typologie
des sources du moyen âge occidental" heranziehen und zur vertie-
fenden rechtshistorischen Klassifizierung die Rechtsgeschichte von
Kroeschell ([13]2008) beziehungsweise die im „Handwörterbuch zur
deutschen Rechtsgeschichte" in den beiden Auflagen angebotenen
Einordnungen berücksichtigen. Nach Ernst Bernheim (1908, 255)
gehört zu der Kategorie der Überreste „alles, was unmittelbar von
den Begebenheiten übriggeblieben und vorhanden ist".

Auch wenn Hinweise auf die durch Friedrich Christoph Dahl-
mann (1785–1860) begründete, von Georg Waitz (1813–1886) sowie
Ernst Steindorff (1839–1895) und dann vom Göttinger Max-Planck-
Institut für Geschichte fortgesetzte „Quellenkunde der deutschen
Geschichte" (*Dahlmann-Waitz) oder die von Wilhelm Wattenbach

(1819–1897) begonnene, von Wilhelm Levison (1876–1947) und anderen weiter geführte Darstellung „Deutschlands Geschichtsquellen im Mittelalter bis zur Mitte des XIII. Jahrhunderts" (zuerst 1858) eigentlich genügen könnten, sollen doch einige einführende Bemerkungen zu der Quellenproblematik der „Rechtsräume" gemacht werden, die eben nicht im Mangel, sondern in der Auswahl besteht.

Unbeschadet der immer währenden Debatte, was eigentlich eine „Historische Quelle" ist (vgl. etwa Oexle 2004 mit einem Überblick zu Methoden, Ansätzen und Konflikten), können doch einige aus diesen Diskussionen hervorgegangene Aspekte die Sinnhaftigkeit (rechts)historischer Forschung untermauern oder zumindest nicht erschüttern. Denn eine auf die Ebene des Textes im Sinne von *textus*-„Gewebe" (Kuchenbuch/Kleine 2006) oder „Gedächtnisimplantat" (Fried 2008) reduzierte Quellenkritik mit ihren durchaus reizvollen, oftmals aber auch selbstquälerisch-dekonstruktivistischen Tendenzen läuft Gefahr, die zweite Gruppe der Quellen zu ignorieren, die Überreste, von denen noch zu reden ist.

Dennoch stellen die Überlegungen zur manchmal mangelnden Verlässlichkeit der Zeugnisse einen starken und nicht zu ignorierenden Einwand dar, der sich allerdings weniger gegen die Quellen als solche richtet, sondern auf deren eingeschränkte Interpretationsmöglichkeiten und vor allem auf deren Indienstnahme abhebt. Für die auf den Raum bezogene Forschung in Deutschland hat dies neben anderen Köster (2002) verdeutlicht, aber die „Rede vom Raum" und die „Erfindung von Traditionen" ist nicht ein auf den deutschnationalen Kontext bezogenes Problemfeld, siehe Hobsbawm/Ranger (Hg. 1983), hier aber sind die europäischen Auswirkungen besonders tragisch gewesen. Jedoch ist die europäische Forschung nicht frei von kolonialistischer Suprematie (siehe unten 3.1).

Wood 2013; Jureit 2012; Ehlers, C. 2009; Jarnut 2006; Ehlers, J. 2004b; Dreier 2002; Haar 2001; Schöttler Hg. 1997.

„Stammesrechte"

Die Erforschung der sogenannten Stammes- oder Volksrechte ist vor allem in den jeweiligen Artikeln der zweiten Auflage des Handwörterbuchs zur deutschen Rechtsgeschichte relativ aktuell nachzuvollziehen (vgl. zum Terminus „Stamm" Wirth 1997 sowie das Literaturverzeichnis 8.3), so dass hier auf eine eingehende Diskussion verzichtet werden kann (dazu beispielsweise Siems 2009 und nun mit dem Schwerpunkt auf der Konfliktregulierung Ehlers, C.

2017). Im Zuge der Behandlung der Quellen und Methodenprobleme in Teil 3 wird darauf zurückzukommen sein. Walter Pohl (2006, 56) weist auf das „subjektive Rechtsbekenntnis" hin und dass letztlich der „Geltungsumfang der Leges, personal oder territorial" die Durchsetzung von oben nach unten erschwere.

Ein notwendiges Mittel zur Visualisierung der Befunde und Theorien sind Karten. Sie stellen mit den ihr eigenen Beschränkungen die geographische Verortung moderner Befunde sowie die zeitgenössischen Vorstellungen abstrakt aber bildhaft eindrücklich dar (vgl. Schneider, J. 2013a, 180 ff. zum „Wissensspeicher"). Wegen ihrer hohen Suggestionskraft sind sie aber mit Vorsicht einzusetzen, daher ist es notwendig, sich sowohl mit der historischen Kartographie wie mit ihren aktuellen Methoden und Möglichkeiten auseinanderzusetzen (siehe dazu unten in Kapitel 5 und Teil 3).

Karten

Garfield 2014; Lilley 2014; Busch/Kroll/Scholz Hg. 2013; Picker Hg. 2013; Barber 2012; besonders wertvoll sind die Beiträge in Günzel/Nowak Hg. 2012; Dünne 2011; Akerman Hg. 2009; Bavinck/Woodman 2009; Goffart 2009; Brincken 2008 und 1988; Damir-Geilsdorf/Hartmann/Hendrich Hg. 2005; Weigel 2002; Downs/Stear 1977.

Die für die Erforschung von Rechtsräumen relevante Quellengruppe der Traditionen ist für sich genommen unüberschaubar, so konnten hier weder alle Subkategorien genannt werden – ganz zu schweigen von einer noch alle Einzelzeugnisse streifenden Übersicht – noch konnte eine Allgemeingültigkeit beanspruchende Methode für den Umgang mit den Traditionen aufgezeigt werden. Das wirkt sich auf die „Quellen-Kunde" (Kapitel 8, wo eben kein Quellenverzeichnis geboten werden kann) ebenso wie auf die folgenden darstellenden Teile aus.

Zusammenfassung

2.2 Überreste

Zu den Überresten zählen neben den archäologischen Funden und Befunden auch Bauten und Kunstwerke sowie mit Mitteln der Naturwissenschaft erhobene Ergebnisse (Paläobotanik, genetik und -zoologie oder Geomagnetismus und so fort, siehe auch in Teile 2 und 3). Ernst Bernheim (1908, 256) fasste den Kanon der Überreste, bei denen „der Gesichtspunkt maßgebend [ist], ob bzw. inwieweit denselben die Absicht beiwohnt, Material für die Erinnerung der

Bedeutung

Begebenheiten zu liefern", recht weit: „alles, was sich unter der Bezeichnung Zustände begreifen läßt, wie Gewohnheiten, Sitten, Feste, Spiele, Kulte, Institutionen, Gesetze, Verfassungen, alle Produkte der menschlichen körperlichen und geistigen Fertigkeiten, wie die Werke der Technik, Wissenschaften und Künste, Geräte, Münzen, Waffen, Bauten". Auch die schon genannte „Typologie des sources du moyen âge occidental" widmete von Beginn an Einzelbände den bauhistorischen, archäologischen und sogar den naturwissenschaftlichen Quellen sowie der Interpretation archäologischer Befunde, die für die Erforschung der Entstehung von Rechtsräumen immer mehr an Bedeutung gewinnen.

Eggert 2011; Polet/Orban 2001; Bur 1999; David 1997; Tauber 1996; Raynaud 1993; Munaut 1988; Genicot 1978; Matthys 1973; Noëlle 1972.

Rechts-
denkmäler

Schon sehr früh gab es eine interdisziplinäre Rezeption der Überreste als Quellen durch die Rechtsgeschichte, die sich den Rechtsdenkmälern zuwandte, wofür die von Barbara Dölemeyer am Max-Planck-Institut für europäische Rechtsgeschichte betreute rechtsikonographische und rechtsarchäologische Bildsammlung des Rechtshistorikers Karl Frölich (1877–1953) Zeugnis ablegt (siehe in 8.5), die zahlreiche Bilder von Rechtsdenkmälern bzw. Rechtsorten als Quellen vereinigt (Dölemeyer 2007) und so die Rechtswissenschaft mit der Volkskunde und der (Rechts-)Archäologie verband, siehe auch in Kapitel 4. Die allegorische Darstellung des Rechts im Bild (Merzbacher 1971) oder die Visualisierung von Rechtsansprüchen mit ikonographischen Mitteln ist beispielsweise in jüngeren Themenbänden der Zeitschrift „Signa iuris" thematisiert worden.

Rechts-
ikonographie

Kocher/Lück/Schott Hg. 2014; Gulczyński Hg. 2012; DeWin Hg. 1992.

Archäologie

Inzwischen hat die Bandbreite archäologischer Fragestellungen und Spezialisierungen eine Ausfächerung erreicht, die kaum noch mit wenigen Sätzen zu umreißen ist. Für die Erforschung der Rechtsräume erscheinen jedoch folgende Teilaspekte der Archäologie von besonderer Bedeutung zu sein:

– **Landschaftsarchäologie:** Haupt 2012; VanValkenburgh/Osborne 2012 und Yoffee 2012 zum Begriff „Territorium" in der Archäologie; David/Thomas Hg. 2008; Bradley 1997. Am Beispiel des Ostseeraumes Kleingärtner/Zeilinger Hg. 2012 sowie Willroth 1998; für das Reich der Franken exemplarisch Menghin Hg. 1998.

- **Realien und Quellen:** Both Hg. 1996 sowie die Forschungen des „Instituts für Realienkunde des Mittelalters und der frühen Neuzeit" (siehe 8.5).
- Das produktive **Zusammenwirken von Archäologie und Geschichte** (Burmeister Hg. 2011; Dette 1996) beziehungsweise von Archäologie und Sozialgeschichte, wie etwa das Beispiel der interdisziplinären Forschung zur Grundherrschaft zeigen kann: Kropp/Meier 2010, zusammenfassend schon Steuer 1982 und Burnham/Kingsbury Hg. 1979.
- Die **Rekonstruktion der Christianisierung Mitteleuropas** nördlich der Alpen: Bouchard/Bogdan 2015; Heinrich-Tamaska/Krohn/Ristow Hg. 2012; Bradley 1998.
- **Grablegen/Bestattungsriten** (siehe unten in 7.1).
- **Kommunikation:** Gringmuth-Dallmer 2000 und unten 6.4.
- **Münzen:** Strothmann, J. 2008; Kluge 2007; Bursche 1996.

Ein relativ junges Forschungsfeld ist die sich aus anderen Zusammenhängen, etwa der Erforschung der Ethnogenese in der Tradition von Reinhard Wenskus oder Herwig Wolfram (dazu die Kapitel 5 und 7), emanzipierende Archäoethnologie (Ausenda Hg. 1995). Exemplarisch sei für diese interdisziplinär angelegte Forschungsrichtung verwiesen auf die Beiträge in den Sammelbänden Green/Siegmund (Hg. 2003) am Beispiel der Sachsen sowie FriesKnoblach/Steuer (Hg. 2014) an dem der Thüringer und Bayern. Zur Identität siehe hingegen unten in den Unterpunkten 3.2 und 3.3.

> Archäo-ethnologie

Wie bei den Traditionen so gilt auch für die Überreste, dass eine vollständige Darstellung nicht gegeben werden kann. Hier kam es eher darauf an, den bekannten Zugängen die jüngeren Innovationen beizustellen und auf ihre Möglichkeiten und Grenzen hinzuweisen (siehe Veit 2011 zur Schnittmenge zwischen geschichtlicher Archäologie und archäologischer Geschichtswissenschaft). In den beiden folgenden Teilen sollen diese neuen wie alten Horizonte daher schärfer in den Blick genommen werden (siehe 3.3).

> Zusammen-fassung

2.3 Das Problem der Oralität

Gerade für die Entwicklungsprozesse der bei der Erforschung von Rechtsräumen relevanten rechtlichen Ordnungsmuster kommt der mündlichen Überlieferung (Dilcher 2010, 68, sowie 2008c und 2006a, 611–614; Weitzel 2002) eine methodisch diffizile Bedeutung zu (vgl. auch unten in Kapitel 5), die mit dem Terminus **„Rechtsgewohnheiten"** nur schemenhaft umrissen wird. Gleiches gilt für das in den Kulturwissenschaften angesiedelte Forschungsfeld der **rituellen Konfliktregulierung**, das selbstredend auch für die Rechtsgeschichte von zunehmender Bedeutung ist (vgl. schon Meyer 1997, 102). In beiden Fällen sind keine unmittelbaren Zeugnisse überliefert, sondern nur indirekte Hinweise in den (erzählenden: Dilcher 2010, 69 f.) Quellen vorhanden. Vor allem für das Frühmittelalter ist diese Ungewissheit signifikant. Allerdings erscheint es durchaus möglich, mit interdisziplinären Zugriffen – wie oben gezeigt – und neu entwickelten Forschungsansätzen in diesen lichtlosen Dschungel Pfade der Erkenntnis zu schlagen. Einen Überblick der Forschungsgeschichte und -methode bietet der Kommentar von Simon Teuscher (2014, 69–77 und 86 ff.), der die ansprechende Vermutung in die Diskussion stellt, dass der Übergangsprozess von Oralität zu Schriftlichkeit kontextualisiert und zu einem paradigmatischen Gegensatz von „traditionalen und modernen Gesellschaften" stilisiert wird, ohne dass die langen Phasen der Gleichzeitigkeit ausreichend gewürdigt werden. Das wiederum ist für die Konstituierung von Rechtsräumen ein wichtiger Aspekt.

Rechtsge-
wohnheiten

In der Rechtswissenschaft wurde und wird über den von Karl Kroeschell etablierten (dazu gleichsam rückblickend Kroeschell 2010), aber nicht neuen Terminus „Rechtsgewohnheiten" (Pilch 2010, 17 f.) und den Gegensatz zwischen *lex scripta* (*Lepsius 2014) und *consuetudo* gestritten, wobei letzterer schwerlich in der deutschen rechthistorischen Tradition mit „Gewohnheitsrecht" gleichzusetzen ist (siehe Krause/Köbler 2012 oder Dilcher 2010, 67 ff.). Gleichwohl sind abseits der rechtshistorischen Debatte (siehe im anschließenden Petitblock) die Rechtsgewohnheiten ein für unser Thema nicht zu unterschätzender Faktor, wenn es unter anderem darum geht, die regionalen, „gentilen", Formen der Rechtsverhältnisse zu eruieren (zum „Stammesrecht" siehe oben, Unterpunkt 2.1, und im folgenden Teil 3), die oftmals vor der eigentlichen Fixierung eines barbarischen Rechts – im Gegensatz zum Römischen – vorhanden gewesen sein müssten, und um darüber hinaus ihre Fortdauer in die Zeit nach der schriftlichen Niederlegung (spätestens zu Beginn des 9. Jahrhunderts) zu erkennen (Dilcher/Distler Hg. 2006). Zunächst nur für die Angehörigen einer Personengruppe („Stamm" – zur Kritik an dem Begriff siehe schon Bader 1953, 459 f., der „Siedlungs- oder

Rechtsverband" als Alternative vorschlägt) gedacht, weswegen sie auch seit dem 19. Jahrhundert in der Forschung als „**Volksrechte**" bezeichnet werden, entwickelten sie ab der spätkarolingischen Zeit im Hochmittelalter einen Raumbezug, da es Zusammenhänge zwischen Herrschaftsgebieten, beispielsweise den Herzogtümern des ostfränkisch-deutschen Reiches, zu geben schien (dazu die Übersicht einführender Literatur zu den „Leges" in 8.4). So wurden aus personenbezogenen Rechten schließlich auch definierbare Rechtsräume, auch wenn sich Individuen stets auf ihre Herkunft berufen konnten, um die Anwendung spezifischer raumbezogener Rechte zu erreichen (Pohl 2006, 56 ff.), wie das Beispiel Heinrichs des Löwen noch im 12. Jahrhundert illustriert (Landau 2011).

Eine „Debatte" zur Rechtsgewohnheit anhand des Buches von Martin Pilch (2009), der die Oralität wieder in das Zentrum der Entstehungsgeschichte der mittelalterlichen Rechtskultur stellte (im Gegensatz zu Kroeschell, der einst „daran nicht gedacht" hatte: Kroeschell 2010, 60 f.), findet sich in Ausgabe 17 der Zeitschrift „Rechtsgeschichte" des Max-Planck-Instituts für europäische Rechtsgeschichte mit zahlreichen Beiträgern, die jeweils den aktuellen Forschungsstand ihrer Argumentation unterfüttern: Dilcher 2010; Heirbaut 2010a und 2010b; Kannowski 2010; Kroeschell 2010; Luminati 2010; Pilch 2010; Rückert 2010; Thier 2010; Weitzel 2010. Dazu auch Teuscher 2014, 74 f., und schon Weitzel 1992 sowie Nehlsen 1977. Zur Bedeutung der Rituale im Mittelalter vgl. vor allem die Arbeiten von Gerd Althoff, der sich seit geraumer Zeit diesem Gegenstand widmet: Althoff 1989, 1990, 1992, 1993, 1997a, 1997b, 2001, 2008, 2015 und öfters; Büttner/ Schmidt/Töbelmann Hg. 2014 und Buc 2002.

Seit Längerem ist in der Mediävistik und ihren kulturwissenschaftlichen Nachbardisziplinen die Regulierung des Verlaufes und die Beilegung von Konflikten ein aktuelles Thema, das auf die Frage nach Rechtsräumen wohl nur übertragen werden kann, wenn man die mittelalterliche Historiographie, die dieser Forschungsrichtung mangels erzählender Zeitzeugen allein zu Grunde liegen kann (Teuscher 2014, 75 ff.), räumlich separiert und erst dann komparatistisch die lokalen oder regionalen Unterschiede herausarbeitet. Denn momentan scheinen doch eher die **Inszenierung** oder das **Ritual** beziehungsweise die **Spielregeln** das verbindende Element der Forschung sein, als dass Differenzierungen zwischen Räumen vorgenommen werden. Diese dürften, so scheint es, in den schon bekannten strukturellen Unterschieden und der Diversität (Duve 2013b) der dort geltenden Normvorstellungen zu suchen sein. Generell gilt der methodische Vorbehalt, dass in den erzählenden Quellen eher über spektakuläre

Konflikt-
regulierung

Einzelfälle als über Routinen berichtet wird und dass **Urkunden** in der Regel zuvor geführte mündliche Verhandlungen in kurzem zeitlichen Abstand verschriftlichen.

Ehlers, C. 2017; Mersiowsky 2015, 661–706; zum interkulturellen Vergleich der rituellen Performanz der Vormoderne siehe die Beiträge in Gengnagel/Schwedler Hg. 2013. Vgl auch Koziol 2012, 17–62; Dilcher 2010; Krah 2006; Nelson 2000; Theuws 2000; Wilentz Hg. 1985. Vor allem hat sich Gerd Althoff diesem Thema verschrieben (siehe unmittelbar oben). Einen diachronen Ansatz hat der Sammelband Dartmann/Füssel/Rüther Hg. 2004. Richter 2014 und Riedel 2005 zur Gegenwart solcher Konflikte.

2.4 Zusammenfassung

Die Quellengruppen im Sinne Ernst Bernheims, die Traditionen und Überreste (aber auch die Denkmäler in der Dreiteilung Droysens), zeigen alleine schon in der oben getroffen Auswahl ihr reiches Spektrum, das noch erweitert wird durch die nichtschriftliche und nichtgegenständliche Kategorie der Oralität, wozu schon die posthum veröffentlichten Überlegungen des französischen Historikers Marc Bloch (1995, dt. 2000, 11–43) einen gedankenreichen Einblick liefern. Da sich mündliche Überlieferung für das Mittelalter und weitestgehend auch für die (Früh-)Neuzeit vor der noch von älteren Menschen erlebten Zeitgeschichte zumeist nur aus den beiden ‚etablierten' Kategorien ableiten lässt, kommt ihr trotz aller Anstrengungen nicht der Wert einer dritten Klasse der Quellenkunde zu. Aber gerade für die rechtshistorische Forschung zur Entstehung von „räumlichen Rechtsgebieten" (!) darf der Aspekt der Oralität nicht unterschätzt werden, wo sich römisches Vulgarrecht mit regionalen, vielleicht sogar ethnisch generierten Rechtsvorstellungen oder Ordnungsmustern vermischt, bevor diese Synthese in eine schriftliche – und somit schon auf die abstrakte Ebene des „Textes" transformierte Fassung gerinnt. Abgesunkenes Kulturgut aus der Römerzeit wird gehoben und in bestehende Formen der normativen Vorstellungswelt integriert. Es können somit Prozesse rekonstruiert werden, die (bei weitem nicht nur im Bereich der Rechtsgeschichte) anhand der lokalen Gewohnheiten eine Abscheidung von Räumen erkennbar werden lassen, was in den folgenden zwei Teilen näher untersucht werden soll. Gerd Schwerhoff (2013a, 430 ff.) hat die Historiographie zu den Räumen kurz umrissen.

3 Forschungsgeschichte und Arbeitsweise

Selbstverständlich gilt für die moderne Geschichtswissenschaft, was für ihre Vorläufer, also letztlich seitdem Menschen Geschichte schreiben, galt: Der Raum ist neben der Zeit und der Handlung ein zentraler Faktor (Spiegel 2016; Rau 2013, 27; Schmid/Schmid 2007). Jedoch ist dieser nicht immer gleichermaßen berücksichtigt und ab und an für spezielle Fragestellungen sogar als eine *quantité négligeable* angesehen worden. Hinzu kommt, dass der Begriff selbst stetem Wandel ausgesetzt war und ist, was nicht nur, aber auch, mit dem naturwissenschaftlichen Fortschritt zu tun hat (siehe die Überlegungen bei Rau 2013, 18–27; Schroer 2006, 29–46, sowie Löw 2001, 21–24). Manches davon ist mehr für den heutigen als den frühmittelalterlichen Menschen von Bedeutung, etwa die Entdeckung des gekrümmten Raumes oder die Entkoppelung von Raum und Zeit durch die Physik. Eine breite Auswahl von Quellentexten zu dieser Evolution der Raumtheorie bieten Dünne/Günzel (Hg. 2006).

Im Folgenden wird nicht versucht, eine europäische Wissenschaftsgeschichte der Erforschung von Rechtsräumen zu geben, zumal da auf die europäischen wie globalen Perspektiven der rechtshistorischen Erforschung von Räumen und auf die sich daraus ergebenden diachronen Möglichkeiten in diesem Teil schon hingewiesen wurde. Vielmehr sollen anhand der Wissenschaftsgeschichte Deutschlands in den vergangenen zwei Jahrhunderten kursorisch die Problematiken aufgezeigt werden, die noch auf die heutige Forschung Einfluss haben, wobei ein Schwerpunkt auf die historische wie rechtshistorische Mediävistik und ihre Methoden gelegt werden wird. Und keinesfalls können hier die mit „Rechtsräumen" verbundenen Arbeitsweisen, die ja meist ihren jeweiligen nationalen beziehungsweise ideologischen Kontexten verpflichtet sind, dargelegt werden. Insofern müssen knappe Einordnungen und weiterführende Literaturangaben ausreichen; auf die aktuellen Methoden und Arbeitsweisen ist dagegen weiter unten einzugehen.

Keine europäische Wissenschaftsgeschichte

Arbeitsweisen

DOI 10.1515/9783110379723-003

3.1 Überblick vom 19. Jahrhundert bis 1945

Langes 19. Jahr-
hundert

Die europäische Geschichtswissenschaft des 19. Jahrhundert geht, insgesamt gesehen, sorglos mit der Übertragung von zeitgenössischen Raumvorstellungen auf die Vergangenheit um (in diesem Sinne auch die kritische Anmerkung von Luminati 2010, 51, zur rechtshistorischen Forschungspraxis), was in Deutschland bis in die zweite Hälfte des 20. Jahrhunderts zu beobachten ist, da sie sich der historischen Legitimation des modernen **Nationalstaates** und seiner globalen Rolle im **Zeitalter des Imperialismus** verpflichtet sieht (statt vieler: Wood 2013. Zum „langen 19. Jahrhundert" zuletzt Osterhammel 2009, 87 ff.). In einigen Ländern, wie Frankreich und England, fällt dies leichter, da hier seit dem Hochmittelalter eine Nationsbildung einsetzt, während in Deutschland bis zur Gründung des sogenannten „Zweiten Reiches" nach dem deutsch-französischen Krieg 1870/1871 eine vergleichbare Nationsbildung durch die politischen Realitäten eigenständiger Territorien unter dem System des „Heiligen Römischen Reiches deutscher Nation" seit dem 14. Jahrhundert mit seiner wechselvollen Geschichte bis 1806 im Grunde verhindert wurde. Um einen aktuellen Begriff der Raumforschung zu verwenden, wurden ahistorisch **„Container"** konstruiert, also von modernen Grenzen bestimmte Flächen, in denen sich Geschichte abgespielt habe. In der wissenschaftsgeschichtlichen Phase des **Historismus** (vgl. oben Kapitel 2, dazu Christöphler 2015; einführend Oexle 1986 und 1997 sowie die Beiträge in Oexle/Rüsen Hg. 1996 und Oexle Hg. 2007), unterdrückte die **politische Geschichtsschreibung** vehement vor allem die ‚innovativen' **kulturhistorischen Zugänge**, wie sie beispielsweise Karl Lamprecht (1856–1915) in seiner „Deutschen Geschichte" (1891–1909) entwickelte (Lamprecht 1900 zur „kulturhistorischen Methode").

Bernheim 1908, IV und 710–718. Vgl. Langewand 2009, 82–88, sowie zur Person Karl Lamprechts Middell 2014, Mann/Schumann 2006 und Schorn-Schütte 1984; zu seinem Leipziger Institut Middell 2005/1; zum historischen Methodenstreit und der Rechtsgeschichte siehe Duve 2000; am Beispiel der historischen Schulen von Wien und Zürich siehe Saxer 2013.

Deutlich vor der Historik Droysens (1868) und der Historischen Methode Bernheims (zuerst 1889, fünfte Auflage 1908, siehe dazu auch oben 2.1) bildete sich ab 1815 unter dem Einfluss Friedrich Carl von Savignys (1779–1861), der dann 1840/1849 das achtbändige „System des heutigen römischen Rechts" vorlegte, die **„Historische Rechts-schule"**, die die Einteilung der Rechtswissenschaft in die Gruppen „römisch", „germanistisch", und „kanonistisch" einführte, wie sie sich in der *Zeitschrift der Savigny-Stiftung für Rechtsgeschichte* seit 1861 und deren Aufteilung in schließlich diese drei Abteilungen (1880 kam die germanistische hinzu, 1911 die kanonistische) manifestiert (Meyer 1997, 72–76). Dieses Triptychon eröffnet die Möglichkeit, jedoch nicht die Notwendigkeit, impliziter Konstruktionen divergierender aber oft rückwirkend übertragener Traditionslinien.

Meder [5]2014, 306–309; Rückert 2012 und 2011; Reutter 2011, 443–460.

Nach dem Ersten Weltkrieg während der Weimarer Republik und dem sogenannten „Dritten Reich" des Nationalsozialismus entwickelt sich in Deutschland eine oft verbissen wirkende Forschung zu den Räumen deutscher Geschichte und ihrer Gegenwart, nicht ohne dass dieser Strömung auch Fortschritte bei der Entwicklung von Methoden und Ansätzen zuerkannt werden müssten, die zum Teil – von ihrer völkischen Dimension befreit – bis heute relevant sind; was freilich weder ihre politische Extremität noch ihre Bereitschaft, Verbrechen zu legitimieren, relativiert. Besonders Hermann Carl Wilhelm Aubin (1885–1969) und sein 1920 gegründetes Bonner „Institut für geschichtliche Landeskunde der Rheinlande" wären hier zu nennen (zu Aubin siehe Mühle 2005), aber auch andere große Namen der deutschen Geschichtsforschung, etwa aus dem Umfeld der Königsberger und Straßburger Universitäten vor 1945. Auf dem Gebiet der Rechtsgeschichte und des geltenden Rechts gilt ähnliches, hier dürfte vor allem Carl Schmitt (1888–1985) zu erwähnen sein (Schmitt 1940, 1941 und 1951; zur Person Schmitts siehe Blasius 2001 und zu seinem Raumbegriff neben anderen Rau 2013, 34–39). In der Entwicklung imperialer, nationaler, ethnischer oder auch aus der Rassenlehre heraus entwickelter Strategien für die Eroberung und „Säuberung" von Räumen erreichte diese Richtung ihren moralischen Tiefpunkt, der spät von der Zunft eingestanden wurde (siehe die eine Aufarbeitung forcierenden Beiträge bei Schöttler Hg. 1997 sowie zur „Großraumtheorie" Schmoeckel 1994). Und dennoch kommt es immer wieder zu Indienstnahmen dieser politisch motivierten Zerrbilder (Puschner/Großmann Hg. 2009), wenn beispielsweise die frühmittelalterliche Geschichte des karolingisch geprägten ostfränkischen Teilreiches ab dem Jahre 911 wiederholt als

1918–1945

Beginn der deutschen Geschichte beschworen wird, obwohl diese
‚Epochengrenze' seit Jahrzehnten in der Mediävistik als widerlegt
gilt.

Zu den Konstruktionen und ihrer Fortdauer siehe die entsprechenden Ausführungen bei Groth 2017. Zur völkisch geprägten Geschichtswissenschaft und ihren
Vorstellungen siehe beispielsweise Köck 2015, Staudenmaier 2014 und Steuer
2004. Zum Nationalsozialismus in der deutsche Geschichts- und Kulturwissenschaft siehe etwa Nagel 2005; Oexle/Lehmann Hg. 2004a und 2004b; Haar 2001
sowie Schulze/Oexle Hg. ²2000, um nur eine kleine Auswahl zu nennen; einen
Rückblick auf die Rechtsgeschichte zwischen 1914 und 2014 bieten Duve 2014a
und für die Zeit des Nationalsozialismus Wadle 1995.

3.2 Überblick von 1945 bis heute

Umwertung
der Begriffe

Nach dem Ende des nationalsozialistischen Systems, nicht unbe-
dingt seiner Vorstellungen, begann eine langsame Neuorientierung
der Geschichtswissenschaft, die vor allem mit der Umwertung der
Begriffe (Rau 2013, 52–70) zu kämpfen hatte. Volk, Staat, Nation oder
Siedlungsräume mussten aus ihren einstmaligen Gegenwartsbezü-
gen befreit und für neue Fragestellungen tauglich gemacht werden
(Dipper/Raphael 2011, 28 f. oder Jarnut 2004a). Das hatte aber schon
Karl Siegfried Bader (1905–1998) in seinem längeren und aus heutiger
Sicht hell- und weitsichtigen, aber nicht immer rezipierten Beitrag
aus dem Jahr 1953 gefordert. Das seit dem 19. Jahrhundert geltende
Postulat einer Kontinuität der deutschen Geschichte seit den Germanen verlor an Wirkung, als beispielsweise die Staatsbildung oder
die Volkwerdung in germanischer oder frühmittelalterlicher Zeit in
das Reich der politisch intendierten Legende zurückverwiesen wurden und die Schlagwörter von der „verspäteten Nation" (Plessner
1959, grundgelegt bereits 1935 vor dem Hintergrund des Untergangs
einer bürgerlichen Kultur im Nationalsozialismus) sowie vom „Germanenmythos" zu Grundlagen der Geschichtsforschung wurden.
Letzterer wurde als Kind des 19. und der ersten Hälfte des 20. Jahrhunderts etwa durch die germanistisch-philologischen Forschungen
von Klaus von See [1987] sowie durch das DFG-Projekt „Nationes"
und die österreichische Forschung um Herwig Wolfram enttarnt (vgl.
insgesamt etwa Steinacher 2011 oder Wiwjorra 2006). Ähnliches gilt
für die Entzauberung der „Germanischen Rechtsvorstellungen" und

ihrer nachhaltigen Kontinuität (Weitzel 2006a). Zur nationalsozialistisch gefärbten Archäologie siehe zuletzt Halle/Mahsarski ([Red.] 2013) sowie Curta (2007, 160 ff.), unter Berücksichtigung der Rolle Gustaf Kossinnas (1858–1931) und seiner völkisch geprägten Siedlungsarchäologie, welche für Brather (2000) der Anlass war, von ethischen Kriterien bei der archäologischen Interpretation Abstand zu nehmen (siehe auch Kapitel 5).

Nach dem Ende des Zweiten Weltkrieges fand in Deutschland und Österreich ein folgenreicher Paradigmenwechsel statt (deren Ansätze bei Bader 1953 zu erkennen sind), als man die Ethnogenese, vor allem vertreten durch Reinhard Wenskus und Herwig Wolfram, und die Entstehung der Nationen in den Blick nahm. Fragen, die auch die Rechtsgeschichte beschäftigten.

Nationenbildung

Bouchard/Bogdan 2015; Kuskowski 2014; Plassmann 2006; Ehlers, J. 2004b und 1997; Geary 2002a/2002b; Schneidmüller 1997b; Beumann 1989 und 1978; Wolf 1989; Kahl 1978b; Beumann/Schröder Hg. 1978; Schlesinger 1978.

Der Kardinalfehler der nationalstaatlichen Ideologien, vor allem in der Geschichtswissenschaft und der mit ihnen verbandelten Forschungsrichtungen der Rechts- und Kulturgeschichte, liegt aus heutiger Sicht in der Annahme, dass Räume rückwirkend übertragen und zur Bühne („Container") erhoben werden können (siehe zur [west-]europäischen Mediävistik der Neuzeit mit individuellen Bewertungen Wood 2013, und aus soziologischer Sicht Schroer 2006, 185–226). Im Sinne der unten (3.3) noch vorzustellenden Kategorisierungen Göttmanns (2009) wäre auf der Ebene der Meso-Räume das Forschungsvorhaben „Der Raum Westfalen" (1931–1996) ein hervorzuhebendes Beispiel (vgl. Petri/Wallthor 1989 und Ditt 1996). Vergleichbares gilt für den vieldiskutierten Germanenbegriff als Nährboden für die historische und vor allem ideologische Konstruktionen nationalstaatlicher Geschichten (so schon Bader 1953, 450 ff.), so dass die aktuelle Debatte (dazu neben vielen Jarnut 2006) dahin tendiert, für die Abschaffung der ethnischen Verwendung des Germanenbegriffes zu plädieren.

Nationalstaat

Germanen

Dem hält Jürgen Weitzel (2006c, 546 f.), entgegen, dass für Rechtshistoriker die Frage, ob es Germanen gab oder nicht, von nachgeordneter Relevanz sei, denn Juristen interessierten nur die von „jenen Völkern"(!) „entwickelten Strukturen des Rechts". Hier könnte Abhilfe dadurch geboten werden, dass man sich endlich darauf einigt, dass „Germanen" stets „nur eine ethnographische Ordnungskategorie und kein Volksname im eigentlichen Sinne gewesen" seien (Pohl 2006, 64). Ergänzend machte Jörg Jarnut (2006, 69) auf die Nachhaltigkeit der Terminologie Julius Caesars sowie die Verwendung spezifischer Namen der gentilen Großverbände seit Cassiodor und Jordanes aufmerksam (Jarnut 2006, 71 ff.).

Staat Komplexer ist hingegen die Diskussion über den „Staat" im frühen Mittelalter (Skalník 1978), weil hier ein auch verfassungsgeschichtliches (Bader [1953, 453] spricht für das Frankenreich vom Fehlen „schlechterdings all der Funktionen, die wir mit dem Begriff der Staatsgewalt verbinden"), aber zumeist eher terminologisches Problem berührt wird. Daher fragt Jürgen Strothmann (2009b, 53) berechtigt nach, „ob der Staat als Form der Gesellschaft notwendigerweise auf gleicher Ebene von seiner Substanz, der Gesellschaft nämlich, abzugrenzen" sei. Nach einer langen Phase des 19. und frühen 20. Jahrhunderts, in der ohne jedes Bedenken die staatliche Kontinuität der europäischen Nationen bis in die Spätantike oder gar darüber hinaus als gegeben angesehen wurde, kam es in der zweiten Hälfte des 20. Jahrhunderts nach dem Ende des von solchen Vorstellungen in Deutschland ideologisch legitimierten Krieges zu einer Abwendung von dieser Prämisse (Jarnut 2004b). In jüngster Zeit aber fand bei der Suche nach den Deskriptoren frühmittelalterlicher Zustände mindestens die Metapher vom Staat neue Beachtung ohne freilich auf alte Deutungsmuster vorbehaltlos zurückzugreifen, siehe etwa die Beispiele im Sammelband Pohl/Wieser (Hg. 2009) beziehungsweise schon bei Claessen/Skalník (1978).

Wichtige methodische Vorarbeiten wurden von Eckhard Müller-Mertens (1970, 1980, 1990) geleistet. Einen Überblick über die mediävistische Forschungsgeschichte zum ‚Staat' des Mittelalters bietet Groth 2017.

Volk In den Zusammenhang von Nation und Staat gehört auch die Fahndung nach dem Volk als historische Kontinuität in Räumen (Meccarelli 2016). Der weit gefasste Begriff „Kultur" in Verbindung mit dem nicht minder schillernden der „Nation" eröffnet bis heute die Möglichkeit, Kriterien für einen Raum zu formulieren, die, wenn sie die zeitgenössische Gegebenheit staatlicher Grenzen überschreiten, scheinbar legitimierende Argumente für Expansionen liefern (siehe Schöttler Hg. 1997 und aus archäologischer Sicht Brather 2011b sowie über die fortdauernde Realität des Begriffs vom Volk als Konfliktgenerator Richter 2014 und mit aktuellem Bezug Riedel 2005).

Eine spezifisch deutsche Forschungsrichtung mag die Landes-geschichte sein, wenn man sie allein unter einem (national-) wissenschaftsgeschichtlichem Aspekt betrachtet. Erweitert man jedoch den Blick, so ist festzustellen, dass regionale Studien in allen Bereichen der europäischen Mediävistik stets betrieben wurden und werden, was an dieser Stelle nicht weiter auszuführen ist. Dieserart Paradigmenwechsel hin zu einem diachronen und Regionen übergreifenden vergleichenden Ansatz wurden bereits am Beispiel der „genetischen Siedlungsforschung" (1.2) und ihrer Prallelen beschrieben. Heutzutage ist eine nationale Landesgeschichte kaum mehr denkbar, da auch raumkonstituierende Organisationen wie die Hanse (Hundt Hg. 2014) ebenso wie das Phänomen der „Region" im internationalen Kontext behandelt werden müssen (siehe Knox/Marston 1998/2001). Desgleichen ist die ebenso diachrone wie raumübergreifende vergleichende Stadtgeschichte ein wichtiger Bestandteil der Erforschung von mittelalterlichen Rechtsräumen. Dies gilt auch für die sogenannten „präurbanen" Siedlungen oder für vergleichbare Herrschaftssitze außerhalb des Römischen Reiches (Pohl 2000a und 2001) oder die Kontinuitäten des antiken Begriffes *civitas* im Mittelalter (Groten 2013).

Landes- und Stadtgeschichte

Bulst 2015; Blaschke 2014; Lilley 2014; Opll 2014; Pauly/Scheutz 2014; Ristow 2014a; Font 2013; Mieg/Heyl Hg. 2013; Isenmann 2012; Schwerhoff Hg. 2011; Cerman Hg. 2010; Friedrich Hg. 2009; Göttmann 2009; Borgolte 2008; Henning Hg. 2007; Fehn 2006 und 2004; Dusil 2005; Steuer/Biegel Hg. 2002; Bader/Dilcher 1999; Haubrichs/Schneider Hg. 1993.

In den Kulturwissenschaften ist im ausgehenden 20. Jahrhundert mit dem schon oft erwähnten „Spatial Turn", der als „Kind der Postmoderne" (Bachmann-Medick [3]2009, 284) inzwischen seine aufsehenerregende Phase hinter sich hat, der Blick vieler Disziplinen auf den Raum erneut geweckt worden (beispielsweise Hindelang/Wüst/Müller Hg. 2011). Vor allem in der Soziologie ist er als nahezu bahnbrechende Entdeckung begrüßt worden, was oben bereits angedeutet wurde und daran lag, dass er maßgeblich von Soziologen ausgelöst wurde (Bachmann-Medick [3]2009, 291–295; Schroer 2006, 17–28 sowie Löw 2001, 9–16 und 271 ff. zur „Raumsoziologie in acht Thesen"). Als einer der Gründerväter der modernen Raumtheorie gilt Henri Lefebvre (1901–1991) mit seiner 1974 erschienenen *production de l'espace* (Teile der Einleitung finden sich ins Deutsche übersetzt bei Dünne/Günzel Hg. 2006, 330–340, vgl. zu dem Werk Elden 2002).

Spatial Turn

Auf diese grundlegende Studie bezog sich der nordamerikanische Stadtplaner Edward Soja (1989, siehe dazu Rau 2013, 39–51 und 77 ff. sowie Bachmann-Medick [3]2009, 291–295, mit Verweis auf den Einfluss von Edward Said [1993], darüber hinaus auch Löw 2001, 44–57 zur Stadtsoziologie und 130–161 zu den „Wegen zum soziologischen Raumbegriff").

Schnell ergriff der Turn die Nachbardisziplinen, wozu die konzise Einführung von Susanne Rau zur Geschichtswissenschaft einen Überblick bietet (Rau 2013, 39–52 und 107–121), während die Bemerkungen zur Abkehr von einer eurozentrischen zu Gunsten einer globalen Perspektive etwa bei Dipper/Raphael (2011, 29 f.) zu finden sind.

Williamson 2014; Costa 2013; Jerram 2013; Kümin/Usborne 2013; Schwerhoff 2013a und 2013b; Hindelang/Wüst/Müller Hg. 2011; Bachmann-Medick [3]2009, 312 ff.; Döring/Thielmann Hg. 2008; Middell 2008.

Raum als Kategorie

Dennoch fällt der Beginn der expliziten Einbeziehung des Raumes als wissenschaftliche Kategorie für die Erforschung von Machtverhältnissen bereits in das frühe 19. Jahrhundert (Rau 2013, 17–52; Schlögel 2006, 19–78; Schroer 2006, 29–46; Löw 2001, 17–24; Schultz 1997), die Rezeption in der Geschichtswissenschaft folgte phasenverschoben (vgl. etwa Schlögel 2006). Diese Entwicklung ist ein europäisches Phänomen des erwachenden Geschichtsbewusstseins der modernen Nationalstaaten und der Interpretation ihrer seit der Frühneuzeit wachsenden Rolle als Kolonialmächte der Welt. So gehen die Entwicklung nationalstaatlicher Identitäten einerseits wie auch die eines Begriffs von Europa andererseits nicht gerade ‚Hand in Hand' aber doch zeitgleich voran (Boer 2012; Asbach 2011; Wagner, P. 2005). Die unterschiedlichen Strömungen innerhalb Europas seit der französischen Revolution 1789 in den westeuropäischen Staaten hat zuletzt Ian Wood (2013) am Beispiel der Indienstnahme der Geschichte des frühen Mittelalters nachgezeichnet, ohne verständlicherweise den aktuellen Forschungsstand komplett rezipieren zu können. Die Erforschung der Konstruktion und Wahrnehmung von Räumen im Mittelalter stand und steht unabhängig von der Suche nach Rechtsräumen im Zentrum der internationalen Forschung (siehe beispielsweise Abbé 2007; Kundert/Schmid/Schmid Hg. 2007 und schon die Beiträge in Aertsen/Speer Hg. 1998).

Dies kann auch hier nicht erfolgen, selbst wenn eine Reduktion auf rechtshistorische Ansätze unternommen würde. Auf wesentliche Literatur wurde in der Hinführung zum Gegenstand oben schon aufmerksam gemacht, weitere findet sich in der Auswahlbibliographie (Kapitel 9). Die wichtigsten Linien können hier nicht mit einem erschöpfenden wissenschaftsgeschichtlichen Anspruch aufgezeigt werden (was vermutlich auch ohne Sinn wäre, siehe Jerram 2013, besonders S. 403–407), sondern nur gefiltert durch die Fragestellung nach der Tradition der Rechtsräume. Nationale oder völkisch-suprematistische Ansätze der letzten zwei Jahrhunderte haben zur Folge gehabt, dass eine proklamatorische Abkehr vom Raum als Gegenstand der kultur- und auch der rechtswissenschaftlichen Forschungen – die die Raumkategorie stets da ins Spiel gebracht haben, wo sie opportunistisch meinten, sich in den politisch-weltanschaulichen Dienst der gerade geltenden Strömungen stellen zu müssen – den Jüngeren (und den sich als ‚geläutert' begreifenden Älteren) notwendig erschien, um die offenkundigen Irrwege zu korrigieren und zu vermeiden (siehe etwa Rau 2013, 27–39; Schlögel 2006, 52–59 und Köster 2002).

Eine aktuelle Bestandsaufnahme und Überlegungen zu den Perspektiven der Rechtsgeschichte bietet eine Schrift des Wissenschaftsrates (2012); für das vergangene Jahrhundert rechtshistorischer Forschung in Deutschland bis zur „Berliner Republik" siehe Duve (2014a). Daneben sei nur auf wenige Werke verwiesen, die anstatt vieler stehen (Meder [5]2014; Kroeschell [13]2008), siehe auch die Sammelbände Angelis (Hg. 2010) und Andersen (Hg. 2013) zur römerzeitlichen beziehungsweise mittelalterlichen Forschung im Bereich der Rechtsgeschichte. Kontinuitäten lassen sich zweifelsohne anhand der Rechtsordnungen konstruieren, wobei gerade hier der interdisziplinäre und aus heutiger Sicht internationale Zugang entscheidend ist (Siems 2009, 254–259). Nationale oder europäische Ansätze reichen nicht mehr aus (siehe oben Kapitel 1 und unten 3.3), um das diachrone und globale Phänomen der Bildung von (Rechts-)Räumen in der Menschheitsgeschichte zu erfassen. Erst ein entsprechend entworfener, vergleichender Ansatz wird helfen, Rechtsräume zu verstehen, zu kontextualisieren und als die die Vergangenheit, Gegenwart und Zukunft unseres Planeten prägenden Faktoren zu begreifen – und zwar auf der alle Zeiten überschreitenden Mikro-, Meso- und Makroebenen im Sinne beispielsweise Frank Göttmanns (2009 siehe dazu auch 3.3).

Die rechtshistorische Erforschung der Entstehung, Fortdauer und Wandlung des Römischen Rechts kann hier ebenso wenig zu-

Rechtsgeschichte

Römisches Recht/Leges Barbarorum

sammengefasst werden wie diejenige zu den sogenannten Volksrechten oder dem kanonischen Recht. Für die Ausbildung von Rechtsräumen während des frühen Mittelalters in West- und Mitteleuropa kam allen drei ihre jeweilige Rolle zu, worauf im Folgenden noch einzugehen sein wird, eine rein german(ist)ische Rechtsgeschichte würde jedenfalls zu kurz greifen. Konkurrenzen dieser Rechtstraditionen im frühen Mittelalter scheinen jedoch ebenso wie „Parallelentwicklungen" (Schmidt-Recla 2006) erkennbar zu sein.

Siems 2009; Pohl 2008; Esders 2007 und 1997; Ferme 2007; Goetz 2006; Schmidt-Wiegand 2006; Kroeschell 2005; Siems 1998; Giaro 1995; Siems Hg. 1995; Schild 1993; Wolf 1982; Schott 1979; Nehlsen 1977; Wenskus ²1977; Fransen 1973 und 1972; siehe darüber hinaus die Übersicht einführender Literatur zu den „Leges" und anderen spezifischen Rechtsquellen in 8.3.

Kanonisches Recht

Ein Versuch der Ordnung des Rechts am Beispiel der Kanonistik ergab als Ergebnis einen klaren Unterschied zwischen den Jahrhunderten vor dem *Decretum Gratiani* (um 1140, vgl. Winroth 2000) und denen danach, der sich vor allem durch den Wechsel von den lebensweltlichen Benutzerinteressen hin zu analytischer Systematik erkennen ließ (Meyer 2006, 407 f.). Das heißt, wenn man es überspitzt formuliert, dass sich die Ordnungskriterien von der Praxis hin zur Wissenschaft veränderten und die hochmittelalterliche Rechtswissenschaft so den Bogen zur römisch-antiken schlug. Zur Beeinflussung des kanonischen Rechts durch weltliche Gesetzgebung am Beispiel der karolingischen Kapitularien ist Koal (2001) heranzuziehen.

In jedem Fall sind die Zusammenhänge zwischen kanonischem und weltlichem Recht stets zu beachten, wenn es um deren Auswirkungen auf die Entstehung von Rechtsräumen im Mittelalter aber auch in der Neuzeit geht.

Raum und Recht

Das Verhältnis von „Raum und Recht" sowie die Begrifflichkeiten dieser beiden Kategorien standen im Vordergrund der gleichnamigen Studie von Günther Winkler (1999), die er folgendermaßen einteilte: Zunächst sei die „Vermessung des Raumes" zu beachten, dann die „Territorialstrukturen und rechtliche Raumbindung", die Zusammenhänge von „Mensch und Staat im rechtlichen Raum" sowie von „Naturraum und Recht". Schließlich sei anhand der räumlichen Geltung die „Verbindlichkeit und Wirksamkeit des Rechtes" sowie die „Begrenzung staatlicher Herrschaft und Souveränität" zu untersuchen. Doch wie können die vielen Facetten des Rechts selbst geordnet werden?

3.3 Neue Zugänge

Der Diskurs über den Raum hat inzwischen fast alle kulturwissenschaftlichen Bereiche erfasst, bis hin zur Frage nach der Anwendung – vor allem französischer (Rau 2013, 39–52) – philosophischer Denkmodelle auf den Raum, siehe beispielsweise Henri Lefebvre (1974, siehe dazu unten in 6.5) oder Michel Foucault (2006, dazu Keller, R. 2016; Hannah 2013; Füller/Michel Hg. 2012 und Elden 2001 zu den philosophischen Voraussetzungen der Erforschung von Räumen) sowie die oben in 1.2 schon eingeführte Schule der Annales (Braudel 1949/1994 und 1958/1977) und Emile Durkheim (1858–1917) (siehe allgemein auch Schroer 2006, 48–60 und Schöttler 1994). Auch von der Kunstgeschichte wird die Thematik aufgegriffen (vgl. etwa Fuhrer Hg. 2012; Blümle 2011 oder Jacobsen 2006).

Zwischen „Geschichten im Raum" und „Raumgeschichten" unterscheidet Jörg Dünne seine – literaturwissenschaftlich angeregten – Überlegungen zu der Frage „Wohin geht die Wende zum Raum?" (Dünne 2009). Damit umreißt er prägnant die etabliert erscheinende Dichotomie vom Raum als Bühne und vom Raum als Konstrukt, auf die später in den Kapiteln 5 und 7 noch zurückzukommen sein wird, und spricht sich für die Einbeziehung einer „Dynamik" aus (Dünne 2009, 22). Diese kann durch die Berücksichtigung verschiedener auf Räume wirkender Faktoren erkennbar werden, allen voran natürlich der Zeit. Aber auch die Öffnung differierender Blickwinkel, die neue Verknüpfungen historischer Entwicklungen zu erkennen helfen, ist nützlich. Dazu zählen die **„Histoire croisée"** (Werner, M. 2009; Werner/Zimmermann Hg. 2004; Werner/Zimmermann 2002) oder die unter anderem durch Forschungen von Sidney Wilfred Mintz zu den wirtschaftlich-sozialen Auswirkungen des Kolonialismus angeregte **„Entangled History"** (vgl. für die Rechtsgeschichte zuletzt Duve 2014a und b sowie Duve Hg. 2014; Conrad 2013), die jede auf ihre Weise die Verknüpfungen und Abhängigkeiten globaler Geschichte einbeziehen.

Neben diesen beiden Ansätzen sind in den letzten Jahren auch andere Fragestellungen und Methoden der aktuellen Kulturwissenschaften für die Zugänge zum Zusammenhang von Recht und Raum

[Randnotiz: Raumgeschichten]

[Randnotiz: Transfer/Translation]

entwickelt worden. Die Frage nach dem Transfer beziehungsweise der Translation von Normvorstellungen im Sinne der Übernahme beispielsweise von Rechtsordnungen aus einem Rechtskreis in einen anderen, der dafür notwendigen Übersetzung und der dabei insgesamt auftretenden Schwierigkeiten ist Gegenstand verschiedener, meist auf globaler Ebene arbeitender rechtshistorischer Forschungsprojekte (Foljanty 2015). Zum Konzept der „Heuristik der Aneignungsprozesse" mit Hilfe der Anwendung des Forschungsansatzes der „Cultural Translation" im Bereich der Rechtsgeschichte hat Thomas Duve (2012, 49–53) bedenkenswerte Hinweise gegeben. Zum diachronen Transfer von kulturellem Wissen siehe etwa Wischmeyer/Möller (Hg. 2013).

Ein in der Geschichtswissenschaft etablierter Begriff ist die „Translation" im Zusammenhang mit der Erneuerung des römischen Reichs- beziehungsweise Kaisergedankens in der Karolingerzeit, da hier ein zeitgenössischer Begriffskontext aufgegriffen werden kann (*translatio* oder *renovatio)*, was immer wieder aufs Neue reflektiert, durchdacht oder geschärft wurde. Den Grundstein für diese mediävistische Forschungsrichtung legte mit überraschend modernem interdisziplinären Ansatz Percy Ernst Schramm (1929/[4]1984), siehe auch Webster/Brown (Hg. 1997) und Thimme (2006, 250–278) unter dem methodisch verwandten Gesichtspunkt der **Transformation**, sowie viele andere wie Noble/van Engen (Hg. 2012), Mathisen/Shanzer (Hg. 2011), Wisnovsky (Hg. 2011), Goetz/Jarnut/Pohl (Hg. 2003) und Geary (1988) und folgten Schramms Ansatz.

Globalisierte Rechtswissenschaft

Vor dem Hintergrund einer sich mit zunehmender Geschwindigkeit globalisierenden Rechtswissenschaft und eines sich wandelnden Europa-Begriffs forderte Thomas Duve die explizite Einbeziehung der Welt in eine gleichwohl europäisch angelegte Rechtsgeschichte (Duve 2013a und 2014a, 39 ff. sowie 2014b, 55–60 und 2012, 4 ff., 21 ff., 43 f., 53–58). Dieser Ansatz einer „intellektuellen Dezentralisierung" (Duve 2014a, 43 und 2012, 23–30) bedeutet weder eine Überwindung des Europazentrismus noch eine ‚Europäisierung' der Welt, sondern zielt mit den theoretischen Modellen von Transfer und Translation auf die Übertragung in Europa entwickelter Ordnungsmuster im Zuge zunächst der Expansion und der Kolonialisierung (Oeter 2014, 205 f.; Duve 2012; vgl. schon Lamprecht 1908), dann aber auch im Rahmen gewollter Übernahmen von europäischen Rechtsvorstellungen. Am Ende dieser Entwicklung der Rechtsgeschichte wird eine transnationale Rechtswissenschaft (Duve 2014a, 44 ff.) stehen, die, so ist zu vermuten, neue Kriterien für ein rechtshistorisches Raumkonzept entwickeln wird, das sich endgültig von dem überkommenen „Container-Modell" lösen wird (siehe Schuppert 2016, 140 f.).

Ein wichtiger Faktor für die Untersuchung der Prozesse bei der *Integration* Entstehung von Rechtsräumen ist die rekonstruierende Analyse der dynamischen Integrationsvorgänge. Als tragfähige Methode bieten sich ein von Rudolf Smend entwickeltes Modell (vgl. unten in Kapitel 7) sowie die Begriffspaare „Akzeptanz und Legitimation" (Sieber 2010, 175 ff.) oder „Konvergenz und Divergenz" (Naerebout 2014) an. Zur Integration in das Römische Reich mittels eines „juridischen Pluralismus" vgl. Ando (2014). Zur Spezifik dieser Abläufe von Integrationen gehört auch die Exklusion.

Smend 1928, 1956 und 1966, siehe dazu Ehlers, C. 2007a und 2007b, 10 ff. mit weiteren Verweisen sowie Böckenförde 2000 und Mohl 1987; Pohl/Diesenberger Hg. 2002; Schneider, R. 1989.

Das Zusammenspiel von Ethnogenese und Identitätsbildung stellte *Identität* Patrick J. Geary (1983) in den Mittelpunkt (siehe dazu Reimitz 2015 und Pohl 2006, 51 f.), wobei er den Aspekt der Dynamik auch bei solcherart Prozessen hervorhebt (siehe auch die Sammelbände Mathisen/Shanzer Hg. 2011 und Pohl/Diesenberger Hg. 2002). Gerhard Dilcher (2006a, 622–628, und 2006b) erkundete den Zusammenhang von Identität und Recht am Beispiel der Sachsen und Langobarden (siehe auch Taylor Hg. 2006 sowie Kroeschell 2005 und Ausenda 2003 zum sächsischen Recht seit dessen Anfängen). Peter Weichhart (1990) und Andreas Ramin (1994) untersuchten die raumbezogene Entstehung kultureller Identität; Harald Siems (2009, 283) trug Wesentliches zur Erforschung der Beziehung von Recht und Identität bei. In der Archäologie (vgl. oben in Kapitel 2) hingegen ist die Möglichkeit der Erforschung von Identität anhand der Bodenfunde ein wichtiges Thema geworden (Bouchard/Bogdan 2015; Brather 2011a und b; Pohl/Mehofer Hg. 2010; Brather 2008; Curta 2007; Bierbrauer 2005). Ähnliches gilt für die sozialen Strukturen, deren parallele Erforschung durch Archäologie und Geschichtswissenschaft am Beispiel der Germanen exemplarisch von Burmeister (2011) und Dick (2011) in aller Kürze vorgeführt wurde.

Für die Beschreibung von dynamischen Prozessen der Durch- *Raumbezogene* setzung von räumlicher Ordnung (Ehlers, C. 2007a, 15–20) kann mit *Kriterien der* Hilfe der Entlehnung einer die Dynamik der Raumerschließung be- *Raumerfassung* schreibenden Begriffstriade aus dem künstlerischen Konstruktivismus zur Klärung eines rechtshistorischen Sachverhaltes beigetragen werden: dem Modell des konstruktiven Vorgehens von „Punkt und Linie zur Fläche" (Kandinsky 1926, vgl. Ehlers, C. 2007a, 18):

- **Punkte:** Etablierung von Orten der Herrschaft in einem noch nicht strukturierten Raum ohne erfassbare oder gar definierte Binnengrenzen.
- **Linien:** Die Verbindung zwischen solchen zunächst isoliert eingerichteten Plätzen sowie die Entwicklung früher Formen von Raumorganisation.
- **Flächen:** Die politische, ökonomische und religiöse Erschließung der Räume, die von den Linien markiert werden, mit Hilfe dafür herangezogener Personen.

Zum Gedankengang vergleiche beispielsweise Matthew Innes (2001, 423 f.), oder Reinhard Schneider (1991) am Beispiel der Salier (1024–1125). Anhand der raumbildenden rechtshistorischen Bedeutung von einzelnen Orten wird dies deutlich, etwa bei Gerichtsstätten im Römischen Reich (Färber 2014) oder bei Versammlungsplätzen im Allgemeinen (neben anderen Dölemeyer 2005). Zum archäologischen Zugang siehe an süddeutschen Beispielen Ettel (Hg. 2013). Ebenfalls auf diesen Raum konzentriert sich Thomas Kohl (2013), der ländliche Zentren der Karolingerzeit untersuchte. Insgesamt gesehen handelt es sich um einen methodischen Ansatz, der auch in der historischen Geographie Anwendung findet (Schenk 2011, 27 Tabelle 2.2; siehe auch Schneider, J. 2013b).

Darauf aufbauend könnten folgende drei Schritte bei der beschreibenden Rekonstruktion der Integrationsprozesse von Räumen helfen (vgl. Ehlers, C. 2007, 19, sowie das abstrakte Schema von Christaller 1933 [siehe unten 6.4 und 7.3]):

- **Erfassung:** Die kognitive Vorstellung von der Beschaffenheit eines geographischen Raumes, beispielsweise durch Erkundung während einer militärischen Kampagne oder bei Missions- und Handelsreisen.
- **Durchdringung:** Die tatsächliche Besetzung eines Raumes nach der ersten Erfassung im Zuge einer verdichteten Exploration und die daraus folgende Planung einer Übertragung eigener Ordnungsmuster.
- **Erschließung:** Die Urbarmachung und Besiedlung sowie die Organisation eines Raumes mittels weltlicher und kirchlicher

Ordnungsmuster und -strukturen wie Grafschaften und Pfarreien.

Methodisch damit eng verbunden sind Fragen nach der „Raumkategorie in der Regionalgeschichte" (Göttmann 2009) oder der ‚Kartierung des Nichtkartierbaren'. Dies gilt auch für die Überlegungen zur mentalen Vorstellung von Räumen, also den ‚Karten im Kopf' (*mental maps*, Dipper/Raphael 2011, 36–39; Damir-Geilsdorf/Hartmann/Hendrich Hg. 2005 und Downs/Stear 1977) im Gegensatz zur gezeichneten Kartographie (Baur/Hering/Raschke/ Thierbach 2014, 8 f., 17–20, 25–28 und 32–36 sowie Bavinck/Woodman 2009 zu rechtshistorischen Kartierungen; siehe auch oben in Kapitel 2). Die zeitgenössische wie auch rückwirkend gewonnene Definition von Räumen über ihre Grenzen (vgl. Schneider, J. 2013a) korrespondiert in gewisser Weise mit den Raumkategorien von Frank Göttmann (2009, 6):

– Der **Mikro-Raum** ist ein „Raum der elementaren leiblichen und sozialen Lebenserfahrungen des Menschen, sowohl der Nähe als auch der Distanz, vermittelt als Sozialisationsraum grundlegende Verhaltens- und Deutungsmuster und bestimmt maßgeblich die eigene Identitätsbildung".

– Der **Meso-Raum** repräsentiert „komplexe Raumstrukturen auf der Ebene regionaler Lebens- und Gesellschaftszusammenhänge und vereinigt insofern Teil-Räume zu einem Raumsystem, das weithin fähig ist, sich selbst zu erhalten und zu reproduzieren. Gerade in der Meso-Ebene überschneiden und verbinden sich die verschiedenen ‚Raum-Horizonte', womit sie eine vermittelnde Funktion zur Mikro- und zur Makro-Ebene erhält".

– Die **Makro-Räume** „scheinen vom gestaltenden Faktor her eher eindimensional, abstrakter und weniger komplex. Sie entsprechen je nach Fragestellung und Sichtweise nationalen politischen Räumen oder internationalen Wirtschaftsräumen bzw. binden kleinere Raumeinheiten ein. Für die Landes- und Regionalhistorie sind sie insofern von Interesse, als sich an ihnen großräumige Sachverhalte und Prozesse fassen lassen, die in den mittleren Verdichtungsraum hineinwirken und dort ‚verarbeitet' werden müssen".

Aus dieser kognitiven Dreiteilung folgert Göttmann, dass „je größer der Raum [ist], desto geringer die Zahl gemeinsamer Merkmale" (ebenda, 23). Dem ist nicht unbedingt zuzustimmen, wie etwa die

Marginalien:

Definition durch Karten

Raumkategorien von Göttmann

Beiträge in einem von Julio Escalona und Andrew Reynolds herausgegebenen Sammelband (2011) deutlich machen.

„Ancient DNA"   Im letzten Jahrzehnt haben sich die Möglichkeiten naturwissenschaftlicher Methoden zur Erkenntnis im weitesten Sinne historischer Fragestellungen enorm erweitert (Stoneking 2016). Die auf
Analysen gestützte Datierungen mittels Dendrodaten, Ergebnissen
der Radiokarbonmethode (^{14}C) oder der Isotopenanalyse (Strontium
90) sind in der Archäologie seit längerem verbreitet und gewinnen
wegen ihrer von schriftlich überlieferten Daten unabhängigen Bestimmung des zeitlichen Horizonts von Fundstücken an Relevanz,
auch wenn die Unsicherheiten in den Ergebnissen beispielsweise
eine C-14-Analyse immer noch recht hoch sind (Polet/Orban 2001).
Die Zusammenarbeit zwischen den kultur- und naturwissenschaftlichen Disziplinen kann jedoch viele neue Erkenntnisse bringen,
wie die Untersuchung der Grablege der Königin Edgith († 948) im
Magdeburger Dom beispielhaft zeigt (Meller/Schenkluhn/Schmuhl
Hg. 2012).

Inzwischen haben sich auch die Möglichkeiten stark verbessert, mittels in menschlichen Überresten geborgener DNA Aufschlüsse über die Herkunft oder die Lebensumstände und die gesund-
heitlichen Verhältnisse zu gewinnen. Dies ist bis in vorgeschichtli-
che Zeiten möglich (vgl. einführend Stoneking/Krause 2011; Krause
2010 sowie Pääbo 2000, 2002, 2004 und 2014). Allerdings dürfen
bei aller Euphorie nicht die immensen Risiken bei Fehldatierun-
gen durch Kontamination der DNA-Befunde unterschlagen werden
(Pääbo 2004, 75 f.).

Diese modernen Untersuchungsmethoden dienen nicht nur zur
Rekonstruktion quellenarmer Menschheitsgeschichte; so konnte
die Ausbreitung der Homininen auf der Erde mittels genetischer
Analysen anhand weniger Knochenfunde nachvollzogen werden
(Kuhlwilm et al. 2016; Boivin/Petraglia/Crassard Hg. 2016; Parzinger
2014; Pääbo 2002 und 2014). Auch für die Erforschung von in sich
abgeschlossenen Populationen, die sich etwa durch den Erhalt einer
eigenen Sprache über Jahrhunderte von ihrer Umgebung unterscheiden (siehe Veeramah/Tönjes et al. 2011 am Beispiel der Sorben mit
weiteren Hinweisen, etwa auf die Basken, oder Pääbo 2000 zur Besiedlung Nordeuropas), muss auf naturwissenschaftliche Methoden
zurückgegriffen werden.

Zur Problematik des damit verwandten modernen Ordnungsbegriffes *ethnicity*
siehe Müller, K. 2000.

Die aktuelle Forschung im Zuge des „Human-Genom-Projekts" erhofft sich tiefer gehende Erkenntnisse für die Zeit des Überganges von der Spätantike zum Frühmittelalter – als „Völkerwanderung" (*Barbarian Migration*: Halsall 2007) bekannt – mit Hilfe der Auswertung mitochondrialer DNA aus langobardischen Friedhöfen der Wanderungsperiode in Südosteuropa (siehe dazu Vai/Ghirotto et al. 2015 und Geary 2014 sowie Goffart 2006). Zur bisherigen Erforschung der Wanderungsbewegungen der Langobarden sind die Umschau und Bewertung des Forschungsstandes bei Bierbrauer (2005) und zur archäologischen Untersuchung des genannten Zeitraumes die Beiträge in Brather (Hg. 2008) heranzuziehen.

Für die Rechtsgeschichte liegen die Erkenntnismöglichkeiten in der Bestätigung beziehungsweise der Widerlegung des anhand von schriftlichen Quellen gewonnenen Bildes über die Wanderungen und inneren Verhältnisse der Langobarden, deren kodifiziertes Recht eine wichtige Quelle für die Entwicklung der *Leges Barbarorum* (vgl. die Übersicht in 8.4) darstellt. Allerdings ist Walter Pohl (2006, 52) zuzustimmen, wenn er vor einem „kurzschlüssigen Gebrauch" dieser naturwissenschaftlichen Methoden warnt.

*Dilcher 2008a und *2008b; Meyer 2007; *Pohl 2001a; *Vismara 1991c.

Nimmt man die archäologischen Hinweise auf Versammlungsstätten vorgeschichtlicher Kulturen als erste Hinweise auf beginnende Rechtspraktiken, dann lassen sich unter Hinzuziehung der DNA-Analysen und anderer naturwissenschaftlicher Methoden sehr gut die dahinter stehenden Raumstrukturen erforschen, wie Siedlungskontinuität oder Migrationen (auch bereits seit der Urzeit des Menschen, siehe oben), das Heiratsverhalten oder die Bestattungsriten (vgl. unten in Kapitel 5). Die Zusammenarbeit von Geschichtswissenschaft und Archäologie ist Gegenstand des Sammelbandes Burmeister/Müller-Scheeßel (Hg. 2011), auf die öfters Bezug zu nehmen ist (siehe die Zusammenfassung von Veit 2011).

Archäologie

3.4 Konsequenzen

Auch international werden stets neue Ansätze für die Erforschung der mittelalterlichen Welt gesucht, wobei jedoch oft festzustellen ist, dass Bekanntes neu gebündelt wird, so beispielsweise die Beiträge von gestandenen Persönlichkeiten (Michael McCormick, Janet Nelson, Jennifer Davis, Matthew Innes und Stuart Airlie in Davis/ McCormick Hg. 2008) zur Herrschaftspraxis unter dem titelgebenden Stichwort „New Directions in Early Medieval Studies". Und angesichts der zahllosen Kongresse und Publikationen aus allen Fachbereichen mit einem ‚spatialen Stichwort' im Titel fällt es manchmal schwer zu sagen, „was *nicht* Raum sei" (Jerram 2013, 403, Hervorhebung im Original).

So ist die Erforschung vermeintlich gentiler Gruppen des Frühmittelalters mit einem ethnischen Ansatz wegen ihrer manchmal abgründigen Traditionen weder innovativ noch unproblematisch, siehe neben anderen Pohl (2008 und 2006), Goetz/Jarnut/Pohl (Hg. 2003), Anton/Becher/Pohl/Wolfram/Wood (2002) sowie Goetz (2000a und 200b). Ulrich Sieber (2010, 193–198) hat einen umfangreichen Entwurf für die Reaktion der rechtswissenschaftlichen Forschung auf die sich verändernden Fragen angesichts von Globalisierung, Entstaatlichung (Transnationalisierung) und sich herausbildenden neuen Formen normativer Ordnungen und Organisationen vorgelegt. Dabei wird klar, dass sich Raumkonzepte nicht auflösen, sondern verwandeln (Rau 2013, 17–52 und Schroer 2006, 29–160 sowie Löw 2001, 69–129), dass diese Veränderungen oft Entsprechungen im historischen Vergleich evozieren und dass deswegen die rechtshistorische Forschung zu Raum und Recht bleibende Bedeutung hat (siehe Siems 2009, 284 f., mit einem Katalog von Thesen für die Diskussion der Rechtsentwicklung vom Anfang des 6. bis zum 9. Jahrhundert).

Ordnungskonfigurationen Christoph H. F. Meyer hat eine Übersicht zur Ordnung des Rechts beziehungsweise des Rechts durch Ordnung vorgelegt (Meyer 2006). Unter der thematischen Maßgabe der „Ordnungskonfigurationen", eines in Heidelberg entwickelten „Forschungsdesigns" (Schneidmüller/Weinfurter 2006 sowie Weinfurter 2009; Groth 2017), hat Meyer am Beispiel des hochmittelalterlichen Kirchenrechts den Versuch unternommen, Recht als „Ordnungsproblem" chronologisch zu systematisieren und zugleich den Begriff der „Ordnung" zu präzisieren (Meyer 2006, 304–314). Dieser lässt sich als Gegenstand gelehrter Reflexion in der Kanonistik und der Theologie des ersten Jahrtausends kaum greifen (ebenda, 315–319) und sollte mithin nur rückwirkend verstanden werden ohne zugleich die Kategorie als solche zu negieren. Weiterführende Gedanken zu dem Komplex bieten auch und vor allem die Bemerkungen von Andreas Thier (2010, 42 f.) und Bernd Kannowski (2010, 48), die den eingeschränkten Nutzen des Begriffes „Ordnungskonfigurationen" im Sinne der historischen Mediävistik für die Rechtsgeschichte und ihre Methode als wesentliches Argument für die Abkehr von diesem Begriff im Rahmen eines interdisziplinären Vergleichs betonen. Gerhard Dilcher (2010, 71 f.) sieht zwar die Rechtsgeschichte befruchtende Aspekte in dem Modell der Ordnungskonfigurationen, weist aber darauf hin, dass hier – wie bei dem mediävistischen Ansatz unter dem Schlagwort „Spielregeln" von Gerd Althoff (vgl. 2.3) und anderen – „der Aspekt des Rechts leicht verloren geht". Dirk Heirbaut (2010a und b) betont vor allem den deutschsprachigen Charakter dieser Debatte, die in den Kontext der Frage nach „Rechtsgewohnheiten" (oben 2.3) gehört, und billigt dem Ansatz der Ordnungskonfigurationen (in das Englische übersetzt als *order configurations*: Heirbaut 2010b, 89 f.) eine zumindest helfende Funktion für die Rechtsgeschichte zu.

Da die ‚Konfiguration' wie die ‚Vorstellung' von „Ordnung" auf die Fortdauer bezogene Absichten der Akteure zu implizieren scheinen, soll im vorliegenden Band von „Mustern" gesprochen werden, da sich Ordnungsmuster zu einem vom Historiker willkürlich festgesetzten Zeitpunkt als angestrebter oder erreichter Zustand anhand der Quellen ausmachen, beschreiben und vergleichen lassen, ohne Geltungsansprüche und deren Durchsetzung oder Scheitern angesichts einer nur dem späteren Betrachter bekannten Entwicklung rückwirkend einzubeziehen. Mit anderen Worten: Durch die Verwendung eines weitestgehend neutralen Begriffs wird der erst durch die Zeit erkennbaren Dynamik von Erfolg oder Misserfolg jeweils bezogen auf rechtsräumliche Entwürfe weniger Gewicht gegeben. So wird eine Ebene für den diachronen Vergleich geschaffen, die siegende mit verlierenden Konfigurationen oder Entwürfen zunächst gleichstellen kann. Als Beispiel für die Problematik seien die Kapitularien Karls des Großen genannt (vgl. oben 2.1 und 3.2). Fixieren sie bestehende Gewohnheiten beziehungsweise Konfigurationen, formulieren sie Vorstellungen oder schaffen sie Recht von Dauer – oder haben sie von Anfang an nur einen eingeschränkten Geltungsanspruch im Sinne der Diskrepanz von Norm und Praxis? Siehe dazu auch Kapitel 4. Ordnungs-
muster

Diese Kriterien beziehen sich freilich in erster Linie auf Menschen, die in Räumen leben, nicht auf Räume, in denen Menschen leben. Daher ist die inhaltliche Verknüpfung von Räumlichkeit und Persönlichkeit stets im Sinn zu behalten (siehe in 6.3 und Kapitel 7). Raum und
Person

Ausblick   Desgleichen ist dem Aspekt des „Lokalen" bei der Rechtserzeugung Priorität zu geben, um eine raumbezogene Ebene des Vergleichs zu gewinnen (Duve 2012, 45–48). Hilfreich für die Systematisierung sowie die kartierende Rekonstruktion von lokalen/regionalen Rechts- und Normvorstellungen verspricht die „Legal Geography" (siehe Bravermann/Blomley/Delaney/Kedar 2013), die sich auch zum Ziel gesetzt hat, die Zeit als Faktor einzubeziehen (ebenda, 13 ff.). Zu den aktuellen Überwindungen nationalstaatlichen Rechts siehe darüber hinaus Sieber (2010, 18–30), als moderne Folie für die relevanten Fragen der Jurisprudenz an die Rechtsgeschichte.

Teil 2: **Quellen und Methoden**

Der zweite Teil der Darstellung der Forschung zu Rechtsräumen widmet sich zunächst in einer knapp gehaltenen Übersicht den wichtigsten rechtshistorischen Quellen (Kapitel 4). Im folgenden Kapitel 5 werden dagegen vergleichsweise ausführlich die Methodenprobleme konkretisiert. So bilden die ersten zwei Abschnitte die Perspektiven eröffnende Grundlage für den letzten beschreibenden Teil dieser Einführung.

4 Die wichtigsten rechtshistorischen Quellen

Zugänge

Oben in Kapitel 2 zu den Quellengruppen im Sinne der Systematiken von Droysen und Bernheim wurde schon deutlich, dass eine umfassende Darstellung der Quellen zu Rechtsräumen nicht möglich ist, weil im Sinne der klassischen Geschichtsschreibung der Raum immer eine der drei notwendigen Kategorien ist.

Weltliche Rechtsquellen

Der weit gefasste Begriff der „Rechtsquellen" braucht an dieser Stelle nicht systematisiert zu werden, da dies seit dem 19. Jahrhundert fortlaufend unternommen wurde. Im Grunde wäre zwischen überlieferten Rechtstexten und normativen Ordnungen für einzelne Räume zu unterscheiden, die ihrerseits Geltungsanspruch haben (Mordek 1986) und auf unterschiedlich große Räume Anwendung gefunden haben (von Städten über Regionen bis zu ‚Staaten' – den drei Ebenen im Schema von Göttmann 2009, 6). Für die Transformationen im antiken Römischen Rechtskreis in der weltlichen Sphäre (*Corpus iuris Civilis*, vgl. Manthe 2008) spielen die oben schon eingeführten *Leges Barbarorum* eine gewichtige Rolle in der gestreckten Phase des Überganges von der Spätantike zum Frühmittelalter (siehe Goetz 2006, 541 und Kapitel 3). Hinzu treten die rechtsetzenden oder zumindest Rechtsvorstellungen verkündenden und veröffentlichten Verlautbarungen der fränkischen Könige, die sogenannten Kapitularien der Merowinger- und Karolingerzeit (Schmitz, G. 2012; Mordek 1995; vgl. auch das Capitularia-Projekt von Karl Ubl [in Verzeichnis 8.5]) – für die Zeit ab dem ostfränkischen Reich hat es sich eingebürgert, von Konstitutionen zu sprechen, ein älterer Begriff der Rechtsetzungspraxis mit überzeitlicher Anwendung (*Lück 2014a). Diese und vergleichbare Überlieferungen betreffen durchaus auch Räume – meist das beanspruchte Herrschaftsgebiet, aber auch andere, wie etwa das Sachsenland – und wirken so an deren Konstituierung mit (am Beispiel der „Agrarverfassung" siehe etwa Rösener 2000 und 2003). Nicht übersehen werden dürfen selbstverständlich die königlichen Diplome sowie die Urkunden der Kirchen- und Laienfürsten, denen ebenfalls Raumsetzungen eigen sein können, man denke nur an Immunitätsverleihungen (Stengel 1910; Rosenwein 1999; siehe auch oben 1.3) oder Besitzübertragungen (Innes 2008; Davies/Fouracre Hg. 1995; an hochmittelalterlichen Beispielen etwa Pehnt 2007).

DOI 10.1515/9783110379723-004

Terminologi-
sche Probleme

„Agrar-Verfassung" oder „Grundherrschaft" sind moderne
Begriffe, die rückwirkend übertragen zur Beschreibung eines mittelalterlichen Sachverhaltes dienen (Schreiner, K. 2000), was entsprechend auch für das auf Leo Santifaller (²1964) zurückgehende
„Reichskirchensystem" und die permanent angeführte „Grafschafts-
verfassung" (Ehlers, C. 2007a, 35–41, 257 f., 282 und 398 f.) der
Karolinger gilt. Siehe dazu schon Bader (1953, 456 ff.) zur Dichotomie zwischen Norm und Praxis bei der Gerichtsfunktion der Grafen
in der Frankenzeit sowie die fundamentale Kritik von François Louis
Ganshof (1947, engl. 1971, 257): „But all this amounted not more than
a sprinkling of administrative manpower over the surface of the
Regnum". Insgesamt gesehen, gehört diese gewichtige Problematik
in den Kontext der methodisch zweifelhaften Übertragung moderner
rechtlicher Begriffe oder Ordnungsvorstellungen auf vormoderne
Zeiten (Meyer 1997).

Kirchenrecht

Ein ebenso weites Feld innerhalb der „Überlieferung" sind die
Quellen des Kirchenrechts (siehe Landau 2012 zum katholischen und
de Wall 2012 zum evangelischen). Zu der Zeit vor dem Decretum Gratiani (um 1140) vgl. etwa Ferme (2007), Andersen/Münster-Swend-
sen/Vogt (Hg. 2007) und Meyer (2006), zum *Corpus iuris Canonici* und
zu seinen Quellen siehe zusammenfassend statt vieler Thier (2008).
Eigene Bände der Reihe „methodica" des Max-Planck-Instituts für
europäische Rechtsgeschichte werden sich diesem Bereich widmen.
Auch das Kirchenrecht erschafft und definiert seine eigenen Raumkategorien, vor allem mittels der der römischen Verwaltungspraxis
entlehnten „Civitas-Struktur", die die Grundlage der Diözesanver-
fassung bildet und auch auf die vormals nichtrömischen Gebiete
im Zuge der Expansion des Frankenreiches im 8./9. Jahrhunderts
übertragen wurde (siehe am Beispiel Sachsens Shuler 2010; Ehlers,
C. 2007a; Wilschewski 2007 sowie Petersen 2006). Zum Spannungsfeld der Rechtssphären von Welt und Kirche siehe beispielsweise
Landau (2006) oder Koal (2001). Die Rolle der Klöster und Stifte bei
der Schaffung ‚sozialer' Räume untersucht neben vielen anderen
etwa Lauwers (2014). Dies ist zu einem wichtigen Forschungsansatz
in den letzten Jahren geworden, der hier nur erwähnt werden kann
(siehe aber auch in Teil 3). Zuletzt seien die Konzilien und Synoden
(zu jenen im fränkischen beziehungsweise deutschen Reich bis 1056
siehe Pontal 1986 und Wolter 1988) der Kirche genannt, die – wie
die oben erwähnten weltlichen Rechtsetzungen – von der Mikro-
über die Meso- bis zur Makroebene (Göttmann 2009, vgl. 3.3) der

kirchlichen Raumerfassung reichen können und so der Institution Kirche einen praktischen Vorsprung verleihen (siehe neben vielen anderen Siems 2009, 264–268 und Angenendt 2009b zur Kirche als Träger der Kontinuität).

Zur rechtsrelevanten Ordnung der Kirche auch Lunven 2014; Meder [5]2014, 153–156; Hamilton 2013; Austin 2009; Hartmann 2008; Mayr-Harting 2007; Müller, W. Hg. 2006; Erdö 2002 und Plöchl 1960.

Als bereits in die Rechtsgeschichte eingeführte, abstrakte, innovative und methodenbezogene Termini für den Forschungsschwerpunkt kämen oben schon angesprochene Teildisziplinen zur Auswertung rechts- und raumrelevanter Quellen in Betracht: Rechtsgeographie, Rechtstopographie, Rechtsikonographie und selbstverständlich die Rechtsarchäologie (DeWin Hg. 1992 und Maisel 1992), als deren ‚Väter' neben anderen Karl von Amira (1848–1930) und Hermann Baltl (1918–2004; vgl. Carlen 2006) bezeichnet werden könnten, sowie die Rechtskartographie. Die Rechtsgeographie hat in den letzten Jahren an Bedeutung als transnationales Forschungsfeld gewonnen (vgl. Bravermann/Blomley/Dela-ney/Kedar 2013, 2–9). Ihre älteren Wurzeln liegen oftmals schon im 19. Jahrhundert und haben bis auf den heutigen Tag methodische aber vor allem auch ideologische Modifikationen erfahren (siehe oben in Kapitel 3). *Forschungsfelder der Rechtsgeschichte*

Kocher/Lück/Schott Hg. 2014; Günzel/Nowak Hg. 2012; Weigel 2002; Philippopoulos-Mihalopoulos 2001; Winkler 1999; Epp 1998; Mohnhaupt 1987; Wagner, W. 1987; Wolf 1982; Merk 1926.

Der Grad der analytischen Abstraktion dürfte angesichts der weit gestreuten methodischen Zugänge auf die große Bandbreite der zur Verfügung stehenden und in einigen Bereichen gar noch wachsenden Zahl der Quellen – man denke an die naturwissenschaftlichen Methoden – für den Erfolg der Erforschung von Rechtsräumen entscheidend sein, was im folgenden Kapitel zu erörtern ist. Hier sind sowohl die **Bewertung** frühmittelalterlicher Rechtstexte (Siems 2009, 260 f., und 1989) als auch ihre „Effektivität" (Nehlsen 1977, vgl. 5.1) die zentralen Fragen. Gerade hierbei ist ein hohes Maß an Abstraktion gefragt, um der Forderung nach objektiven Kriterien, so gut es eben geht, gerecht zu werden, um die Normen und Strukturen sezieren und auf ihre Geltungsräume herunterbrechen zu können, ohne sich in einer der vielen Methodenfallen des interdisziplinären *Abstraktion*

Dialoges zu verfangen (etwa Siems 1998, 302–305). Der **Umgang** mit frühmittelalterlichen Rechtsquellen ist demnach auf eine für die beteiligten Fächer tragfähige und umspannende Basis zu stellen (Siems 2009, 252 f.).

Lösungsansatz   Es erscheint also angesichts der Pluralität rechtshistorischer Quellen – mithin der historischen Traditionen, denn die Überreste im Sinne der Archäologie, der Kunst- oder Baugeschichte und der neu hinzugekommenen naturwissenschaftlichen Aufschlüsse sind hier ja nicht einzubeziehen – notwendig, ein Modul zu entwickeln (7.3), beziehungsweise zu übernehmen oder zu modifizieren, das in der Lage wäre, die dynamischen Prozesse bei der Entstehung von Rechtsräumen darzustellen; also mittels einer spezifischen, die beteiligten Fächer vereinenden Terminologie die Faktoren, auch aber nicht nur aus dem Bereich der Rechtsgeschichte (Kapitel 1), analytisch zu erfassen, die bei der Etablierung von Ordnungsmustern eine Rolle spielen. Die zwei Leitfragen müssten daher lauten: Wie ist ein „Rechtsraum" als Kriterium für eine Quelleninterpretation anwendbar, ohne gleich alle Quellen berücksichtigen zu müssen, und welcher topographische Rahmen kann dabei sinnvollerweise angelegt werden? Im Hinblick auf das diachrone Potential der Erforschung von Rechtsräumen ist auf die mit der Zeitleiste überproportional ansteigende Zahl der Quellen hinzuweisen.

5 Methodenprobleme

Dass die Erforschung von Rechtsräumen im Sinne dieser Einführung über unermesslich viele Methodenprobleme verfügt, muss angesichts ihres breiten interdisziplinären und diachronen sowie gleichfalls internationalen Ansatzes (De Weerdt/Morche 2014; Dipper/Raphael 2011; Geary 1999) kaum betont werden. Daher sollen im Folgenden nur die augenfälligsten Schwierigkeiten, aber auch die sich darin verbergenden Möglichkeiten, betrachtet werden, die sich aus der Interdisziplinarität der Forschungsrichtung ergeben, nicht aber aus den eigenen Methodenproblemen der beteiligten Disziplinen selbst. Dabei soll das Ziel sein, diese ‚Probleme der Transdisziplinarität' zu einem vorläufigen Lösungsansatz zu verdichten. Teil 3 wird dann den Versuch unternehmen, eine tragfähige Perspektive zu erarbeiten. Zunächst aber sollen die Schnittstellen zu einigen besonders ertragreich erscheinenden Wissenschaftsgebieten, die in Teil 1 meist schon vorgestellt wurden, durchgegangen und auf ihre kooperativen Möglichkeiten unter dem Aspekt spezifischer Methodenprobleme befragt werden.

Schwierigkeiten der Methode ergeben sich bekanntlich vor allem Deutungen dann, wenn isoliert entwickelte Ergebnisse oder Beweisführungen dazu bemüht werden, ihre Voraussetzungen als den angebrachten Lösungsweg zu erweisen, und dabei die Perspektiven gleichsam asymmetrisch oder ideologisch zu werden drohen. Gerade dies ist bei der jüngeren Diskussion um die Relevanz des Raumes, seiner Substanz und seiner Akzidenzien sowie seiner wissenschaftlichen Funktionen als Gegenstand wie als Kategorie zu beobachten.

Aus verschiedenen fachspezifischen Zugangsmethoden erge- Schnittstellen ben sich Schnittstellen für den Vergleich der individuellen Befunde durch eine bewusst transdisziplinär angelegte Komparatistik. Diese ist durchaus überregional und diachron möglich, wenn ein *modus operandi* sowie – vor allem – eine terminologische Basis geschaffen werden. Das kann jedoch nur gelingen, wenn sich die am Dialog beteiligten Fächer über ihre Möglichkeiten und Grenzen der exakten Beschreibung der diskutierten Phänomene klar werden (siehe vor allem oben in Kapitel 3). Vor dem Versuch, einen umfassenden Lösungsansatz zu entwickeln (Teil 3), seien daher zunächst die in Frage kommenden Disziplinen mit ihren derzeitig leitenden Methoden kurz umrissen, wobei auch hier eine stark verkürzende

DOI 10.1515/9783110379723-005

Darstellungsweise mit Blick auf die Schnittstellen zu der Fragestellung nach den Rechtsräumen gewählt werden muss. Aber durch die hier und im Literaturverzeichnis (Kapitel 9) gebotenen Nachweise wird ein aktueller Stand (Frühjahr 2016) der Debatten gewährleistet.

5.1 Rechtsgeschichte

In der rechtshistorischen Forschung kreisen die für das Leitthema relevanten Diskussionen, wie bereits dargelegt, um die Fortdauer des Römischen Rechts nicht nur im Kirchenrecht (Mertens 2012, Plöchl 1960), um die Entstehung der gentilen Leges sowie um die Spannung zwischen geschriebenen und mündlich tradierten Ordnungsvorstellungen beziehungsweise -mustern und schließlich um die sich daraus ergebende Dualität von Norm und Praxis (vgl. etwa die jüngere Debatte um den Forschungsbegriff „Rechtsgewohnheit", oben 2.3). Für die Frage nach den Rechtsräumen ist dies von hoher Relevanz: Schuf das Recht Räume oder entstand Recht durch seine Anwendung in einem Raum? War dieser Raum im Mittelalter „gegeben" und, wenn, in welchem Sinne (*given space*: Meccarelli 2016; siehe Duve 2014b, 50: „an a priori determination of space")? Eine Petitesse vielleicht für den Juristen, aber für die Rekonstruktion der hier im Mittelpunkt stehenden Frage nach räumlicher Dynamik doch nicht unerheblich.

Benda-Beckmann, F./Benda-Beckmann, K./Griffith 2009; Willoweit 2002; Siems 1992; Heidecker 1999; Wolf 1982.

Die methodischen Probleme ergeben sich in erster Linie also daraus, dass für die Rechtsgeschichte der Raum nur eine nachgeordnete Kategorie ist und nur dort, wo schon von Anfang an ein interdisziplinärer Ansatz freiwillig oder gezwungenermaßen gewählt wurde, zur Anwendung kommt. Aber gerade an der Schnittstelle zur Geschichtswissenschaft sind die Verständnisprobleme der fachbezogenen Terminologie und ihre problembehaftete Rezeption besonders deutlich geworden (siehe exemplarisch Siems 1998, 295–305), wobei diese Feststellung eher die Mediävistik mit ihrem die Rechtsgeschichte oftmals zugunsten anderer Zugangsweisen vernachlässigenden Repertoire treffen dürfte.

Hinzu kommt die inzwischen wohl als abgeschlossen anzuse- Effektivität
hende Diskussion um die „Effektivität" als Methodenproblem der
Leges-Forschung am Ende des 20. Jahrhunderts, die hier gleichsam
exemplarisch kurz dargelegt werden soll, da bei ihr die Frage nach
der Entstehung von Rechtsräumen hohe Relevanz gewinnt. Im Grunde ist es herrschende Meinung der Forschung, dass die Leges nicht
als Grundlage der Gerichtspraxis oder Gesetzgebung dienten; mithin
wäre die Frage, wie „effektiv sie waren" (Nehlsen 1977, 450), negativ
zu beantworten (vgl. zusammenfassend Siems 1998 und Schott 1979,
48 f.), auch wenn Schmitt-Weigand (1962) anhand diachroner und
überräumlicher Vergleiche den gegenteiligen Schluss nahezulegen
versucht hat (siehe Nehlsen 1977, 451 ff.). Wenn in schriftlichen Quellen der Merowingerzeit auf die Lex Salica verwiesen beziehungsweise
diese erwähnt wird, ist nicht nachzuweisen, ob es sich dabei um eine
der überlieferten, also schriftlich fixierten Fassungen handelte oder
ob die Lex hier nicht als Synonym für eine Rechtsgewohnheit (siehe
oben) steht (vgl. Ruth Schmidt-Wiegand [zitiert nach Nehlsen 1977,
456]). Harald Siems (1998, 302–305) hat die Diskussion um die Effektivität zusammenfassend so bewertet, dass im interdisziplinären
Diskurs die Beurteilungsmaßstäbe nicht kongruent gewesen seien,
so dass Juristen und Philologen zu abweichenden Urteilen kommen
mussten. Das ist ein wichtiger Hinweis auf die Methodenprobleme
innerhalb historisch-juristischer Forschung. Siehe dazu beispielsweise die kurzgefassten Überlegungen von François Louis Ganshof
(1895–1980) schon aus dem Jahre 1947, die die Effektivität der ‚Verwal-
tungsreformen' Karls des Großen massiv in Frage stellten und ihm
ein Scheitern attestierten, das in Frankreich erst im 12. Jahrhundert
behoben worden sei und in Deutschland gar erst, als das Königtum
seinem Ende entgegen gegangen sei (Ganshof 1947, engl. 1971, 259).
Am Rande sei forschungsgeschichtlich bemerkt, dass diese Miszelle
keine Rezeption in der – zumindest jüngeren – Forschung zu Karl
dem Großen gefunden hat.

Durch die Überlieferung der *Leges Barbarorum* und ihre Benen- Rechtsüber-
nung nach Personenverbänden könnte eine raumbezogene Geltung lieferungen
im Sinne eines Territorialrechts abgeleitet werden, auch wenn zunächst die Zugehörigkeit zu der Gruppe das entscheidende Kriterium
gewesen sein dürfte und nicht etwa ein Geltungsbereich im modernen Sinne (siehe Bader 1953, 454 f. und öfters, oder am Beispiel Österreichs Brunner, O. [5]1973). Stuart Elden (2013, 213–241) diskutiert
hingegen unter dem Stichwort der „Wiederentdeckung" die Heraus-

bildung des moderneren Verständnisses von „Territorium" aus der Rezeption des Römischen Rechts (dazu Goetz 2006, 541: „Konsens der Forschung") wie der Leges durch das gelehrte Recht seit dem 12. Jahrhundert am Beispiel der Glossatoren sowie der Kommentatoren, etwa Bartolus de Saxoferrato (1313/1314–1357) und Baldus de Ubaldis (1327–1400).

Vgl. die Übersicht einführender Literatur in 4.1.4.

Methodische Probleme der Erforschung von Rechtsräumen anhand der frühmittelalterlichen Leges-Überlieferung bestehen darin, dass vor allem Personenverbände Geltungsgegenstände sind. Wobei allerdings in einigen der *Leges Barbarorum* durchaus Raumbeschreibungen enthalten sind, deren ‚tatsächliche Relevanz' Gegenstand der fachübergreifenden Examination sind.

Mit Christoph H. F. Meyer (1997, 76–79) dürfte aber trotz aller rechtshistorischen Fachspezifika festzustellen sein, dass „die Rechtsgeschichte Teil der Geschichtswissenschaft und damit keinen grundsätzlich anderen Methoden oder Erkenntniszielen verpflichtet ist als diese". Allerdings bedeutet das nicht zwangsläufig, die Frage nach der Existenzberechtigung der Rechtsgeschichte als eigenes Fach innerhalb der Rechtswissenschaft zu stellen (vgl. ebenda, 72 f.).

5.2 Geschichte

Die Geschichtswissenschaft hat meist den Raum als mit den modernen Raumkategorien dekorierte Bühne verstanden (Schneider, J. 2013a, 178 ff.), was auch für ihre ‚Hilfswissenschaften', allen voran die Diplomatik, gilt (siehe Irsigler 1987). Die Genese von Räumen aber war für sie bis vor einigen Jahrzehnten eher als rückwirkend zur Geltung gebrachtes Kriterium („Container") in der Landesgeschichte ein Thema, auf die darauf einwirkenden Legitimationen von zeitgebundener Politik ist bereits eingegangen worden (vgl. auch Strothmann, J. 2005 am Beispiel der Karolingerzeit). In jüngerer Zeit rückte – auch vor dem Hintergrund der Indienstnahme der voraussetzungslosen Konstruktion von räumlichen Kontinuitäten – immer mehr die analytische Auseinandersetzung in den Vordergrund, so dass nach einer zeitweisen (durchaus weltanschaulich motivierten) Abkehr von Raumkriterien (Jerram 2013; Schwerhoff 2013a) nun eine methodisch verbesserte Rückbesinnung zu beobachten ist, die produktive Neuansätze ermöglicht hat (siehe etwa zur Historiographie der neueren Zeit Christöphler 2015 und Schwerhoff 2013b). Dennoch ist festzustellen, dass nicht immer alle Möglichkeiten ausgeschöpft werden, die ein wirklich ernstgemeinter interdisziplinärer Ansatz eröffnen könnte, was natürlich nicht immer an der Geschichtswissenschaft liegt. Meyer (1997, 79–82) verweist mit dem Schlagwort von der aus dem Historismus resultierenden ‚Theorieabstinenz' der Geschichtswissenschaft auf die historisch begründete Diskrepanz zwischen ihr und ihren Nachbardisziplinen, was eben auch für die Rechtsgeschichte gilt (vor allem wegen der Verwendung anachronistischer Begrifflichkeiten aus dem geltenden Recht).

Es dürfte allerdings festzustellen sein, dass die methodischen   Brüche
Probleme der heutigen Geschichtswissenschaft in den zahlreichen eher ideologisch als fachspezifisch begründeten Brüchen im Zusammenhang mit ihrer spezifischen Art der Erforschung von Räumen zu suchen sind (siehe auch mit Vorschlägen Dipper/Raphael 2011, 40). Nach den Desastern vor allem der völkischen und nationalsozialistischen Irrwege, von denen sich die Zunft auch in den nächsten Jahren nur schwer erholen dürfte, gelangten die neuen Ansätze im Grunde nur durch die Nutzung von Nachbardisziplinen als Vehikel in den Kanon. Es konnten – ehrlicherweise – kontaminierte aber bestehende Ansätze der Geschichtsforschung rehabilitiert und ihre ‚alten' Methoden wieder zur Anwendung gebracht werden. So standen schon die Deutschen Historikertage 1986 in Trier („Räume der Geschichte – Geschichte des Raums") und 2004 in Kiel („Kommunikation und Raum") unter dem Thema (siehe zum Trierer den Berichtsband Heit Hg. 1987, zum Kieler den von Reitemeier/Fouquet Hg. 2005 und zu beiden Dipper/Raphael 2011, 27 f.).

Ein weiteres Problem liegt letztlich in dem Anspruch einer Su-   „Wahrheit"
che nach Wahrheit, die das Fach teilweise umtreibt, und sich einerseits in einem oft verbissen wirkenden Kampf um Deutungshoheiten zu Lasten vermittelnder Positionen oder der Ignoranz gegenüber den Erkenntnisgewinn fördernden methodischen Entwicklungen am Rande des Faches äußert. Andererseits aber besteht der Vorteil der jüngeren Mediävistik gerade darin, dass sie diese nicht immer förderliche Anpassungsfähigkeit gegenüber zeitbedingten Strömungen im Laufe der Zeiten auch für eine – und sei es nur nachträgliche – Öffnung gegenüber einst unterdrückten Tendenzen auch positiv umsetzen konnte (siehe oben in 3.3). Man befreite sich von völkisch-

nationalen Prämissen, berücksichtigte aber auch früher in dieser Phase verworfene Ansätze, wie den kulturhistorischen Zugang.

Rau 2013; Paravicini 2010; Tausend 2009; Bauer 2002 (masch.); Koselleck 1996; vgl. zur problematischen „Theoriebindung des Historikers" die Bemerkungen von Johannes Fried (1994); Nitschke 1985.

Ab und an wurde, auch ohne Referenzen zu geben, die Historik Droysens rezipiert, vor allem aber die Methodenlehre Bernheims, und so konnten abgesunkene Standards als neu ausgegeben werden, um sich dem „wie es eigentlich gewesen ist" unter anderen Vorzeichen (wohl gewesen sein müsste) zuzuwenden (siehe 6.4), woraus dann die Methodenstreitigkeiten der Gegenwart wie wohl auch der Zukunft um die Deutungshoheit erwachsen, deren Sturheit interdisziplinäre Fortschritte verhindert.

5.3 Soziologie und Politikwissenschaft

Selbstverständlich nicht nur, aber auch durch die Rezeption soziologischer und politologischer Ansätze in der Mediävistik wie in der Rechtsgeschichte sind in den letzten Jahrzehnten neue Raumkategorien Gegenstand der Forschung geworden. Dabei wurden zum Teil subkutan bereits etablierte Methoden wieder aktiviert, die durch die politische Indienstnahme entwertet erschienen (siehe oben 3.2), aber auch durch die Rezeption internationaler Wissenschaft (3.3) befruchtende Möglichkeiten entdeckt. Daher dürfte das methodische Problem für einen raumspezifischen Forschungsansatz nicht in erster Linie auf Seiten der Gesellschaftswissenschaften zu suchen sein, sondern vor allem darin bestehen, dass in den Geschichtswissenschaften die Tendenz erkennbar ist, schon vorhandene Ansätze zu Gunsten vermeintlich moderner Strömungen zu vernachlässigen und in der Vergangenheit des Faches gewonnene Ergebnisse zu negieren oder gar stillschweigend zu übergehen, weswegen hin und wieder ohne Scham das Rad neu erfunden wird (Kümin/Usborne 2013, 307: „space as an analytical category did not need inventing"). Für die Soziologie zeichnet dies Markus Schroer (2006, 195–222) mit den Stichworten „Deterritorialisierung" und „Reterritorialisierung" wissenschaftshistorisch nach (siehe auch Löw 2001, 35–63). Baur/Hering/Raschke/Thierbach (2014) bieten einen analytischen

Dreiklang aus „qualitativer, quantitativer und kartographischer" Methode für weiterführende Forschungen an und liefern dazu eine umfangreiche Bibliographie. Dennoch sollte nicht alles über einen Kamm geschoren werden, wie in Teil 3 noch deutlich werden wird, der sich den Arbeitstechniken sowie der Entwicklung eines angemessenen Forschungsansatzes für die zukünftige Beschäftigung mit den Rechtsräumen im Sinne dieser Einführung widmen wird.

Sowohl Schroer 2006 als auch Löw 2001 bieten konzise Einführungen mit individuellen Schwerpunktsetzungen zur Geschichte, Gegenwart und Zukunft der soziologischen Erforschung von und Arbeit mit Räumen, vgl. auch Dilcher 2006a, 614–619 sowie Wehler 2013, 15–58. Lévy 1998 hinterfragt die etablierte Verbindung von Zeit und Raum als Denkmodell für Philosophen und Soziologen.

5.4 Religionswissenschaften

Seit einiger Zeit ist die „vergleichende Religionswissenschaft" ein zentraler Bestandteil der Theologie und der kulturwissenschaftlichen Forschung. Dies hatte schon vor dem jungen 21. Jahrhundert eingesetzt, in dem solcherart Fragen tagespolitische Relevanz zugekommen ist. Anhand der deutschen Wissenschaftsgeschichte ist jedoch zu konstatieren, dass politische (kleindeutsch versus großdeutsch) in Verbindung mit konfessionellen (Hersche 2010) Gegensätzen ebenso wie der schon angesprochene „Germanenmythos" den vorurteilsfreien Blick verstellten und ab und an noch immer blockieren. Heutzutage stehen Fragen nach der Missionsgeschichte (Sievernich 2009; Muldoon Hg. 2008; Padberg 2004; Vollrath, H. 1990), die immer eine für unser Thema bedeutende räumliche Komponente in sich tragen, und die mit ihr einhergehende wechselseitige Beeinflussung von Glaubenslehren im zeitlichen Ablauf seit der Zeitenwende (Huber 2005) und der Spätantike (Markschies 2006) im Fokus einer raumbezogenen Erforschung der Religionen.

Bouchard/Bogdan 2015; Geelhaar 2015; Brown 2014 und 1996; Jones 2014; Ristow 2014a; Heinrich-Tamaska/Krohn/Ristow Hg. 2012; Cook 2011; Heather 2011; Angenendt [5]2009a und 2009b; Armstrong/Wood Hg. 2000; Lee 2000.

Methodisch gesehen, ist die Schnittstelle zur (vergleichenden) Religionswissenschaft unter dem Aspekt der Bildung von Räumen eng mit der Problematik verbunden, wie Religionen Räume schaffen, da

es sich in erster Linie um Einzelbefunde aus dem Bereich der Schriftquellen und der Archäologie handelt, die sich ihrerseits schwer vom
individuellen Bekenntnis auf eine räumliche Ausdehnung übertragen lassen. Hinzukommt, dass ein christlicher Gegenstand als archäologischer Fund streng genommen nichts über den Glauben des
Kontextes aussagen kann (siehe Ristow 2006 und 2014a, und am
Beispiel römischer Gegenstände in sächsischen Gräbern östlich des
Rheines Ehlers, C. 2013). Andererseits zeigt die Ausbreitung sowohl
des Frankenreiches Karls des Großen als auch der neuzeitlichen
Imperien bei der Kolonisation der Welt, wie vergleichbar die Expansion mit Hilfe der Religion vonstattenging. Entsprechendes gilt für
die Konfessionalisierung von Territorien im Zeitalter der Reformation. Daher kommt der Religion als raumbildender Kraft im Zuge
der jeweiligen Mission große diachrone Bedeutung zu, ebenso wie
die Einflüsse der Buchreligionen auf die Rechtsentwicklung beobachtet werden müssen, was Hermann Nehlsen (2006) am Beispiel
der Auswirkungen der Exegese des Alten und Neuen Testamentes
während der Spätantike und des frühen Mittelalters auf die *Leges
Barbarorum* gezeigt hat. Simon Teuscher (2014, 73) weist in diesem
Zusammenhang darauf hin, dass gerade die schriftgestützte christliche Kultur ausgehend von den Klerikern auch die Laien ergriff und
es daher „in Westeuropa schon sehr lange [seit den Zeiten vor der
Christianisierung, C.E.] keine im engeren Sinne orale Kultur mehr
gab" (siehe auch oben 2.3). Solcherart Studien sind für alle anderen
Weltreligionen vorhanden und vor allem in unseren Zeiten für das
Verständnis der Gegenwart dienlich, was hier nicht auszubreiten ist.

„Heiden"   Komplexer gestaltet sich die Frage nach den Religionen außerhalb des Christentums von der Antike bis zu der Konfrontation mit
der christlichen Mission beziehungsweise umgekehrt mit der sich
ausbreitenden islamischen Religion (Herbers 2015; Oesterle 2009).
Die damit verbundenen epistemologischen Schwierigkeiten hatte
schon Barrow (1998) am Beispiel der Schotten umschrieben. Weitere
Studien betrafen die Sachsen, da hier der Bezug zu den Rechtsräumen besonders deutlich wird (Ludowici 2009; Ehlers, C. 2007a;
Steuer 2007; Röckelein 2002; Härke 1999; Kahl 1982). Auch der Fort-
bestand heidnischer Kulturen wurde untersucht (vgl. Milis Hg. 1998).
So scheint die Schwierigkeit bei der gruppierenden Untersuchung
der nichtchristlichen Religionen vor ihrem Kontakt mit Eroberern
und Missionaren aus der christlichen Welt in ihrer Polyzentralität
begründet zu sein (Pohl 2006, 62 f.). Dies gilt sowohl für die weltliche

Struktur als auch für die Glaubenspraxis, was im Grunde anwend-
bare Rückschlüsse auf breiter Vergleichsebene untersagt.

Jones 2014; Linke 2014; Naerebout 2014; Siemek [2]2014; Barceló 2013; Mathisen/
Shanzer Hg. 2011; Cameron 2010; Angenendt [5]2009a; Sievernich 2009; Tausend
2009; Leppin 2004; Sander 2004; Maier 2003; Salzman 2002; Lee 2000.

Daher liegen die Methodenprobleme eher in der Frage, ob und wie
die jeweiligen nichtchristlichen Bekenntnisse Räume konstituie-
ren konnten, da jede für sich sehr unterschiedliche Vorstellungen
entwickelten. Den islamischen Raum beispielsweise als Einheit zu
sehen, wäre ebenso verfehlt, wie einen christlichen Raum in der
Neuzeit oder der Gegenwart postulieren zu wollen, der keine Bin-
nenstrukturen oder konfessionellen Diversitäten kenne, sondern
sich einheitlich darzustellen habe, da dies den Vergleich erleichtern
würde.

    Das sogenannte „sakrale Königtum" als germanische Kontinui-   Religion und
tät ist inzwischen weitestgehend von seinen vermeintlich vorchristli-   Königtum
chen Wurzeln befreit und in den Kontext der spätantik-frühmittelalterlichen Reichsbildungen der ‚germanischen' Königreiche verortet
worden, und der Beitrag der Religion für die Bildung von Räumen
ist ebenso thematisiert worden wie die Bedeutung der Konversion
(Rein 2012; Muldoon Hg. 1997). Auf die Wurzeln geht komparativ an
Beispielen aus dem Westen und dem Osten des spätantiken Römischen Reiches Michael McCormick (1986) ein, der den Triumph des
Herrschers als Mittel zu seiner Überhöhung untersucht.

Pohl/Heydemann Hg. 2013; Körntgen/Waßenhoven Hg. 2012; Nelson 2012; Moore
2011; Dick 2008 und 2004; Rau 2008; Rau/Schwerhoff Hg. 2008; Strothmann,
J. 2008; Erkens 2006; Goetz 2006; Wolfram 2006; Erkens Hg. 2005; Körntgen
Hg. 2003; Körntgen 2001; Ehlers, J. 2000/2001; Engels 1999; Fabech 1999; Dick-
inson/Griffiths Hg. 1999; Hagemann 1999 am Beispiel von Krönungsbildern in
karolingischen und ottonischen illuminierten Codices; Esders 1997; Murray 1983.

Das Königtum als diachrones Merkmal ist einer von vielen Ansätzen
für die Untersuchung von Machtstrukturen. Dass Herrschaft stets
raum- und personenbezogen definiert ist, ist eine Sache, dass sie
regional unterschiedlich ausgeprägte Formen und Legitimationsstra-
tegien entwickelt, eine andere (Groth 2017 mit weiteren Verweisen;
Patzold 2002). Daher kommt es bei der Untersuchung von Rechtsräumen darauf an, vor dem Vergleich taugliche Methoden für die

Komparatistik zu definieren, bei denen die „Macht" im Vordergrund
steht (siehe dazu in Kapitel 7).

5.5 Kunstwissenschaften und Archäologie

Archäologie

Im weitgespannten Bereich der Vor- und Frühgeschichte, der provin-
zialrömischen und mittelalterlichen Archäologie sind für die Entstehung von Räumen stets vielfältige Ansätze entwickelt worden, die
für die interdisziplinäre Forschung fruchtbar gemacht werden können, wenn der Dialog zwischen den Teilgebieten das gegenseitige
Verständnis herstellt, wofür die mit sehr reichen Literaturverzeich-
nissen ausgestatteten Beiträge in Burmeister/Müller-Scheeßel (Hg.
2011) ein gutes Beispiel für Möglichkeiten, Perspektiven und Grenzen
bieten (vgl. dazu auch Müller, U. 2013). Für die landesgeschichtliche
Forschung, nicht nur in Deutschland, gilt ohnehin und auch schon
seit dem 19. Jahrhundert, dass eng mit den archäologischen Nachbardisziplinen zusammengearbeitet wird, die sich der Quellengruppe
der Überreste widmen; in Frankreich wird dies beispielsweise unter dem Dach des CNRS (vgl. etwa Renoux 2002) ebenso betrieben
wie in anderen europäischen Ländern. Vor allem die Klassifizierung
der Befunde nach Ethnien – hier verstanden als Bevölkerungsdif-
ferenzierungen in Siedlungsräumen (vgl. etwa Biermann 2013 zum
deutsch-slawischen Grenzraum in Verbindung mit den rechtshistorischen Überlegungen zur Grundherrschaft in diesem Raum von
Martina Schattkowsky 2000) – bietet nicht immer einfache Lösungs-
ansätze (siehe Brather 2000 und 2011b sowie auch oben in 2.2). Daher
wird diskutiert, ob sich die Archäologie ethnischer Interpretationen
im weitesten Sinne nicht völlig enthalten sollte, wogegen Bierbrauer
(2005, 21–24) sowie Florin Curta argumentierten, der sich vehement
gegen die „zum Nihilismus tendierende" (Curta 2007, 165) Abkehr
von ethnischen Identifizierungen durch Archäologen ausspricht. Die
Reaktion von Sebastian Brather (2011a) zeigt, dass die Debatte noch
nicht abgeschlossen ist, zumal auf die jüngeren naturwissenschaftlichen Ansätze zur „Ancient DNA" (Geary 2014) gleichfalls mit dem
Vorwurf reagiert wird, es werde Rassenlehre betrieben (vgl. oben 3.3).
Insgesamt gesehen, scheint es so zu sein, dass eine von solcherart
Kriterien in der Auswertung ihrer Befunde befreite Archäologie keine
Antworten – auch ablehnende übrigens – auf die naheliegenden
Fragen nach im weitesten Sinne ethnischen Zusammenhängen be-

ziehungsweise kulturellen Kontinuitäten mehr würde geben können
(siehe dazu unten in Teil 3).

Brather Hg. 2014 zum archäologischen Nachweis des Fortlebens der Antike am
Beispiel des mittelalterlichen Südens Deutschlands; Ernst (2013, 87–98) bietet
einen knappen medientheoretischen Exkurs über den dynamischen Prozess der
fortschreitenden Erkenntnis der Archäologie seit dem 19. Jahrhundert; vgl. allgemein auch Haupt 2012; VanValkenburgh/Osborne 2012; Yoffee 2012; Brather
2011b; Kropp/Meier 2010; David/Thomas Hg. 2008; Henning Hg. 2002; Menghin
Hg. 1998; Dette 1996; Päffgen/Ristow 1996; Tauber 1996; Steuer 1982.

Die Methoden der Interpretation archäologischer Funde und Befunde ist innerhalb des Faches recht umstritten, wie schon oft angemerkt
wurde. Noch verschachtelter ist daher die Nutzung von Schnittstellen zu dieser für die Forschung zu Rechtsräumen so wichtigen Wissenschaft der „**Sicherung der Spuren**", was Jan Assmann (1999,
18–22) mit Hinweis auf Jacob Burckhardt (1818–1897) betont hat. Die
stratigraphische, die kontextuale, die naturwissenschaftliche Er-
mittlung von Datierungen, die Abhängigkeit von epistemologisch
begründeten Deutungen durch den Ausgräber oder die mehr oder
weniger geglückte transdisziplinäre Einordnung durch die Inter-
preten der Befunde kann zu Fehlurteilen führen. Andererseits wird
durch die stets verbesserten Möglichkeiten der Analyse von Boden-
funden (LIDAR, GPS, GIS und weitere georeferentielle Methoden,
siehe McManama-Kearin 2013 oder Sick 2012, 351 ff., Geomagnetismus, Ancient-DNA, Strontiumisotopenanalyse und viele mehr) die
Kategorienbildung als Schnittstelle erheblich verbessert. Aber auch
hier bleibt letztlich die Abhängigkeit von referentieller Konzeption
aus der Geschichtswissenschaft bestehen.

Ebenso wie durch Befundgruppen zumindest kulturelle Gemein- **Kunst- und**
samkeiten oder Eigenheiten räumlich erfasst werden können, so **Baugeschichte**
können auch mit Hilfe der Bau-, Architektur- und Kunstgeschichte solche Klassifizierungen vorgenommen werden. Hierbei ergeben
sich dann Kulturlandschaften eigener Art, die anhand beispielsweise besonderer Formen des Kirchenbaues (vgl. am Beispiel sächsischer Bischofssitze Wilschewski 2007), oder des Zusammenhangs
von Kirchenbau und Siedlung (Felgenhauer-Schmiedt Hg. 2005) zu
erkennen sind. Auch Architektur ist eine Quelle (Genicot 1978) für
das mittelalterliche Raumverständnis ebenso wie die künstlerische
Darstellung der Landschaft (Goehring 2013). Daneben sind Palast-
bauten Räume eigener Art, deren innere Struktur, der „Weg zum

Herrscher", elaboriert gestaltet wurde, um die Repräsentation des Herrschers sowie seiner höfischen Umgebung (vgl. 7.1) hierarchisch zu regulieren. Das zeigte Jens Pflug (2014) am Beispiel des für die Pfalzen namengebenden (Zotz 2004) römischen Kaiserpalastes auf dem Palatin (zu diesem siehe auch Wulf-Rheidt 2013).

Die methodischen Probleme unterscheiden sich nicht wesentlich von den soeben zur Archäologie dargelegten, da auch hier naturwissenschaftliche Analysen der Bautechnik und ihre Interpretation eine Rolle spielen. Dennoch hat die Kunstgeschichte eigene Methoden der Analyse entwickelt, die auch nur mit dem entsprechenden Sachverständnis in die Erforschung von Rechtsräumen übernommen werden sollten. Dazu gehört im weitesten Sinne die Ikonographie als wesentliche Arbeitsweise der Deutung von Zusammenhängen, durch die räumliche Ausdehnungen von Stilrezeptionen erkannt werden können, deren Relevanz für (Rechts-)Räume nicht immer offen auf der Hand liegt.

Rechts-
archäologie
Eine Zusammenarbeit zwischen der Rechtsgeschichte und der Archäologie bietet die oben in Kapitel 4 schon erwähnte Rechtsarchäologie, die ebenfalls Rechtsräume erfassen beziehungsweise durch Abscheidung der Befunde rekonstruieren kann. Sie wurde von Karl von Amira (1848–1930) maßgeblich entwickelt und ist mit den soeben genannten methodischen Kriterien der Archäologie aber auch der Bau- und Kunstgeschichte eng verzahnt. Schnittmengen zu ihr bilden die Rechtsikonographie und -topographie.

Zu den methodischen Anwendungsmöglichkeiten der Archäologie für die Erforschung von Rechtsräumen siehe unten in Teil 3. Das hauptsächliche methodische Problem dürfte in den Prämissen liegen, die aus dem Versuch einer Deutung von Zusammenhängen resultieren, die an der Schnittstelle von rechtshistorischer und kulturwissenschaftlicher Forschung angesiedelt sind und daher Missverständnisse geradezu provozieren.

5.6 Linguistik

In den Bereich der Sprach- und Literaturwissenschaften fällt auch die Analyse der Traditionen, der historiographischen Texte zumal (für Ernst Bernheim [1908, 256 und 258], ist die Sprache eine Untergruppe der Überreste), aber auch andere Felder, wie die Personen- und Ortsnamenkunde, werden von ihr berührt (siehe 6.3). Mit

Hilfe dieser Forschungen können – vergleichbar zu der Auswertung der Überreste – kulturelle Räume erschlossen werden. Desgleichen sind wortgeschichtliche Studien zu Bedeutungsinhalten wie Volk, Nation oder ethnische Gemeinschaft heranzuziehen, die nicht nur in unseren Tagen von historischer Seite unternommen werden (vgl. Borst 1958–1963, beziehungsweise mit juristischem Ansatz Schmitt 1951, 241–244, der anhand des Wortes „Raum" fußend auf seinen Werken der Kriegszeit, vor allem dem erst 1950 vorgelegten „Nomos der Erde", dessen verschiedenen Bedeutungsebenen und zusammenhänge [„Phonetik"] auszuloten suchte).

Becher/Dick Hg. 2010; Dünne 2009; Haverkamp 2006; Beck/Geuenich/Steuer Hg. 2004; Goetz 2000a; Pääbo 2000; Bauer 1999; Schneidmüller 1997b; Eichenberger 1991; McKitterick Hg. 1990; Blok 1988; Schneidmüller 1987; Wenskus ²1977; Künßberg 1936.

Die im weitesten Sinne sprachwissenschaftliche Forschung liefert wesentliche Erkenntnisse zur Rekonstruktionen von Räumen (**Sprachraum**). Jedoch ist einschränkend zu bemerken, dass diese keineswegs mit Rechtsräumen im Sinne unserer Fragestellung identisch sein müssen. Sie sind eher für auf der Makroebene angesiedelte Phänomene geeignet, auch wenn sie andererseits wertvolle Hinweise auf ‚Inseln' geben können, die in durch Recht konstituierten Räumen (fort)bestehen. Auch hier muss nochmals auf den **Germanenbegriff** (vgl. 3.2) jenseits seiner politischen Indienstnahme (3.1) hingewiesen werden, da er als Abscheidungsmerkmal eines Idioms durchaus – und vielleicht ausschließlich – geeignet erscheint, ohne daraus eine ‚Nation' ableiten zu können (Jarnut 2006, 74–77). Hier liegen auch die produktiven Schnittstellen zur Rechtsgeschichte (vgl. oben zur Debatte von Jürgen Weitzel mit Walter Pohl und Jörg Jarnut in dem Sammelband Dilcher/Distler Hg. 2006), denn die **Rechtssprache** ist ein ergiebiges Feld der rechtshistorischen Forschung, da „Recht immer an das Medium der Sprache gebunden" ist (Schmidt-Wiegand 2006, 141 mit weiteren Verweisen, vgl. zum Kontext von Recht und Schrift den Sammelband Classen Hg. 1977).

5.7 Volkskunde/Ethnologie

Völkerkunde (im traditionellen Sinne) und Ethnologie (als komparatistischer Zugriff) sind wesentliche Bestandteile einer sinnvollen

Erforschung von kulturell wie juristisch konstruierten Räumen. So dürfte auch hier ein mit der Linguistik vergleichbarer methodischer Vorbehalt angemeldet werden, der die kategorischen Ebenen der Untersuchung betrifft.

Kocher/Lück/Schott Hg. 2014; Steinacher 2011; Bühler 2008; Schempf 2008; Dilcher 2006a, 614–619; Meyer 1997, 97–102; Haubrichs/Schneider Hg. 1993; Zender ²1973; Schwerin 1939.

5.8 Geographie

Das vorrangige Verdienst der geographischen Forschung besteht in unserem Kontext darin, dass sie, wissenschaftsgeschichtlich gesehen, am Anfang der Erforschung von historischen Räumen steht (Schultz 2013) – und das vielleicht schon seit dem Mittelalter, sicherlich aber seit der Epoche der Entdeckungen am Beginn der Neuzeit. Die Methode begreift sich als diachrones Element für die menschliche Erkenntnis von geographischen Räumen mittels unterschiedlicher Kriterien zur Beschreibung der Welt. So ist zu den Methodenproblemen im Sinne dieses Kapitels ähnliches zu bemerken wie gerade schon zu den Gesellschaftswissenschaften.

Bouloux 2014; Cohen/Madeline Hg. 2014; Bazzaz/Batsaki/Angelov 2013; Bravermann/Blomley/Delaney/Kedar 2013; Busch/Kroll/Scholz Hg. 2013; Füller/Michel Hg. 2012; Marquardt/Schreiber 2012; Schenk 2011; Döring/Thielmann 2008; Rathmann Hg. 2007; Schlögel 2006; Taylor Hg. 2006; Fehn 2004; Bauer 2002 (masch.); Schmidt, H.-J. 2002; Philippopoulos-Mihalopoulos 2001; Bradley 1998; Knox/Marston 1998/2001; Schultz 1997; Soja 1989; Schneidmüller 1987; Ewig 1976; Schöller 1970; Braudel 1949/1994; Appenzeller 1947; Merk 1926.

5.9 Lösungsansatz

Die Methodenprobleme im Sinne dieses Kapitels waren diejenigen, die sich an den Schnittstellen zur Erforschung von Rechtsräumen erkennen lassen, nicht jenseits davon im disziplinären Binnenrahmen (siehe zum Problemfeld „Raum und Geschichte" schon Koselleck 1996). Sie spiegeln daher die in ihrer jeweiligen Zeit beim aktiven und rezeptiven Transfer von Ordnungsmustern (3.4) auftauchenden Schwierigkeiten wider, nicht die immanent-epistemologischen

Fragestellungen der spezifischen Fachdisziplinen bei ihrer rückwirkend rekonstruierenden Erforschung von Rechtsräumen. Eine der Analyse von solchen Übertragungs- und Empfangsprozessen eigene Gemeinsamkeit stellt vor allem die notwendige wissenschaftliche Terminologie dar, die Arbeitsweisen inter- beziehungsweise transdisziplinär definiert und Ergebnisse über die Grenzen der beteiligten Fächer hinaus beschreibt, wofür es bereits tragfähige internationale Ansätze gibt. Daher dürfte das schon öfters angeregte „Dictionnaire" weiterführende methodologische Möglichkeiten entwickeln können (siehe oben Kapitel 1 sowie unten Kapitel 7).

Teil 3: **Arbeitstechniken und Perspektiven**

6 Fachspezifische Arbeitstechniken

Wie schon im Zuge der Erörterung der Methodenprobleme (Kapitel 2) angemerkt, können auch in diesem Kapitel die fachspezifischen Arbeitstechniken nur unter dem Aspekt der Erforschung von Rechtsräumen angerissen werden. Daher wurden die wichtigsten Aspekte ausgewählt, die den derzeit vorherrschenden Forschungsansatz zu beschreiben scheinen. Im Folgenden werden die verwendeten Begriffe nicht nochmals im Einzelnen erklärt (siehe dazu die Teile 1 und 2), vielmehr sollen die theoretischen Modelle der Forschung erörtert und, soweit es geht, zusammengeführt werden.

6.1 Raumerfassung

Seit den frühen Hochkulturen spielt die Raumerfassung eine Rolle und mit ihr die entsprechende Begrifflichkeit (Piepenbrink 2001). Ihre Semantik begleitet die menschliche Kultur nicht erst seit der „Erfindung der Schrift" (als epochale Grenze der Menschheitsgeschichte etwa bei Parzinger 2014), sondern findet auch in Architekturmerkmalen Ausdruck (Dally Hg. 2012; Schroer 2006, 185 f.), ganz zu schweigen von Begrenzungen, Umfriedungen und Befestigungen. Insofern ist die Erforschung von Räumen und deren Ordnungen keineswegs der schriftgestützten Geschichtswissenschaft vorbehalten (zusammenfassend für die historische Geographie Schenk 2011, 66–76), auch wenn sich hier umfangreichere Möglichkeiten der Erforschung eröffnen, da die Traditionen den Überresten eine Sprache verleihen (siehe Bock Hg. 2011; Anton 2006 und Bauer 2006). Im Allgemeinen setzt die Analyse der raumbezogenen Terminologie mit der Moderne und der Herausbildung der Nationalstaaten ein und zugleich erwächst aus dieser eingeschränkten Sichtweise eine ‚Krise'. Denn wenn das Ende der Nationalstaaten die Sinnhaftigkeit der Rede vom Raum in Frage zu stellen scheint (abgewogen dazu etwa Schroer 2006, 187 f.), ergibt sich die Notwendigkeit, die offenkundig stets relevant gebliebene Kategorie des Raumes in die sogenannte Postmoderne zu überführen, was den „Spatial Turn" hervorbrachte und zur Zunahme von Publikationen gerade über die politische Dimension des Raumes geführt hat. Einher ging damit die notwendige Historisierung der neuzeitlichen Raumkonzepte

DOI 10.1515/9783110379723-006

als Ergebnis der Krisen des 20. Jahrhunderts (siehe dazu oben 3.2 und 3.3).

Begriffe

Entsprechend stehen unterschiedliche Terminologien mit variierenden Konnotationen zur Verfügung, die sich selbstverständlich auch in den zeitgenössischen Quellen finden lassen, in denen die Prozesse von **Eroberung, Unterwerfung** und **Landnahme** beschrieben oder von **Eingliederung** beziehungsweise **Anschluss** gesprochen wird. Gleichwohl ist die Übertragung der (oftmals lateinischen) Quellensprache in die hier vorgeschlagenen Begriffe bereits Teil der Interpretation und muss ihrerseits fortlaufend kritisch hinterfragt werden. Bezeichnungen von dynamischen räumlichen Ausdehnungen als Ost-, West- oder anders gerichteten **Bewegungen** im Raum sind von ihrem zeitgebundenen wissenschaftshistorischen Entstehungskontexten zu befreien (Bartlett 1993), was auch cum grano salis für die diachron zu beobachtenden **Kolonisationen** gilt, die jedoch im sogenannten **Postcolonial Turn** (Bachmann-Medick ³2009, 184–237) einen neuen Anwendungskontext gefunden haben. Zu den ebenfalls nicht unproblematischen Begriffen Integration, Akkulturation, Assimilation, Symbiose et cetera siehe im Folgenden.

Terminologische Abgrenzungsvorschläge ergeben sich in erster Linie aus dem aktuellen Sprachgebrauch der beteiligten Disziplinen, wo beispielsweise vom **Landesausbau** im Sinne von „urbar machen" und „wirtschaftlich erschließen" (mit archäologischer Methode dazu beispielsweise Henning Hg. 2007), von **Integration** im Sinne von „die Bevölkerung einbeziehen" oder vom **Herrschaftsausbau** im Sinne von „Strukturen einführen und festigen" gesprochen wird.

6.2 Dynamiken

Zeit

Schon oft implizit als „Dynamik" angesprochen, ist die Zeit als Kategorie und Faktor zu berücksichtigen (siehe dazu auch Unterpunkt 7.1). Die Bedeutung zeitlich-dynamischer Prozesse für die menschliche Arbeit in Mikro-Räumen spiegeln Begriffe wie „Tagwerk", „Morgen" oder „Tagesreise" als raumzeitliche Distanz. Diese werden mit den sich verbessernden technischen Möglichkeiten selbstverständlich räumlich größer, wurden in der Landwirtschaft aber irgendwann fixiert, selbst wenn moderne Erntemaschinen an einem Morgen für den mittelalterlichen Menschen Unfassbares leisten können. In jedem Falle wird die Zeit als Faktor der Arbeitsleistung messbar. Und

nur durch die Einbeziehung der Bewegung in die „Kategorie Raum",
also weder „im" gegeben erscheinenden Raum, noch „in ihn hinein"
oder „aus ihm heraus", verliert diese ihre ‚kategorische' Starre und
auch „Veränderungen von Räumen" können untersucht werden (vgl.
Löw 2001, 65).

Die Zeit fungiert folglich seit dem Beginn der Historiographie als
Kategorie der Geschichtswissenschaften (Spiegel 2016; Jaspers 1955,
242 ff., am Beispiel der Erschließung der Welt durch den Menschen)
und wird seit dem 19. Jahrhundert zum Gegenstand methodischer
Betrachtungen, zumal da sie seit den Anfängen menschlicher Kultur
in Astronomie, Kult und Theologie seit Jahrtausenden ein Thema ist.

Assmann, A. 2013; Bravermann/Blomley/Delaney/Kedar 2013; Nordeide/Brink
Hg. 2013; Götze 2011; Goetz 2010a; Friedrich Hg. 2009; Crang 2008; Meyer 2007;
Humphrey/Ormrod Hg. 2001; Mauskopf Deliyannis 2001; Leinsle/Mecke Hg. 2000;
Englisch 1998; Lévy 1998; Ehlert Hg. 1997; Koselleck 1995; Winkler 1995; Clark
1994; Bradley 1991; Whitrow 1988/1991; Elias ²1985; Nitschke 1985; Bloch 1939,
dt. 1999, 111–115. Einzelnen Jahrhunderten und ihren Dynamiken widmen sich
Hansen/Wickham Hg. 2000 (zum 8. Jahrhundert); Kleinjung/Albrecht Hg. 2014
(zum 10. Jahrhundert) oder Noble/van Engen Hg. 2012 (zum 12. Jahrhundert).

Zur Erforschung der Zeit als notwendige Voraussetzung für die Re-   Terminologie
konstruktion der meist einem Wandel unterliegenden Entstehungs-
prozesse von Rechtsräumen im Sinne einer Bestimmung von deren
Phasen als Grundlage für den breit angelegten diachronen (im Sinne
eines ‚Zeitstrahls' als Konstante des menschlichen Erfahrens von
Geschichte) und globalen Vergleiches mit Hilfe der Datierung von
Traditionen und Überresten sind „**Zeitmarken**" erforderlich. Diese
müssen die Fähigkeit bekommen, die den jeweils betrachteten Kulturen immanente Epocheneinteilungen oder Zeitzählungen für die
Komparatistik aufzubrechen. Oben in Kapitel 1 wurde beispielsweise eine europäisch-christliche Epocheneinteilung dieser Studie zu
Grunde gelegt (vgl. auch Jaser/Lotz-Heumann/Pohlig Hg. 2012), die
einem chinesischen Leser nicht sofort einleuchten dürfte und für ihn
gleichsam übersetzt und auf seine historische Zeitleiste übertragen
werden müsste, was genauso für die Geschichte der beiden Amerikas
sowie Afrikas und des (von Europa gesehenen) nahen, mittleren und
ferneren Ostens gilt, wo ja Rechts-, Wirtschafts- oder Kulturräume
ebenso ein Thema sind, da es eine anthropologische Konstante ist,
Räume zu erschaffen und über sie zu reflektieren.

Borgolte/Tischler Hg. 2011; Benda-Beckmann, F./Benda-Beckmann, K./Griffith
Hg. 2009; Reinhard ²2006; Hirsch/O'Hanlon Hg. 1995; Geary 1983.

Vielschichtige und zeitlich gestreckte Entwicklungen sind demnach zu erkennen, aber der ‚Faktor Zeit' scheint sich dennoch der Historisierung zu entziehen, solange die Zeit selbst als Faktor nicht überwunden werden kann, woran die theoretischen Naturwissenschaften eher als die historischen Disziplinen arbeiten können; vgl. die langjährigen Überlegungen des Oxforder Physikers Stephen Hawking (geb. 1942). Dessen Gedanken über Anfang und Ende einer Unendlichkeit (Hawking 1988 und Hawking/Mlodinow 2005) scheinen aber bislang in manchen Bezügen den Rahmen des bereits Gedachten der (christlichen) Theologie noch nicht überschritten zu haben, was für unser Thema freilich keine nennenswerte Relevanz hat, ebenso wie die Erkenntnisse Albert Einsteins (1879–1955) zur Raumzeitkrümmung in seiner allgemeinen Relativitätstheorie von 1915 (zu deren Bedeutung für die Kulturwissenschaften siehe etwa Rau 2013, 24–27, und Schroer 2006, 43 f.).

6.3 Indikatoren

Es wären wohl folgende überzeitliche Indikatoren für die Erforschung von Rechtsräumen auszumachen:

Onomastik
Die Ortsnamenforschung erschließt eine stets auf den Raum bezogene Quellengruppe (Blok 1988), wobei vor allem die toponymische Untersuchung neuerer Siedlungen in älteren Räumen wertvolle Aufschlüsse bietet, was am Beispiel der fränkischen Siedlungsausbreitung traditioneller Gegenstand der Forschung ist. Vergleichbares gilt selbstverständlich auch für die Auswertung von Personennamen, die ethnische oder verwandtschaftliche Zugehörigkeiten aber auch Integrationsprozesse aufzeigen kann (vgl. etwa Geuenich/Haubrichs/Jarnut Hg. 1997).

Strukturen
Ist die Namengebung ein wesentlicher Indikator für die Ausbreitung und Verschmelzung von **Gruppen** im Raum, so ist insgesamt die Etablierung von in einem Untersuchungsraum bislang unbekannten sozialen Strukturen (Keller, R. 2016; Burmeister 2011; Dick 2011; Strothmann, J. 2009b; Steuer 1982) und Praktiken zu rekonstruieren; eben die „Wechselwirkung zwischen Handeln und Strukturen" (Löw 2001, 158), die sich grob auf die schon eingeführten zwei Sphären der Herrschaft (1.1 und besonders 1.3 und Kapitel 4) zurückführen lässt (vgl. die Theoriebildung bei Weichhart 1990 und Luhmann 1987 sowie die Beiträge in Pohl/Diesenberger Hg. 2002; darüber hinaus

Löw 2001, 146–151 und Schroer 2006, 47–160 zur Forschungsentwicklung). Ein wesentlicher Faktor sind dabei die Personen und Gruppen in den Räumen, die die Übertragungsprozesse aktiv und passiv handelnd bestimmen (siehe Schuppert 2016, 63–79).

Ein für den Untersuchungszeitraum dieser Studie nicht unerhebliches und nicht allein auf die reine Terminologie beschränktes Problem ist der „**Adel**", weil hier ein rechtlicher Begriff (Abschichtung durch Privilegierung und Geburt) mit einem sozialen („Oberschicht") gerne vermengt wird; siehe mit weiteren Verweisen die Untersuchung der Forschungsgeschichte von Werner Hechberger (2005) oder die älteren Studien von K. F. Werner (1998) und Marc Bloch (1939/1940, dt. 1999). Auch und gerade für die Bewertung archäologischer Funde aus Gräbern ist die Ansprache der sozialen Stellung („Adelsgrab", „Fürstengrab", „reiche Ausstattung", siehe auch Unterpunkt 7.1) ein Problem, da hier ja besonders soziale wie auch rechtliche Aspekte berührt werden, die von der Konnotation der verwendeten Begriffe für andere Disziplinen nicht zu trennen sind, was nicht weiter ausgeführt werden muss, da das Problem seit langem bekannt ist (Irsigler 1969; Grahn-Hoek 1976; Irsigler ²1981).

Zu den vorrangigen weltlichen Strukturen gehören die Großräume mit eigenem Recht wie die Geltungsbereiche der **Leges** Barbarorum („Germanenrechte", vgl. schon Bader 1953), die politisch definierten Königreiche mit ihren spezifischen Rechten der Herrscher (**Regalien**); siehe auch hier neben vielen andern die beiden Sammelbände zum Königtum und dem Königinnentum von Anne J. Duggan (Hg. 1993 und 1997) beziehungsweise zum Königtum Minderjähriger die Untersuchung von Thilo Offergeld (2001). Daneben ist die **Binnengliederung** der Reiche in Herzogtümer, (Mark)Grafschaften, Amtssprengel und so fort von gewichtiger Bedeutung für die Etablierung von Rechtsräumen auf allen ihren denkbaren Ebenen. Diesen ist gemeinsam, dass sie erst recht spät Grenzen im heutigen Sinne entwickelten, was sich etwas anders bei den Städten mit ihren Rechtskreisen darstellt, womit der **städtische Raum aus Zentrum und Peripherie** gemeint ist, der im Sinne der römischen *civitas* als Verwaltungsraum entsteht (Arnold/Busch/Haensch/Wulf-Rheidt Hg. 2012; Groten 2013; Brogiolo Hg. 2000). Zum methodischen Ansatz des *urban space* siehe neben anderen Lilley (2014) mit weiteren Verweisen beziehungsweise unter wirtschaftsgeschichtlichem Aspekt Blaschke (2014). Hier wurden im Grunde bereits entwickelte Ordnungsvorstellungen weitergeführt (Depreux 2002) und erst ab dem

Weltliche
Sphäre

ausgehenden 11. Jahrhundert öffnete sich in Europa der Weg zu eigenen **Stadtrechten** (Bader/Dilcher 1999), dazu unten in diesem Kapitel.

Kirchliche Sphäre

Die kirchlichen Strukturen (kirchliche Organisationsformen) betreffen auf der obersten Ebene die **Raumordnung in Kirchenprovinzen und Diözesen**/Suffraganbistümer (vgl. etwa Pangerl 2011) mit der ihnen eigenen Binnengliederung in Archidiakonate, Diakonate und Pfarreien, die nach dem Vorbild der antik-römischen Verwaltungsgliederung sicherstellen sollen, dass jeder einzelne Mensch von der Seelsorge angemessen erfasst wird. In den alten Gebieten des Römischen Reiches schlüpfte die Kirche in bestehende Strukturen, in denen sie sich in den ersten Jahrhunderten des Christentums erfolgreich ausbreiten konnte (Schneider, J. 2013a, 180; Kaiser 1990). In den neu hinzugewonnen Regionen außerhalb errichtete sie in Verbindung mit dem (zunächst fränkischen) Königtum recht zügig eine Diözesanstruktur (zuletzt Mazel 2016), die bis in unsere Zeit noch zu erkennen ist, wie am Beispiel des sächsischen Raumes gut zu zeigen ist, da sich die Raumordnung der Karolinger- und Ottonenzeit in der um 1500 erreichten Verdichtung noch erkennen lässt (Ehlers, C. 2007a, 52–101 und 383–406 mit zahlreichen Karten sowie zusammenfassend ders. 2011b). Auch die sich um die erste Jahrtausendwende unserer Zeitrechnung etablierenden christlichen Königreiche übernehmen dieses Modell der Raumordnung (Schieffer 2013; siehe auch Padberg 2006). Kirchliche Räume sind stets von einer, nicht immer konfliktfreien, Mischung aus geistlichen und weltlichen Herrschaftsrechten geprägt, was neben den bischöflichen Rechtsgebieten im Raum ihrer Diözesen besonders am Beispiel der **Klöster und Stifte** von Männern und Frauen, dem klösterlichen Raum, deutlich wird.

Zuletzt Majewski 2017 mit weiteren Verweisen; Meier, J. Hg. 2010; Czaja Hg. 2008; Ehlers, C. 2007c; Pehnt 2007; Lines 2000; Schneider, J. 1999; Prinz ²1998). Das interdisziplinäre Zusammenspiel mit der Archäologie in diesem Kontext wird im Sammelband Sánchez-Pardo/Shapland Hg. 2015 erprobt.

Rezeption

Dass eine Übernahme dieser Ordnungsvorstellungen aus beiden Sphären durch die indigene Elite zu beobachten ist – und zwar nicht nur im ‚europäischen Frühmittelalter‘, sondern auch während der Expansion in die neuen Welten Amerikas und des fernen Ostens in der ‚europäischen Frühneuzeit‘ –, belegt die überzeitliche Funktion von räumlicher Ordnung im Sinne von Übertragung und Rezeption (freilich mit regionalen Modifikationen, vgl. den Ansatz bei

Schneider, J. 2013a, 182–186). Dass in diesen kirchlichen Makro-
und Meso-Räumen Recht setzende und Konflikte regelnde Versammlungen stattfinden (**Konzilien** und **Synoden** mit Geltungsanspruch
sowohl für die globale Christenheit als auch nur für die Ebene einzelner Provinzen oder Bistümer, was vergleichbar ist mit weltlichen
Versammlungen und ihren spezifischen räumlichen Bezügen) zeigt
daneben den gestaffelten Wirkungsbereich der kirchlichen Raumordnung seit ihren Anfängen als **Kommunikationssystem** innerhalb
der christlichen Welt zur Durchsetzung von Lehre und Praxis. Inwieweit sich hier Parallelen zu den Regionen und Religionen außerhalb
des *orbis Christianus* finden lassen, erscheint noch nicht abschlie-
ßend erforscht. Ein Ansatz zur Vergleichbarkeit von herrscherlicher
Repräsentation bei religiösen Anlässen in den christlichen und islamischen Reichen findet sich bei Oesterle (2009), siehe auch die
Beiträge in Pohl/Gantner/Payne (Hg. 2012).

So kann als Zwischenergebnis festgehalten werden, dass sowohl | Zwischen-
in der weltlichen wie der kirchlichen Sphäre zeitlich gestreckte Pro- | summe
zesse der Integration zu beobachten sind, für deren Beobachtung
ein geeignetes Handwerkzeug angefertigt werden muss. Besonde-
re Bedeutung dürfte dabei dem Spannungsfeld von **Zentrum und
Peripherie** zukommen, vgl. die methodischen Ansätze des norwegi-
schen Soziologen Stein Rokkan (1921–1979), der verschiedene Kategorien für die Definition dieses scheinbaren Dualismus entwickelte
(Rokkan 2000, 138–155), worauf sogleich noch einzugehen ist (6.5).

6.4 Werkzeugkasten

Um diese soeben aufgeführten Indikatoren sinnvoll einzusetzen und
für komparatistische Betrachtungen auf allen drei Ebenen der Raumforschung tauglich zu machen, kommt es also darauf an, sie als Instrumente für einen methodischen Werkzeugkasten im Sinne der
obigen Kapitel 3 und 5 bereitzuhalten, die als Stichworte formuliert
in etwa so aussehen könnten.

„Raum" und „Ordnung" sind als vorläufige Termini ebenso für | Punkt-Linie-
Recht(e) zu verstehen wie auch für Ökonomie, Religion, Kultus etc. | Fläche
Das beginnt bei den „Punkten", den Siedlungen mit einer ‚Verfassung' (ländliche oder städtische Räume) im Sinne einer auf „Flächen" bezogenen agrarischen Ordnung (Fortdauer des spätantiken
Kolonats im ersten Jahrtausend, siehe Schipp 2009), oder der so-

genannten **Agrar- bzw. Villikationsverfassung** (vgl. jedoch die in Kapitel 4 vorgebrachten Bedenken zur Tauglichkeit der Begriffe) beziehungsweise einer entsprechenden ökomischen Funktion als zentrale **Marktorte** mit spezifischen Rechten. Das gilt auch für Plätze mit einer **raumsichernden Funktion**, deren „Punkte" aus der Sicht eines Reiches als **Königspfalzen** oder -höfe (Zotz 2009; Ehlers, C. Hg. 2007; Ehlers, C./Jarnut/Wemhoff Hg. 2007; Ehlers, C. 2004), als Reichsburgen oder insgesamt als Zentren von Reichsgut im Sinne der lokalen Repräsentation von Königsherrschaft in die Peripherie hinaus wirken. Ihre Verbindung durch „Linien" lässt aus Punkten Flächen entstehen (vgl. oben 3.3 sowie das Modell von Christaller 1933, siehe dazu unten 7.3), die dem **Wirkungsbereich** eines Herrschaftsträgers zugeordnet werden können (siehe auch Schneider, J. 2013b oder schon Moraw 1990). Dazu gehört freilich nicht nur die persönliche Anwesenheit des Herrschers (siehe unten zum Itinerar) sondern auch seine militärische Organisation.

Zu den hier weniger betrachteten militärischen Faktoren vgl. Herbers 2015; Baker Hg. 2013; Clauss 2010; Kannowski 2010; Angenendt [5]2009a; Bachrach, B./Bachrach, D. 2008; Sander 2004; Bachrach, D. 2003; Halsall 2003; Bachrach, B. 2001.

Spacing/Syntheseleistung

Martina Löw (2001, 158) wählt im Kontext ihrer raumsoziologischen Methode für diese Form der Konstituierung von Räumen zwei den Sachverhalt unterteilende Begriffe, erstens das „Spacing" und zweitens die „Syntheseleistung". Dabei ist der Terminus **„Spacing"** missverständlich und letztlich weniger geeignet. Zwar weicht Löw aus gutem Grund auf ein englisches Wort aus, da im Deutschen „räumen" das Gegenteil bedeuten würde (Löw 2001, 158 mit Anm. 1; zu „räumeln", einem pejorativen Begriff für theorieferne Forschung, siehe Redepenning 2012), allerdings betont engl. *spacing* eher das separierende Moment, und meint beispielsweise in der Typografie den Zwischenraum zwischen Zeilen oder Worten, wie auch der aus dem Lateinischen stammende Begriff *spatium* den ‚Raum zwischen zwei Gegenständen' (also seine Ausdehnung anhand von Referenzen) bezeichnet (Georges 1988/2, Sp. 2745). Und noch heute steht in den romanischen Sprachen *espace/espacio* etc. vor allem für raumbezogene Distanz, worauf Susanne Rau (2013, 57) anhand linguistischer Vergleiche hinweist, wie auch Leif Jerram betont, dass „spacing" im geographischen Sinne bedeute, „space is a meaningless vector

throughout which things are distributet" (Jerram 2013, 405 ff., Zitat
403 f.).

Dagegen erscheint die andere von Martina Löw eingeführte Beschreibung „**Syntheseleistung**" als Charakterisierung des zweiten
Aspektes im Prozess der Konstituierung von Räumen wesentlich geeigneter, da sie nach Löw darin bestehe, etwas in raumbezogene
Gruppen aufzuteilen (Löw 2001, 158–161, und 2016, 81). Dass dieser
Begriff dann dasselbe beschreibt, was Jerram als *spacing* bezeichnet,
zeigt den schon angesprochenen Aspekt der Sprachverwirrung und
unterstreicht die Notwendigkeit, ein „Dictionnaire" zu entwickeln.

Dennoch kann diese Methode ebenso auf die Zentralorte nachgeordneter Herrschaftsträger angewandt werden. Das Itinerar, der
Reiseweg im Raum (und somit auch in der Zeit), der kirchlichen wie
weltlichen Magnaten kann ebenso wie das der Herrscher vertiefen-
den Aufschluss über Herrschaftspraxis und volatile Zentralräume
wie Peripherien in sich wandelnden politischen Szenarien geben.

Itinerar

Ehlers, C. 2015a; Untermann 2015; Paulus 2015; Opll 2009; Ehlers, J. 2005 zur
Mobilität der Gesellschaft im Früh- und Hochmittelalter; Feldbecker 1995 zum
Phänomen der Prozessionen; Bernhardt 1993; Zotz 1993; Reinke 1987 zur Reise-
geschwindigkeit des Königshofes; vgl. auch die deutschen Forschungsprojekte
„Deutsche Königspfalzen" (4.1.5 und 4.2) und „Regesta Imperii" (4.1.5).

Ebenfalls mit der Entwicklung von Rechtsräumen verknüpft sind die
wirtschaftlichen Voraussetzungen, die infrastrukturellen Rahmen-
bedingungen, die vorgefunden, verändert oder ausgebaut werden.
Es existieren aus den Wirtschaftswissenschaften genügend Modelle
zur Beschreibung der Beziehung zwischen Raum und Ökonomie
oder „Wirtschaft und Gesellschaft" (Max Weber 1922/^{5}1972), auf die
daher nicht weiter einzugehen ist. Die schöpferische wie stabilisie-
rende Kraft der agrarischen und protoindustriellen Gesellschaften
für die Herausbildung von Räumen liegt auf der Hand und kann mit
vielen Quellen erforscht werden, die von der Agrarstruktur bis hin
zu archäologisch nachweisbaren räumlichen Eigenheiten bei Sied-
lungsformen, Getreideanbau und Viehhaltung reichen. In den letzten Jahrzehnten haben auch hier naturwissenschaftliche Methoden
erfolgversprechenden Einzug gehalten, da nun mittels Paläobotanik,
-biologie und -zoologie Wirtschaftsformen eingehend untersucht
werden können, wie Michael Müller-Wille (2011) am Beispiel des
slawischen Siedlungsraumes vorgeführt hat. Dass allerdings die interdisziplinäre Erforschung von Siedlungsräumen mit Einbeziehung

*Wirtschafts-
räume und
Infrastruktur*

der Naturwissenschaften nicht neu ist, zeigt der Hinweis auf die bei Sawyer (Hg. 1976) versammelten Beiträge. Schwierig gestaltet sich die Rekonstruktion der mittelalterlichen Bevölkerungsdichte (siehe dazu die Beiträge in dem älteren Sammelband Herrmann/Sprandel Hg. 1987).

Ehlers, C. 2015a; Marchi/Pilato Hg. 2013; Clarke 2012; Johanek 2012; Weigl 2012 zur Bevölkerungsstruktur; Esch 2011; Cerman Hg. 2010; Flachenecker/Kießling Hg. 2010; Szabó Hg. 2009; Brandstätter 2007; Hesse 2007; Schwinges Hg. 2007; McCormick [4]2005; Dreier 2002; Grünewald, Th. [2]2001; Gringmuth-Dallmer 2000; Irsigler 2000; Grierson 1999; Oexle 1988; Schwind 1984; Szabó 1984; Tautscher 1974; Richard 1971; Rieckenberg 1941; Weber, M. 1922/[5]1972; Gasner 1889.

Städte

Wichtige Räume bilden die Städte und das auf sie bezogene Umland (siehe Hirschmann 2011/12 sowie oben 3.2). Aber auch den Raum übergreifende Idealvorstellungen konstruieren Bezugsräume. Als Beispiel aller Städte fungiert oft Rom (Wickham 2015), aber auch religiöse oder mythologische Konstrukte (beispielsweise das Himmlische Jerusalem oder die Gralsburg) haben ihre kulturräumlichen Auswirkungen. Unabhängig davon sind Städte lohnender Gegenstand interdisziplinärer Erforschung von Räumen, deren Zentren und Peripherien (Schroer 2006, 241–244) mit unterschiedlichen aber im Grunde diachron und global vergleichbaren Sozialstrukturen (Bulst 2015) oder ökonomischen Relevanzen analysiert werden (zur Hanse siehe neben vielen Hundt Hg. 2014), was eine lange Forschungstradition hat (siehe 6.3), so dass hier kaum ein repräsentativer Überblick für Geschichtswissenschaft, Soziologie oder Archäologie geboten werden kann.

Blaschke 2014; Hundt Hg. 2014; Lilley 2014; Opll 2014; Pauly/Scheutz 2014; Pauly/Scheutz Hg. 2014; Ristow 2014b; Schott 2014c; Groten 2013; Mieg/Heyl Hg. 2013; Sojc/Winterling/Wulf-Rheidt Hg. 2013; Färber 2012; Isenmann 2012; Schwerhoff Hg. 2011; Cerman Hg. 2010; Henning Hg. 2007; Schlögel 2006, 304–313; Schroer 2006, 227–251; Dusil 2005; Steuer/Biegel Hg. 2002; Löw 2001, 44–57 und 153–157; Bader/Dilcher 1999; Nicholas 1997.

Integration/ Exklusion

Die Eingliederung von Räumen bedeutet die Integration von Menschen im Raum, kann aber auch deren Exklusion aus dem Raum zur Folge haben. Um diese dynamischen Prozesse, die soeben genannte „Syntheseleistung" (Löw 2001), zu beobachten, gibt es zahlreiche Modelle, von denen zwei für die hier zur Debatte stehende Forschungsrichtung besonders geeignet erscheinen, aber nicht

Ausschließlichkeitsanspruch haben. Zuvörderst wäre die schon angesprochene Integrationslehre nach Rudolf Smend (1882–1975) zu nennen, die recht viele Einstiegsmöglichkeiten und Beschreibungen vorhält (siehe 3.3 sowie Ehlers, C. 2007b, 10 ff.). Gleichfalls geeignet ist der theoretische Ansatz von Reinhard Wenskus (1916–2002), der die „Wanderlawine" und den „Traditionskern" einführte (Wenskus ²1977, 54–82, besonders 71–77 sowie 439–445; siehe dazu Pohl 2006, 58 ff., und Murray 2002). Verkürzend gesagt, hat dieses Modell den Vorteil, keine ethnischen Bande vorauszusetzen, sondern das gemeinsame Anerkennen einer identitätsstiftenden Tradition durch einen Personenverband (insofern wären moderne naturwissenschaftliche Methoden, wie die „Ancient DNA" [3.3], auf ihre Grenzen hin zu überprüfen). Selbstverständlich ist auch dieser Ansatz nicht frei von Kritik (vgl. Goetz 2006, 537, mit Verweis auf Beiträge aus dem Sammelband Gillett Hg. 2002).

Den Aspekt der Integration bei der Eingliederung der vormals nichtrömischen Gebiete östlich des Rheins in das römisch geprägte Reich der Franken untersucht mit eigener Methode Caspar Ehlers (2007a), worauf Theo Kölzer (2015) eingeht, während Stephan Freund (2004) eine Studie zu Bayern vorlegte. Mit den Integrationsleistungen des Frankenreiches in symbolischer wie institutioneller Hinsicht hat sich Steffen Patzold auseinandergesetzt, der zu dem Schluss gelangte, dass das *regnum* „ein flexibler Entwurf" gewesen sei, das „innere Fraktionierung" immer geduldet habe (Patzold 2012, 390), da dieses Konzept stets (erbrechtlich begründete) Teilungen von Räumen zulasse. Zu diesen karolingischen Reichsteilungen von 843/855 siehe Jens Schneider (2013a, 186–190) sowie die die Flexibilität solcher Regelungen hervorhebende Einschätzung von Steffen Patzold (2012). Den Aspekt der Lösung von spätantiken Voraussetzungen bei der fränkischen Teilungspraxis betont Hans-Werner Goetz (2006, 539; vgl. schon Penndorf 1974).

Einher mit den Prozessen der Identitätsstiftung geht die Übertragung von Ordnungsvorstellungen, die jedoch nur dann unproblematisch verläuft, wenn in beiden gesellschaftlichen Systemen „gleiche Wertvorstellungen herrschen" (Sieber 2010, 181 und 183 f.). Zumal in frühmittelalterlichen Zeiten betreffen solche Prozesse Gruppen und seltener Individuen. Vor allem sind hier die Herrschaftsträger als Multiplikatoren von Herrschaft in den Blick zu nehmen und Macht und Herrschaft als informelle Ordnungskategorien soziologischer Dynamiken zu verstehen. Von Max Weber (1864–1920) stammt das

[Randnotiz:] Transfer von Ordnungsvorstellungen

[Randnotiz:] Macht und Herrschaft

solche Vorgänge und deren Motivationen ansprechend charakterisierende Diktum von der Nutzung einer Gelegenheit, „innerhalb einer sozialen Beziehung den eigenen Willen auch gegen Widerstreben durchzusetzen, gleichviel, worauf diese Chance beruht" (Weber, M. 1928/[5]1972, 28, siehe Ehlers, C. 2007b, 8 ff. mit weiteren Verweisen sowie zu Weber auch Neuenhaus 1998 und Vollrath, E. 1993). Aus dieser Machtausübung gegenüber Personen entsteht Herrschaft über Land, letztlich über Räume innerhalb des dreigeteilten Schemas von Göttmann, wiederum je nach Stärke (*power*), Einfluss und Erfolg der Herrschenden. Auch spätere Dynastien haben einst klein angefangen und nutzten in zeitlicher Folge vielerlei Chancen, ihren Aufstieg zu sichern und die Macht zu stabilisieren. Falsch wäre es daher, rückwirkend Räume zu konstruieren, in denen Individuen vor allem aber Verbände, um nicht von Völkern zu sprechen, den Raum kontrollieren und Strukturen etablieren oder vorgefundene ausbauen (siehe Kapitel 7).

Melville/Rehberg Hg. 2012; Schlögel 2006; Schroer 2006; Luhmann [3]2003; Beck 2001; De Jong/Theuws 2001; Löw 2001; Melville Hg. 2001; Kerstin/Krötke/Sigrist 2000; Schneidmüller 2000; Pohl 1999c; Imbusch 1998; Gosman/Vanderjagt/Veenstra Hg. 1997; Baumgärtner 1996; Gerhard/Schrey 1995; Galbraith 1989; Willoweit 1989; Hättich 1987; Popitz 1986; Rausch 1986; Faber/Meier/Ilting 1982; Koselleck/Moraw/Günther/Ilting/Hilger 1982; Kroeschell 1978; Weber, M. 1922/[5]1972.

Modelle

Als Modelle für die Integration von Räumen im Frühmittelalter bieten sich die Regionen westlich und ostwärts des Rheins, Lothringen und das Elsass beziehungsweise die östlich davon gelegenen, vormals nichtrömischen Gebiete im späteren Herzogtum Sachsen seit der Karolingerzeit bis an die Elbe an, was in der komparatistisch angelegten Forschung anhand verschiedener Indikatoren seit längerem diskutiert wird (vgl. anhand der Klosterlandschaften schon Parisse 1991).

Den Raum „**Sachsen**" in der Karolinger- und Ottonenzeit untersucht der Verfasser des vorliegenden Bandes (Ehlers, C. 2007a) mit der Anwendung der drei auf Integrationsprozesse bei der Konstituierung und Stabilisierung von Räumen abzielenden Phasen von „Erfassung – Durchdringung – Erschließung" (vgl. oben in Unterpunkt 3.3, oder das jüngere Modell der „Syntheseleistung" von Martina Löw 2016, 81, und 2001, 158–161, siehe 6.4).

Grünewald, Chr. Hg. 2007; Hines 2003; Becher 1999; Pohl 1999a; Springer 1999; Rösener 1980; Wenskus 1976.

Als korrespondierendes Beispiel empfiehlt sich aus vielerlei Gründen das **Rheingebiet** (Febvre 1935, dt. ²1995) mit seinen historischen Landschaften Lothringen beziehungsweise Elsass (Groß 2015; Weber, K. 2011; Schneider, J. 2010; Irsigler Hg. 2006; Hummer 2005; Innes 2000). Aus den Konfrontationen mit der römischen Vergangenheit und den mit der neuen Reichsbildung entstehenden Eigendynamiken seit der Seßhaftwerdung der Franken im sich auflösenden Römischen Westreich entstand eine neue und letztlich beide Räume links und rechts des Rheins umspannende **fränkische Zivilisation** (siehe Kaiser 2002 und Schieffer 2002 sowie schon Zöllner 1950 und jüngst den die Integrationsprozesse in die Römische Welt anhand verschiedener Themen betrachtenden Sammelband von Kleijn/Benoist Hg. 2014).

Im Zusammenhang mit den beiden genannten Großräumen westlich und östlich des Rheins sollte erwähnt werden, dass der immer wieder durch die Forschung geisternde Begriff „**Stammesherzogtum**" und sein vordergründiger Sinnkontext im Grunde als rückwirkend gewonnene Fiktion der Forschung enttarnt gelten kann (Bader 1953, 463–468, vgl. auch die Debatte über das „ältere" und das „jüngere" Stammesherzogtum bei Goetz 1989 sowie zum Begriff „Stamm" Wirth 1997). Denn „ethnische" Gesichtspunkte spielen bei deren Genese seit der Merowingerzeit eine gegenüber anderen Faktoren nachgeordnete Rolle, wie bereits anhand der Forschungsgeschichte und den Methodenproblematiken bei der Beschäftigung mit Rechtsräumen gezeigt wurde (Kapitel 3 und 5).

Im Grunde damit inhaltlich und methodisch verbunden sind die **Langobarden** mit ihren spätantik-frühmittelalterlichen Herrschaftsgebieten und der Genese ihres eigenen raum- und identitätsbildenden Rechts (bis heute in der regionalen Bezeichnung *Lombardia* nachwirkend), worauf schon in Unterpunkt 3.3 hingewiesen wurde.

Mit diesen Fragen nach der Genese von Herrschaft über Räume hin zu Reichen ist erneut die Problematik des Staatsbegriffes berührt (Belina Hg. 2013, siehe auch 3.2). Denn auf der Makroebene der Erforschung von Reichen ist – nicht nur chronologisch seit der christlichen Zeitrechnung – die Frage nach dem Imperium als Herrschaftsform noch vorgeschaltet. Die Imperienforschung selbst lässt für ihren Gegenstand bemerkenswerterweise nicht immer die Epoche des Mittelalters gelten. Für die deutsche Forschung ist hier die von Herfried Münkler (2005, 15–29 und öfters) maßgeblich, für

Imperium?

den eine eher global wirksame Ausdehnung sowie eine längere Dauer mit den Phasen des Aufstieges, des Bestehens und des Abstiegs eine determinierende Rolle spielen, um das Imperium vom „Welt- und Großreich" oder der „Hegemonialmacht" im komparativ, diachron und global angelegten Diskursverlauf abzuscheiden. Denn er beobachtet, dass Imperium „meist im Singular" verwendet wird (Münkler 2005, 7). Hier dürfte die Problematik darin bestehen, dass für ihn die USA, vor allem nach dem Zerbrechen der Sowjetunion und des Warschauer Paktes, die (zeitgenössische) Referenzgröße seiner ertragreichen Studie darstellen, was vor allem die für unser Anliegen wichtigen Kategorien von „Zentrum und Peripherie" in befruchtende Zusammenhänge rückt.

Nicht nur deswegen erscheint das „Imperium", das keine „klare Grenzziehung zwischen Innen und Außen kennt" (Münkler 2005, 74, mit Verweis auf Doyle 1984, 40), wie der „Imperialismus" als übergeordnetes Phänomen der Weltgeschichte für die Erforschung von Rechtsräumen nur dort relevant (Duve 2012), wo auf nachgeordneten (Meso-)Räumen die schon angedeuteten Transferprozesse zu beobachten sind. Denn Imperien scheinen sich eo ipso der eigentlichen Fragestellung nach Rechtsräumen auf Grund ihrer Reichweite zu entziehen (siehe Meccarelli 2016). Dies ist vor allem aus der heutigen Weltlage gesehen verständlich, es bleibt allerdings die stets aufs Neue auftretende Frage offen, inwieweit die Erforschung der vormodernen Welt von heutigen Zuständen und Terminologien dominiert werden darf, so dass zumindest der Terminus der **„Parallelimperien"** (Münkler 2005, 26, mit Verweis auf Breuer 1987 am Beispiel des Chinesischen und Römischen Reiches) für die in diesem Band behandelte Fragestellung auf der Makroebene Relevanz hat.

De Jong 2015 zum „zerfallenden" Karolingerreich im 9. Jahrhundert; Bazzaz/Batsaki/Angelov 2013 zu Byzanz und dem osmanischen Reich; Belina Hg. 2013; Airlie 2012 und 2008 ebenfalls zum Karolingerreich; Ehlers, C. 2011a zum ‚Staat' des Deutschen Ordens; Noreña 2011 zum weströmischen Reich; Meyer 2010 zur Diskussion um den Staat im Mittelalter am Beispiel von Pohl/Wieser Hg. 2009; Akerman Hg. 2009 zur imperialen Kartographie; Strothmann, J. 2008 zu Anzeichen von Staatlichkeit im Merowingerreich, vgl. dazu auch Geary 1988; Osterhammel 2006 und ³2004 zur Imperienforschung; Jarnut 2004b zum Staat des frühen Mittelalters; Renoux 2002 zur Funktion der Pfalzen für die Staatsbildung im Frank(en)reich; Nitschke 2001 zur Frage nach dem Wandel der „Staatsform" im frühen (ost)fränkischen Mittelalter; Schmidt, H.-J. 1999 zur Rolle der Kirche bei der Herausbildung von Staaten; Said 1993 zur Wirkungsgeschichte der Idee vom Imperium; Müller-Mertens 1990 zur Nachwirkung des karolingischen Imperiums im ostfränkisch-deutschen Reich, vgl. dazu auch Keller, H. 1989; Struve 1987 zur Staatsauffassung im Mittelalter; Peil 1983 zur Staatsmetaphorik; Fleckenstein 1981 zum fränkischen „Großreich"; Bosl 1964 zum „Aufbau des mittelalterlichen Staates". Ein Beispiel für die historische Indienstnahme der Staaten für Großraumpolitik bietet Schmitt 1940 und 1941.

Dass Kommunikation für die Konstituierung von Rechtsräumen und vor allem für ihre Aufrechterhaltung notwendig ist, zeigen schon die eigens dafür eingerichtete und sorgsam gepflegte Infrastruktur des antiken Römischen Reiches, das Boten- und Gesandtenwesen der Franken oder der hochmittelalterlichen Städte, die Entstehung des Postwesens sowie die Seewegverbindungen zwischen alter Welt und neuen Welten oder der Ponyexpress in Nordamerika. Daher ist diese Erkenntnis zunächst nicht überraschend. Im ausgehenden 20. Jahrhundert, mit der Osterweiterung der Europäischen Union (Schlögel 2013 und 2006, 463–475), und dem beginnenden 21. Jahrhundert, dem Zeitalter der weltweiten Echtzeitkommunikation im *Cyberspace*, muss selbstverständlich diesem Aspekt der globalen Entstehung von virtuellen Kommunikationsräumen (Schlögel 2006, 72–78; Schroer 2006, 252–275; Löw 2001, 93–104) in der historischen und vor allem soziologischen Forschung (Christmann Hg. 2016) vertiefende Aufmerksamkeit zugewandt werden, da sich eben zeigen lässt, dass jede Epoche im Rahmen ihrer Möglichkeiten bestrebt war und ist, möglichst genaue Informationen in den Zentren zu sammeln. Der Informationsfluss konnte innerhalb bestehender Räume zu deren Fortentwicklung oder zur Stabilisierung genutzt werden, also im modernen Sinne ‚innenpolitisch' motiviert sein, er konnte aber auch der Sicherung von Räumen gegenüber anderen dienen, also ‚außenpolitisch' oder gar ‚völkerrechtlich' verstanden (einen ambitionierten Versuch der umfassenden Quellenanalyse der frühen Karolingerzeit bis 840 unternimmt Steiger 2010), zum Ziel haben, Raumsysteme im Gleichgewicht zu halten oder expansiv zu verändern.

Einschränkend wäre vielleicht zu bemerken, dass daher die Kommunikation, neben ihrer allgemeingültigen Notwendigkeit für menschliche Gesellschaften überhaupt (Luhmann und andere), im Besonderen bei dem Prozess der **Konstituierung** von Räumen in seinen Anfängen zunächst eine begleitende Funktion gehabt zu haben scheint, die aber hinfort bei der dynamischen **Stabilisierung** von

Kommunikation

geographisch determinierten Räumen der Herrschaft, der „Integration" beziehungsweise der „Syntheseleistung", einen festigenden und daher auf Dauer angelegten Charakter gewinnt. Dies ist anhand der **rechtlichen Kommunikation** (Heidecker 1999) ebenso zu beobachten wie anhand der damit verbundenen Urkundenpraxis (Huschner 2003).

Durch Kommunikationswege können aber zugleich auch übergeordnete, **konstruierte Raumsysteme** entstehen, beispielsweise im Bereich der Religion, der wirtschaftlichen Verflechtungen oder der Einrichtung supranationaler Rechtsvorstellungen (Sieber 2010, 11–18). Gerade hier sind die im weitesten Sinne globalen Kommunikationsgesellschaften zu finden, die sogar Makro-Räume überwinden, zumal dann, wenn **Meere** überspannt werden. Siehe dazu den mehrfach formulierten, neuerdings wieder diskutierten Ansatz von Carl Schmitt (beispielsweise 1951, 245 f.) zum Meer als Rechtsraum „ohne Charakter" und wesentlichem Bestandteil der Beherrschung von imperialen Großräumen; zur „Thalassokratie" im Mittelalter ist nun Rüdiger (2016) heranzuziehen. Diese Meere übergreifenden Herrschaftsräume sind ein zentrales Kriterium für den Imperienbegriff von Herfried Münkler, weshalb mittelalterliche Reiche bei ihm kaum berücksichtigt werden, was doch an der Sache vorbeizugehen scheint (siehe dazu oben). Vor allem der Mittelmeerraum ist in den Fokus der Forschung gerückt (vgl. Pitz 2001), da hier raumübergreifende Kommunikationen beobachtet werden können, anhand derer wiederum methodische Einsichten für die ,Globalisierung' im Rahmen der gegebenen Reichweite der handelnden Mächte zu gewinnen sind (Borgolte/Jaspert Hg. 2016).

Nicht nur anhand der Auswertung von Traditionen im Sinne der Quellenkunde (Kapitel 2) können die Kommunikation und ihre Wege erkannt werden, sondern auch anhand von Infrastrukturen und archäologischen oder baugeschichtlichen Zeugnissen, den Überresten. Verkehrswege (siehe oben) und Verkehrsmittel (vgl. Gringmuth-Dallmer 2000) wären dafür ein geeigneter Indikator wie auch der Transfer von Bau- und Kunststilen von einem Raum in einen anderen Aufschluss für **kulturelle Kommunikation** in Großräumen bietet. Hier ist, wie soeben gesagt, der Mittelmeerraum ein besonders ergiebiges Forschungsfeld ebenso wie die Ausbreitung von Bauformen von Westen nach Osten beziehungsweise Norden; konsultiere dazu am kunsthistorischen Stilbegriff der „Vorromanik" das Kompendium Oswald/Schaefer/Sennhauser (Hg. 1966/91). Alle diese Beispiele sind zugleich mit der religiösen Kommunikation verbunden (siehe dazu Unterpunkt 1.3 sowie insgesamt auch Kapitel 7).

Borgolte/Jaspert Hg. 2016 zu den maritimen Kommunikationsräumen des Mittelalters; Christmann Hg. 2016 zur raumbezogenen Kommunikationstheorie; Rando 2016; Wetzstein 2014 zum Hochmittelalter am Beispiel kirchlicher Kommunikation; Gravel 2012 an dem der Karolingerherrschaft bis 840; Arndt 2010 zur Bedeutung der Kommunikation für die Machtausübung; Oesterle 2009 für den Vergleich zwischen christlichen und islamischen Reichen; Garipzanov 2008 zur symbolischen Sprache der Macht in der Karolingerzeit; McCormick 2007 sowie [4]2005 zu Gesandtschaften sowie dem mittelalterlich-europäischen Wirtschaftsraum; Huschner 2003 zur transalpinen Kommunikation in der Ottonenzeit; Röckelein 2002 zur religiösen Kommunikation am Beispiel der Reliquienkulte und deren Translation; die Beiträge in Rösener Hg. 2000 widmen sich dem ländlichen Raum, also gewissermaßen der Mikro- und Meso-Ebene nach Göttmann 2009, 6; Mostert Hg. 1999, 193–297, bietet eine thematisch gegliederte Bibliographie zur mittelalterlichen Kommunikation, siehe dazu auch Leyser 1994, Althoff 1993 und Leighton 1972. Knoblauch 2016 und Brodocz 1998 zur Kommunikationstheorie bei Niklas Luhmann, die weitestgehend ohne den Raum auskommt, vgl. dazu auch Christmann 2016b, 89 f., und Schroer 2006, 132–160 („Gesellschaft ohne Raum").

So kann an dieser Stelle zusammengefasst werden, dass die Indikatoren wiederum in phänomenologisch wie epistemologisch korrespondierende Untergruppen einzuteilen wären, von denen die Scheidung zwischen Traditionen und Überresten die offenkundigste sein dürfte. Materiell und immateriell konstruierte Räume stellen eine weitere Dichotomie dar, die sich auf die Art ihrer Entstehung fortschreiben lässt, denn die kirchliche und die weltliche Sphäre haben ihre jeweils eigenen Mittel aber auch Schnittmengen, wie – rechtshistorisch ausgedrückt – der scheinbar divergierende Gegensatz von Norm und Praxis oder das Zusammenspiel von Schriftlichkeit und Oralität. Darüber hinaus sind in der Erforschung von Rechtsräumen gleichsam oszillierende Facetten zu beobachten, wie symbolische Kommunikation oder die zahlreichen Ebenen der kontextualen Wirksamkeit von Raumkategorien, sowohl in der zeitgebundenen Lebenswelt vergangener Zeiten als auch bei den wissenschaftlichen Zugriffen darauf in unseren Tagen. Eine positivistische Erklärung im Sinne Rankes „wie es eigentlich gewesen" (vgl. Vierhaus 1977) dürfte nur in den seltensten Fällen möglich sein. Daraus aber abzuleiten, sich den „Rechtsräumen" und ihrer Entstehung nicht nähern zu können, wäre ein Fehlschluss.

Indikatoren

6.5 Ebenen des Raums

Dualismus

Stets sind zwei Ebenen des Raumes zu bedenken (Schenk 2011, 13 f.): der **Naturraum** und der **Kulturraum**, auf die schon öfters in dieser Studie eingegangen wurde, da sie die Grundlage für jede sinnvolle Beschäftigung mit dem Thema darstellen. Allerdings ergeben sich aus dieser eigentlich banalen Einsicht, wie gezeigt wurde, verschiedenste methodische Wege, sich dem Raum epistemologisch/philosophisch (vgl. das Lexikon von Günzel Hg. 2012) wie phänomenologisch mit einer leitenden Frage zu nähern. Da die meisten dieser Ansätze bereits vorgestellt wurden, sollen nun nur noch einige für die Rechtsräume relevante Ansätze zusammengefasst werden.

Lefebvres doppeltes Triple

Die „Triplizität des Raumes" (Rau 2013, 49–52) bei Henri Lefebvre bedeutet eine Abkehr vom üblichen strukturalistischen Dualismus hin zu drei Kategorien der lebensweltlichen wie wissenschaftlichen Raumerfassung durch den Menschen: den „wahrgenommenen" (*espace perçu*), den „vorgestellten" (*espace conçu*) und den „erlebten Raum" (*espace vécu*) beziehungsweise die „räumliche Praxis" (*pratique spatiale*), die „Räume der Repräsentation" (*espaces de représentation*) und die „Repräsentationen des Raumes" (*représentations de l'espace*) (Lefebvre 1974, auszugsweise dt. Übersetzung in: Dünne/Günzel Hg. 2006, 330–340, siehe Unterpunkt 3.2). In gewisser Weise hat Stuart Elden (2013) diesen Ansatz erneut fruchtbar gemacht, als er die „Birth of Territory" gleichsam als Geschichte einer dynamischen Genese von der europäischen Antike bis in das 18. Jahrhundert verstand.

Rokkans Triple

Die sogenannten „Rokkanschen Räume" (Dipper/Raphael 2011, 30 ff.) beziehen sich auf die oben bereits angesprochenen Theoreme von Stein Rokkan (2000, 138–145), der ein ausgefeiltes System der räumlichen Beziehungen in dem Spannungsfeld von Zentrum und Peripherie ausbreitet, das sich in wahrscheinlich allen menschlichen Gesellschaften und deren raumbezogenen Ordnungsmustern wiederfindet, wenn er zwischen „Zentren", „Peripherien" und den „Transaktionen" (im Sinne des ‚dritten Raums', siehe oben in den einleitenden Ausführungen zu Teil 1) unterscheidet. Diese fächert er ihrerseits in fünf Aspekte auf, die „physischen", die „technologischen", die „militärischen", die „ökonomischen" und die „kulturellen Kommunikationsbedingungen". Für den Raum des Römischen Reiches und seiner Rezeptoren wurde dies oben bereits mannigfaltig angesprochen, zu den Zentralorten in der „Germania", also dem nichtrömischen Bereich, siehe beispielsweise Pohl (2001 und 2000a).

    Christoph H. F. Meyer hat sich vor zwei Jahrzehnten zur anthro-   Anthropologie
pologischen Seite der Rechtsgeschichte in einem allgemein historischen Konzept der Methoden geäußert und Vorschläge für eine
Rezeption der Anthropologie wie auch der Ethnologie durch die
Rechtsgeschichte dargeboten (Meyer 1997, 91–102). Dass Räume an-
thropogenen Maßstäben verpflichtet sind, wurde hinreichend ausgeführt und ist so gesehen auch eine Binsenweisheit der Erkenntnis-
theorie seit der griechischen Philosophie, woran auch die allgemeine
Relativitätstheorie nicht viel geändert hat (siehe oben 6.2), da trotz
aller Fortschritte der Naturwissenschaften der Mensch der Beobachter und Interpret seiner Erkenntnisse bleibt, auch wenn es ab und an
ganz sinnvoll sein kann, sich daran zu erinnern. Anthropologie als
Wissenschaft ist, wie die Ethnologie, gleichwohl ein selbständiger
Bereich der Erforschung von Rechtsräumen und ihrer Genese (siehe
oben 1.2, 2.2 und 5.7).

De Weerdt/Morche 2014; Ickerodt 2011; Benda-Beckmann, F./Benda-Beckmann,
K./Griffith Hg. 2009; Reinhard ²2006; Hirsch/O'Hanlon Hg. 1995.

Das Wissen um das „**Außerhalb**", den Anderen, das Fremde als Ge-   Alterität
genstück zum Selbst bestimmt maßgeblich die Konstituierung von
Räumen und beschreibt vermutlich sogar ein zentrales Motiv dafür.
Zugleich aber beeinflussen sich räumlich separierte Gesellschaften,
was musterhaft, aber wohl nicht in allen Folgerungen beständig,
Henri Pirenne (1862–1935) am Beispiel der Konfrontation des Frankenreiches mit der islamischen Expansion ausgeleuchtet hat (Pirenne 1937, dt. 1963). In der Regel sind solche Gegensätze zwischen
dem „Eigenen" und dem „Anderen" wohl nicht primär konstituie-
rend für Räume, da sich derartige Phänomene von der Mikro-Ebene
an aufwärts beobachten lassen und zu vielen verschiedenen Bereichen zuzuordnen sind, als dass eine Methode greifen würde, die
etwa kulturelle Praxis einerseits von Raumbildung im hier zu Grunde gelegten Sinne andererseits trennen könnte. Interessanter wird
es daher, wenn auch anhand anderer Kriterien feststellbare **Grenzen**, die ihrerseits oft Räume darstellten (**Kontaktzonen**), berührt
werden, die zur Abscheidung von „Wir" und „Sie" gezogen werden.

Stiftung DHM Hg. 2014; Egger 2013 am Beispiel der Architektur bei Missionsor-
den, hier der Benediktiner, deren Antikenrezeption in der Liturgie Strothmann, J.

2009a untersucht; O'Doherty 2013; Schneider, J. 2013a; Drews 2009 zum Vergleich zwischen Karolingern und Abbasiden; Quast Hg. 2009; Staubach Hg. 2007; Eßbach Hg. 2000; Pohl 1999b zur Karolingerzeit; Reichert 2014 und Schmieder 1994 zur europäischen Wahrnehmung östlich-asiatischer Kulturen im Mittelalter. Ein anregendes Thema sind die neuzeitlichen Expansionen und die Missionierung auf globaler Ebene, die hier jedoch nicht weiter behandelt werden können, aber verstärkt in den Blick der internationalen „postkolonialen" Forschung gerückt sind.

Das „Außen" und das „Innen" setzen wie auch immer geartete Vorstellungen von Unterschieden voraus, die sich mental, politisch, ökonomisch, religiös, ethnisch oder juristisch definieren können. Schnittmengen dieser willkürlichen Auswahl von Faktoren erschaffen ‚Zwischenräume' oder raumübergreifende Gemeinsamkeiten, in der Regel aber dürfte die Konstruktionen von Grenzen – oder abgeschwächt formuliert: von Abgrenzungen (*frontier* im Gegensatz zu *border* im Englischen) – die erste Folge der Diversität sein.

Grenzen   Dipper/Raphael (2011, 34) bezeichneten „die als Linie auf der Landkarte und im Gelände [sic!] markierte Grenze" als den „europäischen Normalfall", „freilich um den Preis umso stärker [sic!] befestigter Außengrenzen". Was fünf Jahre später zumindest für die südöstlichen Außengrenzen tatsächlich eingetreten ist. Wenn der Raum dergestalt Grenzen hat, zumal solche, die verlässlich anhand schriftlicher Grenzbeschreibungen, erhaltener Grenzsteine oder historischer Karten im günstigsten Falle sogar als Linien auf wissenschaftliche Karten der heutigen Zeit rekonstruiert werden können, dann ist die Konstituierung eines Raumes, unabhängig von seinem Fortbestehen, abgeschlossen. Für die Erforschung der Entstehung eines Rechtsraumes ist ein wichtiger Wegpunkt erreicht, dem die Historisierung folgt (Mieck 1990) – welche dann im ungünstigen aber üblichen Fall in die Falle des „Containers" führt. Daher stehen die Grenzen auch am Ende des beschreibenden Teiles dieses Buches und leiten über zu seinem letzten Kapitel, das sich den Aussichten auf Räume und in gewisser Weise auch den metaphorischen Grenzüberschreitungen bei ihrer zukünftigen Erforschung als Rechtsräume widmen wird (Kapitel 7).

Grenzen haben die Eigenschaft, eben nicht immer linear zu sein, zumeist sind sie eigene Räume zwischen zwei anderen, vgl. den römischen Limes oder die karolingisch-ottonischen Marken (Isaac 1988 beziehungsweise Stieldorf 2012). Im Sinne des oben diskutierten Begriffes „Spacing" (Jerram 2013) werden Formen der Grenzziehung deutlich – der Abscheidung von Objekten/Überresten (Egger 2013; Willroth 1998), ganzer Kulturkreise (am Beispiel der Sachsen und Franken in Westfalen: Häßler/Jarnut/Wemhoff Hg. 1999; anhand eines Meso-Raumes: Oertel 2014) oder politischer Entitäten (wie am Beispiel des antiken Römischen Reiches und seiner Nachbarregionen gut gezeigt werden kann, Grünewald, Th. ²2001). Anhand der Binnengrenzen der Kirchenorganisation (vgl. dazu Schmidt, H.-J. 1996) beziehungsweise ihrer Außengrenzen (Muldoon Hg. 2008) werden die funktionalen Gliederungseinheiten erkennbar, die notwendigerweise aus der räumlichen Unbeherrschbarkeit des Makro-Raumes hervorgehen. Daher sind Grenzen stets konstruiert, folgen gleichwohl oft naturräumlichen Bedingungen, die aber auch aufgehoben werden können, wie anhand der Weltmeere in den Zeiten der Kolonisation und des Imperialismus beziehungsweise am Beispiel der nationale Räume überwindenden Paktbildungen oder Vertragsgemeinschaften in der Zeitgeschichte gut zu erkennen ist, die ihrerseits neue Grenzen produzieren, wie Schlögel (2013) am Beispiel Europas der Gegenwart untersucht.

Schneider, J. 2013a; Bock Hg. 2011; Dipper/Raphael 2011, 32–36; Willner 2011 zum „Limes Saxoniae"; Herbers Hg. 2007; Pehnt 2007 am Beispiel der Raumbildung durch Ordensgemeinschaften; Strothmann, J. 2005; Goetz 2001; Pohl/Wood/ Reimitz Hg. 2001; Hardt 2000; Pohl 2000b zur sozialen Grenze; Reimitz 2000; Schmauder 2000; Marchal Hg. 1996; Haubrichs/Schneider Hg. 1993; Franz Hg. 1969.

Stets aber folgten Grenzen nicht willkürlichen Kriterien, sondern praktischen Notwendigkeiten, die sich aus kulturellen oder politischen Gegebenheiten speisen. Sie existieren so lange, bis die bislang voneinander abgeschiedenen Räume machtpolitisch oder auf Grund gegenseitiger Annäherung erzwungenermaßen oder freiwillig zusammengelegt werden und somit eine Raumbildung mittels neuer Außengrenzen durch Aufhebung bestehender innerer Trennung erreicht wird. Das gilt sinngemäß natürlich auch umgekehrt für das Auseinanderbrechen bestehender Großräume in neue, nun historisch zu legitimierende (beispielsweise Belgien [1830] oder Bulgarien am Ende des 19. Jahrhunderts) beziehungsweise einst tatsächlich existierende Kleinräume, was aus Sicht der Imperien als Makro-Räume anhand des Römischen Reiches bis hin zur Sowjetunion diachron beobachtet werden kann und vermutlich auch in Zukunft zu den raumbestimmenden Entwicklungen zu zählen sein wird, wie die

Debatten um einen Austritt oder einen Ausschluss von Staaten aus der EU 2015/16 zeigen.

Vielerlei Räume   Diese Vielfalt von Grenzen besteht aber auch losgelöst von der politischen Geographie innerhalb eines Raumes, was die Notwendigkeit unterstreicht, die Kriterien für die Definition von Räumen scharf zu formulieren. Für die Erforschung von Rechtsräumen bedeutet dies mit anderen Worten, dass es darauf ankommt, die rechtshistorischen Ansätze mit denen der Nachbardisziplinen zu einer Fragestellung zu verbinden, wobei die Frage zunächst vor der Methode stehen sollte, die sich aus der Analyse des historischen Materiales ergibt. Deswegen ist ein **innovativer Ansatz für die Einbeziehung der Quellengattungen** notwendig (Kümin/Usborne 2013, 316 ff.). Vor dem Hintergrund der Globalisierung Europas und seiner Geschichte ist auch die Genese der vielen Voraussetzungen unserer Gegenwart in neuem Licht zu untersuchen, was im nun folgenden letzten Kapitel umrissen werden soll.

7 Interdisziplinäre Ansätze als Postulat

In diesem abschließenden Kapitel werden die zuvor gewonnenen Einsichten gebündelt, um eine Perspektive für die Erforschung von Rechtsräumen vorzustellen, die sich durchaus von bereits beschrittenen Wegen entfernen soll, um neue Zugänge zu eröffnen. Der oben schon in Unterpunkt 3.3 und Kapitel 5 vorbereitete Ansatz wird nun mit Hilfe der wichtigsten schon eingeführten Schlagwörter im Sinne von ‚Wegpunkten in das Neuland‘ entfaltet.

Es hat den Anschein, dass immer wieder längst bekannte historische Phänomene neu etikettiert und mit scheinbar innovativen Fragestellungen – aber eigentlich bereits etablierten Methoden – aufgewärmt werden (siehe Unterpunkt 3.4). Um dies zu überwinden, wurden Überlegungen für einen neuen noch experimentellen ethnologisch/anthropologischen Ansatz in der Mediävistik von Matthias Tischler (2014) sowie zur „Weltgeschichte im mittelalterlichen Jahrtausend" von Michael Borgolte (2016) vorgelegt. Auch hier hat sich seinerzeit Ernst Bernheim (1908, 254 f.) treffend geäußert: „Allein es kommt immer ein Zeitpunkt, wo einstweilen mit den vorhandenen Hilfsmitteln auf einem allseitig durchforschten Terrain nicht mehr ergiebig zu wirken ist; es gibt namentlich überall einzelne beliebte Themen, welche völlig erschöpft sind und trotzdem immer noch von neuem gewählt werden. Z. B. scheint es längst an der Zeit, sich von der vorwiegenden Erforschung des früheren Mittelalters, namentlich auf den Gebieten der Rechtsgeschichte, Paläographie, Urkundenlehre[,] mehr der des späteren und der beginnenden Neuzeit zuzuwenden, und es ist bedauerliche Arbeitsvergeudung, wenn immer wieder untersucht wird, wo Armin den Varus geschlagen hat, welche Bedeutung die Absolution Heinrichs IV. zu Canossa gehabt hat, u. dgl., vorausgesetzt, daß der Bearbeiter sich nicht von vornherein bewußt ist, mit neuen Hilfsmitteln oder neuer Auffassung wirklich ergiebige Resultate wenigstens erhoffen zu können. Und das ist es, worauf es ankommt: man soll sich von vornherein möglichst klar machen, was man wissen will und ob man nach der ganzen Sachlage Aussicht hat, mit seiner Forschung etwas zu erreichen".

Genau dies zu erreichen, ist das Ziel für einen **innovativen Ansatz** der Erforschung von Rechtsräumen im 21. Jahrhundert. Daher soll möglichst vermieden werden, ausgetretenen Pfaden zu folgen, ohne jedoch die bereits geleisteten Arbeiten gering zu schätzen. Ge-

Innovative Fragestellungen

DOI 10.1515/9783110379723-007

rade die von Bernheim angeführten Beispiele – die Varusschlacht sowie der sogenannte Investiturstreit – haben ja in den letzten Jahren maßgebliche Neubewertungen im Sinne seiner Forderung erfahren, mit eigener Forschung und neuen Ansätzen beziehungsweise unter Heranziehung innovativer Methoden und technischer Möglichkeiten etwas Neues zu erreichen.

7.1 Die wichtigsten Zugänge zur Erforschung der Rechtsräume

Entstehung von Rechtsräumen

Allen Überlegungen liegt nun, nach breiten Einführungen in die fächerspezifischen und die Disziplinen übergreifenden Ansätze und einer Übersicht über die Quellengrundlagen und die methodischen Problematiken, eine Leitfrage zu Grunde: Wie entstehen Rechtsräume? Auch nochmals soll eingestanden sein, dass in den ersten beiden Teilen nicht ‚alles‘ erfasst und beleuchtet werden konnte. Dennoch dürften ausreichend Schnittmengen der beteiligten Disziplinen gefunden worden sein, die nun hervorgehoben werden. Dies wird anhand bereits gewonnener, aber auch neuer ‚Schlagwörter‘ vorgenommen, die sich in dem oben skizzierten interdisziplinären Diskurs ergeben haben. Sie werden in diesem abschließenden Kapitel gebündelt und zu einem Vorschlag für die weitere Erforschung von Rechtsräumen ‚verdichtet‘.

Schlagwörter

Ein elementares Kriterium ist die **Integration** von Räumen und Personen, welche stets Zeit braucht und daher als dynamischer Prozess zu verstehen ist. Daraus ergibt sich ein Verbot, sie rückwirkend zu betrachten. Vielmehr ist die Forschung vor die Aufgabe gestellt, die einzelnen Phasen von Integration möglichst quellennah zu beobachten, was bedeutet, alle Quellengruppen zu erfassen und dabei auch die neuen Methoden zur Gewinnung und Interpretation der Überreste einzubeziehen, ohne deren impliziten Grenzen bei der Deutung euphorisch zu übersehen.

Oft wurde auf den Zusammenhang von Integration und Tradition hingewiesen, eine Verbindung von zwei miteinander verwobenen, aber getrennt zu betrachtenden Faktoren für die Bildung von integrativen Gesellschaften (Ehlers, J. 1995, siehe auch oben 3.2 und 6.4 zum Theoriemodell von Reinhard Wenskus). Ähnlich argumentiert Walter Pohl, wenn er unter Bezug auf den vom Ägyptologen Jan Assmann (1999, 17 f.) verwendeten Begriff der „**Koheränzfiktionen**" – worunter die „Geschichte … als die Form der raumzeitlichen Entfaltung der Kulturen" zu verstehen ist – darauf hinweist, dass diese Theorie auch für die Phase zwischen Antike und Mittelalter von besonderer Bedeutung sei (Pohl 2006, 60). Diese aus Assmanns Unterscheidung von „Geist" und „Sinn" abgeleitete Bipolarität von transzendentem und praktischem Potential beschreibt die kulturellen Mechanismen zur Begründung, Wahrung und Sicherung von zeitübergreifender räumlicher **Stabilität** einer Gesellschaft. Ein dynamischer Vorgang, der bedeutet, dass der Bestandserhaltung eine wichtige personelle, vor allem aber religiöse, soziale sowie ökonomische Rolle zukommt, um Räume zu konstruieren, zu modifizieren und ihnen eine Zukunft zu geben. Das wiederum erfordert Flexibilität bei der Feinjustierung der materiellen aber vor allem der immateriellen Ausgewogenheit der inneren Ordnung von Gesellschaften und ihren Räumen.

Dabei kommt den **„Regelungsprogrammen"** (Siems 2009, 269 ff., siehe oben in 1.1) eine große Rolle zu, die sowohl die Ordnungsmuster der übertragenden wie der empfangenden Gesellschaften ausreichend berücksichtigen, um Transferprozesse erfolgreich ablaufen zu lassen. Dafür mag ein anhand neuzeitlicher Verfahren entwickeltes Modell beispielhaft stehen, die **„Präzedenzmethode"** (Janssen 2000, 189 ff.), die die „Übertragung der schriftlichen Texte und der mündlichen Überlieferung [der zu integrierenden Gesellschaften, C.E.] in die englische Sprache" während der britischen Kolonialzeit beschreibt. Anhand der fränkischen Eroberung Sachsens ist auf diese – überzeitliche – Verfahrensweise schon mehrfach hingewiesen worden (2.2, 3.3 und Kapitel 4 sowie 5.4, 6.4 und 6.5), die sich für diachrone Zugänge zu der Erforschung von Rechtsräumen als tauglich anbietet.

Das Spannungsfeld von **Recht und Gewalt** (Baberowski 2015; Dobschenzki 2015; Kannowski 2010) ist ebenfalls bereits angedeutet worden, es führt zu dem oben in Punkt 6.4 eingeführten Bereich von „Integration und Exklusion", der ebenso notwendig für die Analyse ist wie der Problembereich von **Konflikt und Krise** (Krah 2006 sowie Gerd Althoff, vgl. 4.2). Zum historischen Begriff der „Krise" ist bis heute Reinhard Koselleck (1982) maßgeblich, zum Beispiel der Krise der Römischen Republik siehe etwa Golden (2013). Denn eine Krise stellt den Scheideweg zwischen Fortschritt und Untergang dar, der gerade bei der Frühphase von Rechts- und anderen Raumbildungen im zeitlichen Verlauf immer wieder zu beobachten und zu analysieren ist (vgl. auch in 3.4 die Überlegungen zu dem Erfolg oder Versagen letztgültig markierenden Faktor Zeit).

,Webersche Chance'

Gerade das Scheitern von Versuchen ist ein wichtiger Indikator für die Beurteilung einer historischen Entwicklung, wenn man keine ,Geschichte der Sieger' schreiben will. Die Beharrungskraft der Tradition gilt ebenso gut für die Zielgesellschaften wie für die übertragenden Systeme, und es scheint in der Flexibilität beider zu liegen, welche „Webersche Chance" (6.4) nun zu nutzen ist, um eine Zukunft zu konstruieren.

Die für Max Weber maßgebliche „Chance" liegt bekanntlich im Bereich der **Herrschaft** und sie beschreibt die (historisch nur retrospektiv erkennbare) erfolgreiche Nutzung einer Gelegenheit von Individuen oder Personenverbänden, über andere Macht auszuüben, mithin auch deren Räume zu kontrollieren und zu prägen. Im Verlauf der Darstellung wurde deutlich, dass neben *Power* auch **Kommunikation und Akkulturation** eine wichtige Funktion einnehmen, die mit dem Begriff „Syntheseleistung" von Martina Löw (2016 und 2001) umrissen werden kann (siehe oben 6.4).

Härtel Hg. 2014; Goetz 2006, 538; Hägermann/Haubrichs/Jarnut Hg. 2004; zu den methodischen Problemen des Begriffs „Akkulturation" Gotter 2000.

In diesem Sinne beschreibt das Begriffspaar von **Norm und Praxis** die Spannungsfelder der genetischen Prozesse von Recht und Raum, vergleiche beispielsweise die „Räume der Repräsentation" (Chrościcki 1998: *Ceremonial Spaces*).

Räume von Dynastien

Einen eigenen Raum stellen die Höfe auf den jeweiligen Ebenen dar, sie sind Zentren lebendiger Raumkonzentration und nehmen zugleich ihre Geschichte, ihre Toten, in Anspruch. So bewahren sie legitimierende Erinnerung und schaffen überzeitliche Mittelpunkte für die Tradition als zukunftsicherndes Element eines Herrschaftsraumes. Daher ist der **Hof** ein etabliertes Forschungsfeld für die internationale und transdisziplinäre Forschung (Rösener 2008; Luchterhand 2006; Cubitt Hg. 2003; Elias 1969/2002). Ein von Matthias Hardt (2004) in neues Licht erhobener Aspekt ist der Schatz des Herrschers, die fiskalische Konzentration von Herrschaft, die Zentren erfordern kann, aber nicht muss (am Beispiel Englands im Mittelalter siehe Kypta 2014). An dänischen Beispielen des ersten Jahrtausends hat Lotte Hedeager (1999) anhand von Schatzfunden (*hoards*) erwogen, dass mit vergrabenen Reichtümern Räume symbolisch markiert werden konnten.

Wie angedeutet, kommt den dynastischen **Grablegen** und ihren Repräsentationen eine wichtige Funktion bei der Bildung von Räumen zu. Sie sind Zentren der Erinnerung beziehungsweise der Tradition auf ihren hierarchischen Ebenen, für die ihrerseits die jeweils höhere Ebene Vorbilder abzugeben scheint, beispielsweise die Königsgrablegen für nachgeordnete Magnaten. Andererseits ist festzustellen, dass der Gedanke des Hauses die Kontinuität von Grablegen im fränkischen wie in den Reichen der Nachfolger beeinflusst hat, aber auch ab und an die bewusste Wahl neuer Grabkirchen evozierte, als das historische Verständnis von Diskontinuität beziehungsweise räumlichem Neuanfang dies erforderte, was am Beispiel der Salier, die alle in Speyer bestattet wurden, zu erkennen ist. Denn hier zeigt sich ein innovatives Herrschaftsverständnis gepaart mit von den Saliern selbst unkontrollierbaren historischen Umständen, so dass sich erst in der Rückschau ein konsistentes Bild ergibt, das dynastische Eigenheiten in der Herrschaftspraxis zu unterstreichen scheint, die aber vor allem anhand anderer Quellen als dem prominenten Bestattungsort deutlich werden. Dennoch war und ist Speyer ein für den Raum des Reiches signifikanter Zentralort bis in unsere Gegenwart.

Künzl 2010; Rader 2006; Meier, Th. 2002; Ehlers, C. 1996; Müller-Wille 1996; Krüger 1971.

Insgesamt gesehen, ist dies ein Indikator, der für den interkulturellen und diachron die Räume übergreifenden Vergleich viel Spiel bietet, denn Herrschergrablegen sind ein anthropologisches und nicht kulturell oder regional begrenztes diachrones Phänomen, das vor allem in der global angelegten Archäologie und Religionswissenschaft seit längerem diskutiert wird.

Eng einher geht damit der seit Jahrzehnten in der internationalen Forschung etablierte Ansatz der **Memoria,** der liturgischen aber gleichwertig auch historischen Gedächtnisleitung im weltlichen und vor allem religiösen Rahmen. Diese Form der Erinnerung an die Ahnen ist ebenso wie die Bestattungsbräuche ein kulturübergreifendes globales Phänomen und kann daher als eine anthropologische Konstante angesehen werden, wobei allerdings nicht immer die Konstituierung von Räumen in den Mittelpunkt zu stellen ist, da die

Kategorien der Raumbildung gerade im kultur- und zeitübergreifenden wissenschaftlichen Ansatz nicht immer deutlich zu erfassen sind. Somit ist Vorsicht bei schnellen ‚ist-ja-wie-hier Rückschlüssen' geboten.

Oexle Hg. 1995; Geary 1994; Geuenich/Oexle Hg. 1994; Sauer 1993, besonders S. 180 mit Anm. 341; Schmid/Wollasch Hg. 1984; Bloch 1939/1940, dt. 1999.

7.2 Perspektiven für die Erforschung von Rechtsräumen

Neue Perspektiven

Es wurde gezeigt, dass sowohl bereits entwickelte Formen und Ansätze, beispielsweise im Bereich der Rechtsgeographie oder der -archäologie, über die klassischen Fächergrenzen hinweg die Kultur- mit den Rechtswissenschaften verbinden (siehe oben Kapitel 4). Daneben wurden auch neue Methoden erkennbar, die eine Erforschung von Rechtsräumen über das bereits Geleistete hinaus ermöglichen – weil sie neu entwickelte Fragestellungen und Techniken einbeziehen, die vor wenigen Jahrzehnten, manchmal sogar nur Jahren, nicht ‚denkbar' oder schlichtweg unmöglich waren.

Alte Probleme

Unabhängig von dieser Erweiterung der Perspektive gibt es der Methode innewohnende Probleme, die neben der manchmal fehlenden Fähigkeit, mit den Quellengruppen adäquat umzugehen, vor allem in der Analyse zu suchen sind. Im Vordergrund scheint dabei oft die Verwechslung von Ursache und Wirkung zu stehen, was Evgeny Morozov (2013: „The origins fallacy [...] confuses causes and effects") treffend als **„Ursprungsirrtum"** bezeichnet; oder es wird der klassische Fehlschluss gegen das Prinzip der Logik – „Cum hoc ergo propter hoc" – gezogen, dass **Koinzidenz** beziehungsweise Konvergenz eben nicht immer **Kausalität** bedeutet (Ehlers, C. 2015b, 162; Markschies 2006, 159). So sind **rückwirkend gewonnene ‚Einsichten'** als solche zu identifizieren und zu falsifizieren. Im besten Fall können sie durch erkannte Entwicklungen ersetzt werden (Luminati 2010, 51; Dilcher 2010, 70 f.).

Identität als Konfliktpotenzial

Das gilt auch und vor allem für reaktiv konstruierte Traditionslinien, die **„Invention of Tradition"** (Hobsbawm/Ranger Hg. 1983), wie schon oben (2.1) am Beispiel der nationalen Geschichtsschreibung dargestellt wurde (vgl. Ehlers, J. 2004b und andere). Solcherart konstruierte Identitäten liefern aber bis in die Gegenwart ein hohes

Potential für Konflikte (siehe Richter 2014 und Riedel 2005). In soziologischen Modellen der Dynamik und Stabilität (Rill 1995 zu Ernst Cassirer und Michel Foucault) kommen aber Faktoren ins Spiel, die auch für die Analyse von Integrationsprozessen eine Rolle spielen, wie schon angemerkt wurde.

Man muss nicht Experte für die mittelalterliche Welt sein, um die Aktualität der Frage nach der Entstehung und der Wirkung von Rechtsräumen zu erkennen. Der bereits angeführte, vom britischen Historiker Ian Wood (2013) nochmals aufgezeigte deutsche Sonderweg des Germanenmythos ist ein Beispiel unter vielen für die Indienstnahme der Geschichte zu unverantwortlichen geopolitischen und ethnischen Zielen mit langfristigen Auswirkungen über unsere Zeit hinaus. Am Beispiel des geographischen Gebietes des ehemaligen Osmanischen Reiches zu Beginn des dritten Jahrtausends ist ebenso gut zu erkennen, wie ,junge' politische Raumkonstruktionen aus einem, der kulturellen Wirklichkeit des Anderen gegenüber ignoranten, Geist des Kolonialismus und Imperialismus im 19. und 20. Jahrhundert mit seinem unerschütterlichen Glauben, es besser zu wissen und zu können, die geopolitische Landschaft der Gegenwart gleichfalls so nachhaltig geprägt haben, dass die Auswirkungen täglich zu erfahren sind.

Im Schlechten wie im Guten sind die stets fortdauernden politisch, religiös, ethnisch oder wirtschaftlich motivierten Raumbildungen prägende Faktoren der Menschheitsgeschichte, so dass deren historische Erforschung nicht Glasperlen im Elfenbeinturm sind, sondern der Bewältigung täglicher Erfahrungen dienlich sein können.

Aktualität des Gegenstandes

7.3 Zusammenfassung

Daher ist es dringend geboten, den Ballast überkommener Ansätze der älteren Raumforschung abzuwerfen, worunter die im weitesten Sinne weltanschaulichen Prämissen zu verstehen sind, die in erster Linie dazu dienen sollten, zeitgebundene machtpolitische Interessen oder Ordnungsvorstellungen auf die Vergangenheit zu übertragen, um daraus dann wieder die Umgestaltung der Gegenwart historisch zu legitimieren. Das bedeutet nicht, sinnvolle, das heißt: mit geeigneter Methode empirisch nachweisbare, Faktoren und Kriterien bei der Bildung von Rechtsräumen erneut aus gewandelten ideologi-

Ballast abwerfen

schen Gründen auszublenden. So zeigen die oben in den Kapiteln 3 und 5 dargelegten Irrwege der rechts- und kulturwissenschaftlichen Forschung mit ihrer oft realpolitischen Devianzen dienenden Umsetzung, dass es nötig ist, sich bewusst und deutlich von den Missbräuchen zu befreien, ohne die Forschungsgegenstände selbst zu verwerfen. Anderenfalls würde die Forschung blind – vielleicht mit ebenso unseligen Folgen, wie die es waren, die sie zu vermeiden sucht?

Interpretations-
modelle

Daher muss ein **methodischer Ansatz** für die Erforschung der vorgeschalteten Konzeptionen, der darauf aufbauenden Entstehung von Rechtsräumen sowie zu deren Dauer und Scheitern (siehe oben 3.4 und 7.1) entweder von den bisher erörterten Disziplinen übernommen werden oder es ist ein neuer Ansatz transdisziplinär zu entwickeln, der zwangsläufig an den mannigfaltigen bestehenden Szenarien zu erproben und stets zu schärfen wäre. Die Interpretationsmodelle der Archäologie beispielsweise sind im Diskurs mit den Geschichtswissenschaften zu testen (Müller, U. 2013, 87–90). Vergleichbares gilt für die präsentierten Methoden der Soziologie und anderer Kulturwissenschaften. Vor allem deswegen, weil sie meistens nicht die Vorgeschichte, die frühen Hochkulturen, die Spätantike oder das Frühmittelalter einbeziehen, was – es muss leider gesagt werden – ihre Theoriebildung stark einschränkt. Geschichte kann nicht an einem selektiv gewählten Zeitpunkt beginnen. Fehlende, nicht erkannte oder ignorierte Quellen verbieten es, Voraussetzungslosigkeit von Innovationen anzunehmen. Ebenso wenig ist es zulässig, allein mit ungesicherten modernen Parametern an die Vergangenheit heranzugehen, sei es, um Kontinuitäten oder kulturelle Brüche zu konstatieren beziehungsweise zu konstruieren. Gerade die notwendige Transdisziplinarität fordert die diachronen und kulturübergreifenden Kompetenzen des forschenden Individuums in besonderem Maße. Im Grunde ist ein derartig breit angelegter Ansatz nur von Verbünden zu leisten.

Modul

Somit wäre es einerseits förderlich, wenn ein Modul für die Erforschung von Rechtsräumen entwickelt werden könnte, das, ganz im Sinne moderner Ansprüche, konstruktive Wissenschaft innerhalb der Disziplinen ermöglichen würde. Deren Befunde und Fragen sollten anstelle von Deutungshoheiten zu Gunsten eines erkenntnisgeleiteten Dialoges zwischen den Fachrichtungen hervorgehoben werden. In solch einem Modul wären neben den raumtheoretischen Instrumentarien die methodisch angelegten Modelle von „Zentrum und Peripherie" von Stein Rokkan (1921–1979) sowie von der „Gesetzmäßigkeit" der Entstehung und geographischen Verteilung von zentralen Orten mit ihrem Netz aus Ober-, Mittel- und Unterzentren von Walter Christaller (1893–1969) anzuwenden, die sich in der Dreiteilung Frank Göttmanns (2009, 6, siehe oben 3.3) spiegeln. Von rechtshistorischer Seite könnten neben den oben vorgestellten Ansätzen die ordnenden Überlegungen von Günther Winkler (1995 und 1999) einbezogen werden, die auf eine diachrone Analyse abzielen.

7.4 Ausblick

Am Ende kann es nicht darauf ankommen, zu bewerten, abzuwägen und aus den subjektiv für geeignet befundenen Ansätzen oder Richtungen ein Konglomerat herzustellen. Wie gezeigt wurde, hat die Verbindung von **Recht und Raum** ihren besonderen Reiz, der Altes und Neues miteinander kombinieren kann. „Rechtsräume" stellen ein interdisziplinäres Forschungsproblem dar. Das bedeutet immer eine methodische Herausforderung für alle beteiligten Fächer und Wissenschaftler. Vor allem, dass von mehreren Räumen in einem auszugehen und dass ein „dritter Raum" mitzudenken ist, sowie dass Ballast abzuwerfen und Chancen zu erkennen sind, eröffnet viele Perspektiven. Dies gilt auch für den Umgang mit den altbekannten und neu gewonnenen Quellen zum Raum. Denn etwa die Verwendung von DNA-gestützten Analysetechniken und der Interpretation ihrer Ergebnisse scheint noch nicht soweit interdisziplinär austariert zu sein, als dass ‚objektive' Schlussfolgerungen gezogen werden könnten. Mit Sicherheit aber kann gesagt werden, dass möglichst alle verfügbaren und noch zu gewinnenden Quellen aus den Untersuchungsräumen einbezogen werden sollten, um belastbare Fundamente für weitere Auswertungen anzulegen.

Die in diesem Buch herangezogenen Beispiele zeigen, obwohl bei weitem nicht alle Facetten berührt werden konnten, dass eine **Leitfrage** darin besteht, ob Recht Räume erschafft oder – vice versa – Räume Recht. Das gilt sinngemäß für die Übertragung von Recht auf Räume, da hier dynamische Prozesse zu erkennen sind, die sich auf beide Gruppen auswirken, die übertragende wie die empfangende. Um dieser Kraft von **Translation und Rezeption** gerecht zu werden, ist es geboten, möglichst genau die **zeitlichen Abläufe** zu sezieren. Der Erkenntnisgewinn von retrospektiven oder prognostischen Schlüssen, um scheinbar quellenlose Phasen zu überbrücken, ist stark limitiert. Was für den diachron angelegten Vergleich von Entwicklungsstufen gilt, kann auch auf Räume übergreifende ‚globale' Perspektiven in der Rechtsgeschichte angewandt werden. Nur durch klar definierte Phasen (im Sinne von anhand der Quellen zu beschreibenden Zuständen an einem bestimmten Zeitpunkt) innerhalb von Entstehungsprozessen von Räumen ließe sich das eingangs skizzierte Beispiel eines Vergleiches der fränkischen Expansion im Frühmittelalter mit der Eroberung der Neuen Welt durch Spanier und Portugiesen realisieren.

Solcherart anhand des Faktors Zeit festgestellte, den Status bestimmende **Entwicklungsstufen** sind keineswegs im Sinne von ‚Fortschritt' zu verstehen, denn sie erfassen eben auch Rückschritte oder gar das Scheitern, was oben öfters betont wurde. Wie mit dieser impliziten Dichotomie in der zeitgenössischen Historiographie umgegangen und wie sie in der Geschichtsschreibung späterer Zeiten gedeutet wird, ist selbst Quelle für die **Interpretation** von Raumgeschichten.

Simon Groth hat in seiner Studie zu den Königsnachfolgen im karolingischen und ottonischen Reich im Lichte der Quellen sowie der mediävistischen Forschung einen tragfähigen methodischen Ansatz zur zeitgenössischen wie retrospektiven Deutung historischer Abläufe entwickelt (Groth 2017).

So müssen analytische **Kriterien** erarbeitet werden, die diachrone und zugleich auch raumübergreifende Vergleiche zulassen. Darum darf nicht nur die Makro-Ebene des ausgewählten Untersuchungsraumes herangezogen werden, ebenso wenig wie nur eine wissenschaftliche Methode benutzt werden kann. Die Vorstellung vom „Container" verführt erfahrungsgemäß dazu, den Raum zum absoluten Kriterium historischer Kontinuität und zum Maßstab seiner Erforschung zu erheben. Doch dann wird die Möglichkeit ineinander greifender und sich gegenseitig bedingender kultureller Geschichten über die Schachtel hinaus von vorneherein ausgeblendet.

Für die Markierung solcher **Zeitschnitte** als Grundlage für den Vergleich dynamischer Entwicklungen ist wegen der notwendigen Bezugnahme auf möglichst viele Quellen aller Gruppen der Historik die Zusammenarbeit zahlreicher Disziplinen vonnöten. Jede hat auf ihrem Feld eine leitende interpretatorische Funktion. Damit von der übergeordneten bis hin zu allen speziellen Fragestellungen ein konstruktiver und zügiger interdisziplinärer Austausch möglich ist, dürfte dem schon bei verschiedenen Gelegenheiten ins Spiel gebrachten, transdisziplinären und internationalen „**Dictionnaire**" eine wichtige Rolle für den Dialog der an der Erforschung von Rechtsräumen ernsthaft interessierten Wissenschaftler aller Fachrichtungen zukommen. Es ist daher ein Projekt wissenschaftlicher Grundlagenforschung der Zukunft.

Teil 4: **Bibliographie und Verzeichnisse**

8 Quellen-Kunde

8.1 Vorbemerkung

Es ist nahezu unmöglich, an dieser Stelle ein Verzeichnis der edierten Quellen vorzulegen, die mit dem Thema der Rechtsräume zu tun haben. Rechtstexte, Urkunden, erzählende Quellen, alle bieten für die Fragestellung einen Zugang und relevante Informationen. Daher findet sich hier eine kurze Übersicht im Sinne einer einführenden Quellenkunde, die aber nicht annähernden Anspruch auf Vollständigkeit beanspruchen kann. Vielmehr sollen Zugänge eröffnet werden, von denen aus der Einstieg in die Materie und das Auffinden der jeweiligen Quelleneditionen möglich wird.

Alle in diesem Buch gebotenen **Links zu Seiten im Internet** wurden vor der Drucklegung überprüft.

8.2 Editionen im Text erwähnter Quellen

Capitulare de villis. In: Capitularia regum Francorum, tom. 1, hg. von Alfred Boretius. (Monumenta Germaniae Historica, Legum sectio II, tomus I) Hannover 1883. Nachdruck 1984, Nr. 32, S. 82–91

Capitulare de Villis. Cod. Guelf. 254 Helmst. der Herzog August Bibliothek Wolfenbüttel. Faksimile, Textabdruck, Übersetzung, Glossar und Bibliographie, bearb. von Carlrichard Brühl. (Dokumente zur Deutschen Geschichte in Faksimiles 1,1), 2 Bde., Stuttgart 1971

Green 1943 = Green, William M., Hugo of St. Victor. De tribus maximis circumstantiis gestorum. In: Speculum 18 (1943), S. 484–493

Ausgewählte Quellen zur deutschen Geschichte des Mittelalters. Freiherr vom Stein-Gedächtnisausgabe. Begründet von Rudolf Buchner, fortgeführt von Franz-Josef Schmale und Hans-Werner Goetz. Zahlreiche Bde., Darmstadt 1955 ff.

8.3 Zu einzelnen Quellen(gruppen)

Construction of Communities in the Early Middle Ages. Texts, Resources and Artefacts, hg. von Richard Corradini. (The Transformation of the Roman World 12) Leiden 2003

Dahlmann-Waitz = Quellenkunde der deutschen Geschichte. Quellen und Bearbeitungen systematisch und chronologisch verzeichnet von Friedrich Christoph Dahlmann und Georg Waitz. Sechste Auflage bearb. von Ernst Steindorff, Göttingen 1894. Fortgeführt unter dem Titel: Bibliographie der Quellen und der Literatur zur deutschen Geschichte, unter Mitwirkung zahlreicher Gelehrter hg. im Max-Planck-Institut für Geschichte von Hermann Heimpel und Herbert Geuss. 10. Auflage. Stuttgart 1969–1999

DOI 10.1515/9783110379723-008

Diestelkamp/Rotter 1988 ff. = Urkundenregesten zur Tätigkeit des deutschen Königs- und Hofgerichts bis 1451, bearb. von Bernhard Diestelkamp und Ekkehart Rotter. (Quellen und Forschungen zur höchsten Gerichtsbarkeit im Alten Reich. Sonderreihe 1) Köln 1988 ff.

Grimm 1828/1899/1992 = Grimm, Jacob, Deutsche Rechtsalterthümer. Nach der Ausgabe von Andreas Heusler und Rudolf Hübner besorgt von Ruth Schmidt-Wiegand. Nachdruck der 4., vermehrten Ausgabe Leipzig 1899, 2 Bde., Hildesheim 1992. Die erste Auflage erschien 1828 in Göttingen. Die vierte Auflage online: http://dlib-pr.mpier.mpg.de/

Quellen zur Christianisierung der Sachsen. Zusammengestellt, eingeleitet, neu übersetzt und mit Anm. versehen von Knut Schäferdiek. (Arbeiten zur Kirchen- und Theologiegeschichte 33) Leipzig 2010

Repertorium Fontium Historiae Medii Aevi, hg. von der Bayerischen Akademie der Wissenschaften. Insgesamt 11 Bände, 1962–2007 [siehe auch unten zum Internetauftritt des Projektes]

Schmale, F.-J. 1985 = Schmale, Franz-Josef, Funktion und Formen mittelalterlicher Geschichtsschreibung. Eine Einführung. Darmstadt 1985

Verordnung über die Krongüter und Reichshöfe. Deutsche Übersetzung in: Quellen zur Geschichte des deutschen Bauerstandes im Mittelalter, gesammelt und herausgegeben von Günther Franz. (Ausgewählte Quellen zur deutschen Geschichte des Mittelalters – Freiherr vom Stein-Gedächtnisausgabe 31) Darmstadt 1974, Nr. 22, S. 39–59 (lateinischer Text: S. 38–58)

Strabons Geographika. Mit Übersetzung und Kommentar, hg. von Stefan Radt. 10 Bde., Göttingen 2002–2011

8.4 Zu einzelnen „Leges" und anderen spezifischen Rechtsquellen

Alonso-Núñez 2001 = Alonso-Núñez, J. M., Art. Leges Visigothorum. In: Hoops[2] 18 (2001), S. 215 f.

Bagge 2002 = Bagge, Sverre, Kings, Politics, and the Right Order of the World in German Historiography, c. 950–1150. (Studies in the History of Christian Thought 103) Leiden 2002

Becker 2014a = Becker, Hans-Jürgen, Art. Lex legum. In: HRG[2] 3 (20. Lfg. 2014), Sp. 890

Becker 2014b = Becker, Hans-Jürgen, Art. Lex Romans conice compta. In: HRG[2] 3 (20. Lfg. 2014), Sp. 912–913

Cordes 2014 = Cordes, Albrecht, Art. Lex mercatoria. In: HRG[2] 3 (20. Lfg. 2014), Sp. 890–902

Dilcher 2008a = Dilcher, Gerhard, Zur Eigenart des langobardischen Rechts innerhalb der Leges. In: Von den leges barbarorum bis zum ius barbarum des Nationalsozialismus. Festschrift für Hermann Nehlsen zum 70. Geburtstag, hg. von Hans-Georg Hermann u. a. Köln 2008, S. 35–47

Dilcher 2008b = Dilcher, Gerhard, Die Stellung des langobardischen Rechts in einer Typologie der frühmittelalterlichen Leges. In: Dilcher 2008c, S. 225–264

Dilcher 2012 = Dilcher, Gerhard, Art. Germanisches Recht. In: HRG[2] 2 (2012), Sp. 241–252

Dilcher 2014 = Dilcher, Gerhard, Langobardisches Recht. In: HRG[2] 3 (19. Lfg. 2014), Sp. 624–637

Fischer 2014 = Fischer, Carsten, Art. Leges Edwardi Cofessoris. In: HRG[2] 3 (19. Lfg. 2014), Sp. 692–693

Fruscione 2008 = Fruscione, Daniela, Art. Angelsächsischer Recht. In: HRG[2] 1 (2008), Sp. 238–241

Génicot 1977 = Génicot, Léopold, La loi. (Typologie des sources du moyen âge occidental 22) Turnhout 1977

Goffart 1988 = Goffart, Walter, The Narrators of Barbarian History (A.D. 550–800). Princeton 1988

Jurasinski/Oliver/Rabin (Hg.) 2010 = English Law before Magna Carta. Felix Liebermann and Die Gesetze der Angelsachsen, hg. von Stefan Jurasinski, Lisi Oliver und Andrew Rabin. (Medieval law and its practice 8) Leiden 2010

Kampers 2001 = Kampers, Gerd, Art. Lex Burgundionum. In: Hoops² 18 (2001), S. 315–317

Kroeschell 1977 = Kroeschell, Karl, Rechtsaufzeichnung und Rechtswirklichkeit. Das Beispiel des Sachsenspiegels. In: Classen (Hg.) 1977, S. 349–380

Kroeschell 2005 = Kroeschell, Karl, recht und unrecht der saßen. Rechtsgeschichte Niedersachsens. Göttingen 2005

Kümper 2009 = Kümper, Hiram, Sachsenrecht. Studien zur Geschichte des sächsischen Landrechts in Mittelalter und früher Neuzeit. (Schriften zur Rechtsgeschichte 142) Berlin 2009

Landau 2001 = Landau, Peter, Die Lex Thuringorum. Karls des Großen Gesetz für die Thüringer. In: ZRG GA 118 (2001), S. 23–57

Laufs/Schröder 2014 = Laufs, Adolf, und Klaus-Peter Schroeder, Art. Landrecht. In: HRG² 3 (19. Lfg. 2014), Sp. 552–559

Lepsius 2014 = Lepsius, Susanne, Art. Lex scripta. In: HRG² 3 (20. Lfg. 2014), Sp. 945–947

Liebeschuetz 2014 = Liebeschuetz, John Hugo Wolfgang Gideon, Goths and Romans in the Leges Visigothorum. In: Kleijn/Benoist (Hg.) 2014, S. 89–104

Liebs 2008 = Liebs, Detlef, Art. Edictum Theoderici. In: HRG² 1 (2008), Sp. 1184 f.

Liebs 2001a = Liebs, Detlef, Art. Lex Romana Burgundionum. In: Hoops² 18 (2001), S. 322 f.

Liebs 2001b = Liebs, Detlef, Art. Lex Romana Visigothorum. In: Hoops² 18 (2001), S. 323–326

Liebs 2014a = Liebs, Detlef, Art. Lex Romana Burgundionum. In: HRG² 3 (20. Lfg. 2014), Sp. 908–912

Liebs 2014b = Liebs, Detlef, Art. Lex Romana Visigothorum. In: HRG² 3 (20. Lfg. 2014), Sp. 918–924

Lingelbach 2001 = Lingelbach, Gabriele, Art. Lex Thuringorum. In: Hoops² 18 (2001), S. 336 f.

Lück 2001 = Lück, Heiner, Art. Lex Saxonum. In: Hoops² 18 (2001), S. 332–336

Lück 2014a = Lück, Heiner, Art. Konstitution, Constitutio. In: HRG² 3 (19. Lfg. 2014), Sp. 143 f.

Lück 2014b = Lück, Heiner, Art. Lex Francorum Chamavorum. In: HRG² 3 (20. Lfg. 2014), Sp. 884–886

Lück 2014c = Lück, Heiner, Art. Lex Frisionum. In: HRG² 3 (20. Lfg. 2014), Sp. 886–890

Lück 2014d = Lück, Heiner, Art. Lex Ribuaria. In: HRG² 3 (20. Lfg. 2014), Sp. 902–908

Lück 2014e = Lück, Heiner, Art. Lex Salica. In: HRG² 3 (20. Lfg. 2014), Sp. 924–940

Lück 2014f = Lück, Heiner, Art. Lex Saxonum. In: HRG² 3 (20. Lfg. 2014), Sp. 940–944

Lück 2014g = Lück, Heiner, Art. Lex Thuringorum. In: HRG² 3 (20. Lfg. 2014), Sp. 947–950

Meyer-Marthaler/Becker 2014 = Meyer-Marthaler, Elisabeth und Hans-Jürgen Becker, Art. Lex Romans Curiensis. In: HRG² 3 (20. Lfg. 2014), Sp. 913–918

Mordek 2008 = Mordek, Hubert, Art. Admonitio generalis. In: HRG² 1 (2008), Sp. 76–78

Nehlsen 2010 = Nehlsen, Hermann, Bayerische Rechtsgeschichte vom frühen Mittelalter bis zum 20. Jahrhundert. (Rechtshistorische Reihe 411) Frankfurt am Main 2010, S. 11–28

Olberg-Haverkate 2014 = Olberg-Haverkate, Gabriele von, Art. Leges barbarorum. In: HRG² 3 (19. Lfg. 2014), Sp. 690–692

Petit 2014 = Petit, Carlos, Art. Leges Visigothorum. In: HRG² 3 (19. Lfg. 2014), Sp. 697–704

Pohl 2001a = Pohl, Walter, Art. Leges Langobardorum. In: Hoops² 18 (2001), S. 208–213

Richard 1991a = Richard, Jean, Art. Lex Burgundionum. In: LexMA 5 (1991), Sp. 1928 f.

Richard 1991b = Richard, Jean, Art. Lex Romana Burgundionum. In: LexMA 5 (1991), Sp. 1930

Schermaier 2001 = Schermaier, Martin, Art. Leges Romanae. In: Hoops² 18 (2001), S. 213–215

Schmidt-Wiegand 1986 = Schmidt-Wiegand, Ruth, Art. Edictum Chilperici. In: Hoops² 6 (1986), S. 441–446

Schmidt-Wiegand 1991a = Schmidt-Wiegand, Ruth, Art. Lex Baiuvariorum. In: LexMA 5 (1991), Sp. 1928

Schmidt-Wiegand 1991b = Schmidt-Wiegand, Ruth, Art. Lex Chamavorum. In: LexMA 5 (1991), Sp. 1929

Schmidt-Wiegand 1991c = Schmidt-Wiegand, Ruth, Art. Lex Frisonum. In: LexMA 5 (1991), Sp. 1929
Schmidt-Wiegand 1991d = Schmidt-Wiegand, Ruth, Art. Lex Ribuaria. In: LexMA 5 (1991), Sp. 1929 f.
Schmidt-Wiegand 1991e = Schmidt-Wiegand, Ruth, Art. Lex Salica. In: LexMA 5 (1991), Sp. 1931 f.
Schmidt-Wiegand 1991f = Schmidt-Wiegand, Ruth, Art. Lex Saxonum. In: LexMA 5 (1991), Sp. 1932
Schmidt-Wiegand 1991g = Schmidt-Wiegand, Ruth, Art. Lex Thuringorum. In: LexMA 5 (1991), Sp. 1932 f.
Schmidt-Wiegand 2001a = Schmidt-Wiegand, Ruth, Art. Leges. In: Hoops^2 18 (2001), S. 195–201
Schmidt-Wiegand 2001b = Schmidt-Wiegand, Ruth, Art. Leges Alamannorum. In: Hoops^2 18 (2001), S. 201–205
Schmidt-Wiegand 2001c = Schmidt-Wiegand, Ruth, Art. Lex Francorum Chamavorum. In: Hoops^2 18 (2001), S. 317 f.
Schmidt-Wiegand 2001d = Schmidt-Wiegand, Ruth, Art. Lex Frisonum. In: Hoops^2 18 (2001), S. 318–320
Schmidt-Wiegand 2001e = Schmidt-Wiegand, Ruth, Art. Lex Ribuaria. In: Hoops^2 18 (2001), S. 320–322
Schmidt-Wiegand 2001f = Schmidt-Wiegand, Ruth, Art. Lex Salica. In: Hoops^2 18 (2001), S. 326–332
Schott 1991a = Schott, Clausdieter, Art. Leges. In: LexMA 5 (1991), Sp. 1802 f.
Schott 1991b = Schott, Clausdieter, Art. Lex Alamannorum. In: LexMA 5 (1991), Sp. 1927 f.
Schott 2014a = Schott, Clausdieter, Art. Lex Alamannorum. In: HRG^2 3 (20. Lfg. 2014), Sp. 862–869
Schott 2014b = Schott, Clausdieter, Art. Lex Burgundionum. In: HRG^2 3 (20. Lfg. 2014), Sp. 878–884
Schreiner, R. 2008 = Schreiner, Reinhard, Art. Capitulare de Villis. In: HRG^2 1 (2008), Sp. 809 ff.
Schumann 2008 = Schumann, Eva, Art. Fränkisches Recht. In: HRG^2 1 (2008), Sp. 1671 f.
Siems 1980 = Siems, Harald, Studien zur Lex Frisionum. (Münchner Universitätsschriften, Juristische Fakultät, Abhandlungen zur rechtswissenschaftlichen Grundlagenforschung 42) Ebelsbach 1980
Siems 2001 = Siems, Harald, Art. Lex Baiuvariorum. In: Hoops^2 18 (2001), S. 305–315
Siems 2014 = Siems, Harald, Art. Lex Baiuvariorum. In: HRG^2 3 (20. Lfg. 2014), Sp. 869–878
Vismara 1991a = Vismara, Giulio, Art. Edictum Theoderici. In: LexMA 3 (1986), Sp. 1573 f.
Vismara 1991b = Vismara, Giulio, Art. Edictus (Edictum) Rothari. In: LexMA 3 (1986), Sp. 1574 f.
Vismara 1991c = Vismara, Giulio, Art. Langobardisches Recht. In: LexMA 5 (1991), Sp. 1701
Vismara 1991d = Vismara, Giulio, Art. Leges Visigothorum. In: LexMA 5 (1991), Sp. 1804 f.
Vismara 1991e = Vismara, Giulio, Art. Lex Romana Visigothorum. In: LexMA 5 (1991), Sp. 1931
Weitzel 1993 = Weitzel, Jürgen, Art. Placitum. In: LexMA 6 (1993), Sp. 2195
Wormald 2001 = Wormald, Peter, Art. Leges Anglo-Saxonum. In: Hoops^2 18 (2001), S. 205–208

8.5 Digitale Sammlungen / Angebote im Internet

Eine nützliche Aufstellung von Internetressourcen für Rechtshistoriker findet sich bei Meder ^{5}2014, S. 489 f., zu Räumen siehe die Liste bei Rau 2013, 228.

Bibel = http://www.bibleserver.com/
Bibliotheca Augustana = http://www.hs-augsburg.de/~harsch/augustana.html
Bibliotheca legum regni Francorum manuscripta = http://www.leges.uni-koeln.de/
Bildindex der Kunst und Architektur. Bildarchiv Foto Marburg = http://www.bildindex.de/
Capitularia. Edition der fränkischen Herrschererlasse = http://capitularia.uni-koeln.de/
Clio-Guide. Ein Handbuch zu digitalen Ressourcen für die Geschichtswissenschaften = http://guides.clio-online.de/

Clio online.Fachportal für die Geschichtswissenschaften (Anmeldung zur Nutzung erforderlich) = http://www.clio-online.de/

Codex iuris canonici = http://www.codex-iuris-canonici.de/

Codex Iustiniani = http://www.thelatinlibrary.com/justinian.html

Decretum Gratiani = http://geschichte.digitale-sammlungen.de/decretum-gratiani/online/angebot

Deutsche Bibliothek = https://www.deutsche-digitale-bibliothek.de/

Deutsches Rechtswörterbuch = http://drw-www.adw.uni-heidelberg.de/drw-cgi/zeige

Digital Scriptorium = http://vm136.lib.berkeley.edu/BANC/digitalscriptorium/

Documenta Catholica omnia = http://www.documentacatholicaomnia.eu/

forum historiae iuris. Forum und Zeitschrift der Rechtsgeschichte in Europa = http://www.forhistiur. de/

Germania Sacra = http://www.germania-sacra.de/

Göttinger Digitalisierungszentrum = http://gdz.sub.uni-goettingen.de/gdz/

Handschriftencensus. Eine Bestandsaufnahme der handschriftlichen Überlieferung deutschsprachiger Texte des Mittelalters = http://www.handschriftencensus.de/

Handwörterbuch zur deutschen Rechtsgeschichte = http://www.hrgdigital.de/inhalt.html

Institut für Realienkunde des Mittelalters und der frühen Neuzeit = http://www.imareal.oeaw.ac.at/ home/

Karlsruher virtueller Katalog = http://kvk.bibliothek.kit.edu/?digitalOnly=0&embedFulltitle=0& newTab=0

Kunsthistorischer Bibliothekskatalog (kubikat) = http://aleph.mpg.de/F?func=file&file_name=findb&local_base=kub01

The Labyrinth. Resources for Medieval Studies = https://blogs.commons.georgetown.edu/labyrinth/

The Latin Library = http://www.thelatinlibrary.com/

Legal History online = http://www.rwi.uzh.ch/elt-lst-thier/rgt/allgemeines/de/html/

Lichtbildarchiv älterer Originalurkunden bis 1250 = http://www.uni-marburg.de/fb06/mag/lba

Manuscripta Mediaevalia = http://www.manuscripta-mediaevalia.de

Max-Planck-Institut für europäische Rechtsgeschichte = http://www.rg.mpg.de/

–   Deutsche Königspfalzen = http://www.rg.mpg.de/deutsche-koenigspfalzen

–   Digitale Bibliothek = http://www.rg.mpg.de/bibliothek/digitale_bibliothek

–   Forschungsfeld „Recht als Zivilisationsfaktor im ersten Jahrtausend" = http://www.rg.mpg.de/ forschung/recht_als_zivilisationsfaktor

–   Forschungsfeld „Rechtsgeschichte Ibero-Amerikas" = http://www.rg.mpg.de/forschung/ rechtsgeschichte_ibero_amerikas

–   Forschungsprojekt „Langobarden und Leges Langobardorum" = http://www.rg.mpg.de/ langobarden_und_leges_langobardorum

–   Forschungsprojekt „Zusammenhänge von Raum, Recht und Religion zwischen Spätantike und Hochmittelalter" = http://www.rg.mpg.de/zusammenhaenge_von_raum_recht_und_religion

–   Forschungsschwerpunkt „Rechtsräume" = http://www.rg.mpg.de/forschung/rechtsraeume

–   Forschungsschwerpunkt „Translation" = http://www.rg.mpg.de/forschung/translation

–   Ius Commune, Zeitschrift für Europäische Rechtsgeschichte = http://www.rg.mpg.de/bibliothek/ reprints

–   Literaturquellen zum deutschen, österreichischen und schweizerischen Privat- und Zivilprozeßrecht des 19. Jahrhunderts = http://dlib-pr.mpier.mpg.de/index.htm

–   Max-Planck Law, das Kooperationsforum der elf Institute der Max-Planck-Gesellschaft, an denen rechtswissenschaftliche Forschung betrieben wird = http://maxlaw.mpg.de/de/network/index/

– Rechtsgeschichte/Legal History. Zeitschrift des Max-Planck-Instituts für europäische Rechtsgeschichte/Journal of the Max Planck Institute for European Legal History = http://rg.rg.mpg.de/de/
– Rechtsgeschichte digital. Die Digitalisierungsprojekte des MPIeR = http://www.rg.mpg.de/rechtsgeschichte_digital
– Research Paper Series = http://papers.ssrn.com/sol3/JELJOUR_Results.cfm?form_name=journalbrowse&journal_id=2099738

Mediävistik im Internet = http://www.mediaevum.de/haupt2.htm

Monumenta Germaniae Historica digital = http://www.dmgh.de/

Orbis Latinus online = http://www.columbia.edu/acis/ets/Graesse/contents.html

Rechtsikonographische Datenbank an der Universität Graz = http://www-gewi.uni-graz.at/cocoon/rehi/

Regesta Imperii = http://www.regesta-imperii.de/startseite.html
– OPAC = http://opac.regesta-imperii.de/lang_de/

Repertorium Chronicarum. A Bibliography of the Manuscripts of Medieval Latin Chronicles = http://www.chronica.msstate.edu/index.php

Repertorium „Geschichtsquellen des deutschen Mittelalters" der Bayerischen Akademie der Wissenschaften, München = http://www.repfont.badw.de/ beziehungsweise direkt zum Repertorium: http://www.geschichtsquellen.de

Roman Law Library = http://droitromain.upmf-grenoble.fr/

Sammlung Karl Frölich am Max-Planck-Institut für europäische Rechtsgeschichte, Frankfurt am Main = http://www.rg.mpg.de/sf

Vita-Religiosa – Ordensforschung im Netz = http://www.vita-religiosa.de/index.html

Wikisource, die freie Quellensammlung = https://de.wikisource.org/wiki/Hauptseite

Zeitschrift für Rechtsgeschichte (ZRG, auch Savigny-Zeitschrift) = http://www.savigny-zeitschrift.com/

9 Bibliographie

Abbé 2007 = Abbé, Jean-Loup, Construction de l'espace au Moyen Age. Pratiques et représentations (XXXVIIe congrès de la SHMES, Mulhouse, 2–4 juin 2006). (Publications de la Sorbonne: Histoire ancienne et médiévale 96) Paris 2007

Adamska 1999 = Adamska, Anna, The Introduction of Writing in Central Europe. In: Mostert (Hg.) 1999, S. 165–190

Aertsen/Speer (Hg.) 1998 = Raum und Raumvorstellungen im Mittelalter, hg. von Jan A. Aertsen und Andreas Speer. (Miscellanea Mediaevalia 25) Berlin 1998

Airlie 2008 = Airlie, Stuart, The Cunning of Institutions. In: Davis/McCormick (Hg.) 2008, S. 67–271

Airlie 2012 = Airlie, Stuart, Power and its Problems in Carolingian Europe. (Collected Studies Series 1010) Ashgate 2012

Akerman (Hg.) 2009 = The Imperial Map. Cartography and the Mastery of Empire, hg. von James R. Akerman. Chicago 2009

Althoff 1989 = Althoff, Gerd, Königsherrschaft und Konfliktbewältigung im 10. und 11. Jahrhundert. In: Frühmittelalterliche Studien 23 (1989), S. 265–290

Althoff 1990 = Althoff, Gerd, Colloquium familiare, Colloquium secretum, Colloquium publicum. Beratung im politischen Leben des frühen Mittelalters. In: Frühmittelalterliche Studien 24 (1990), S. 145–167

Althoff 1992 = Althoff, Gerd, Amicitiae und Pacta. Bündnis, Einung, Politik und Gebetsgedenken im beginnenden 10. Jahrhundert. (Monumenta Germaniae Historica, Schriften 37) Hannover 1992

Althoff 1993 = Althoff, Gerd, Demonstration und Inszenierung. Spielregeln der Kommunikation in mittelalterlicher Öffentlichkeit. In: Frühmittelalterliche Studien 27 (1993), S. 27–50

Althoff 1997a = Althoff, Gerd, Spielregeln der Politik im Mittelalter, Darmstadt 1997

Althoff 1997b = Althoff, Gerd, Das Privileg der Deditio. Formen gütlicher Konfliktbeendigung in der mittelalterlichen Adelsgesellschaft. In: Nobilitas. Funktion und Repräsentation des Adels in Alteuropa, hg. von Otto Gerhard Oexle und Werner Paravicini. (Veröffentlichungen des Max-Planck-Instituts für Geschichte 133) Göttingen 1997, S. 27–52

Althoff 2001 = Althoff, Gerd, Die Veränderbarkeit von Ritualen im Mittelalter. In: Formen und Funktionen öffentlicher Kommunikation im Mittelalter, hg. von Dems. (Vorträge und Forschungen 51) Stuttgart 2001, S. 157–176

Althoff 2008 = Althoff, Gerd, Friedens- und Unterwerfungsrituale. In: Melville/Staub (Hg.) 2008, Bd. 1, S. 253–255

Althoff 2015 = Althoff, Gerd, Frieden stiften. Vermittlung und Konfliktlösung vom Mittelalter bis heute. Darmstadt 2015

Andersen (Hg.) 2013 = Law and Disputing in the Middle Ages. Proceedings of the Ninth Carlsberg Academy Conference on Medieval Legal History 2012, hg. von Per Andersen. Kopenhagen 2013

Andersen/Münster-Swendsen/Vogt (Hg.) 2007 = Law before Gratian. Law in Western Europe c. 500–1100. Proceedings of the Third Carlsberg Academy Conference on Medieval Legal History 2006, hg. von Per Andersen, Mia Münster-Swendsen und Helle Vogt. Kopenhagen 2007

Ando 2014 = Ando, Clifford, Pluralisme juridique et intégration de l'Empire. In: Kleijn/Benoist (Hg.) 2014, S. 5–19

Angelis (Hg.) 2010 = Spaces of Justice in the Roman World, hg. von Francesco de Angelis. (Columbia Studies in the Classical Tradition 35) Leiden 2010

DOI 10.1515/9783110379723-009

Angenendt 2008 = Angenendt, Arnold, Judentum. In: Melville/Staub (Hg.) 2008, Bd. 1, S. 367 f.

Angenendt [5]2009a = Angenendt, Arnold, Toleranz und Gewalt. Das Christentum zwischen Bibel und Schwert. Fünfte, aktualisierte Auflage Münster 2009

Angenendt 2009b = Angenendt, Arnold, Die Kirche als Träger der Kontinuität. In: Kölzer (Hg.) 2009, S. 101–141

Anton 2006 = Anton, Hans Hubert, Politische, administrative, ideelle Gestaltung und Auffassung von Raum. Perspektiven, Methoden, Befunde der wissenschaftlichen Erfassung. In: Irsigler (Hg.) 2006, S. 117–142

Anton/Becher/Pohl/Wolfram/Wood 2002 = Anton, Hans Hubert, Matthias Becher, Walter Pohl, Herwig Wolfram und Ian N. Wood, Art. Origo gentis. In: Hoops[2] 22 (2002), S. 174–210

Appenzeller 1947 = Appenzeller, Heinz, Sprachphilosophische Erörterungen über den Landschaftsbegriff. (Geographica Helvetica 2,4) Bern 1947

Armstrong/Wood (Hg.) 2000 = Christianizing Peoples and Converting Individuals, hg. von Guyda Armstrong und Ian N. Wood. (International Medieval Research 7) Turnhout 2000

Arnauld 2014 = Arnauld, Andreas von, Politische Räume im Völkerrecht. In: Odendahl/Giegerich (Hg.) 2014, S. 179–204

Arndt 2010 = Arndt, Steffen, Kommunikation als Instrument der Macht in der Geschichte. In: Visualisierte Kommunikation im Mittelalter. Legitimation und Repräsentation, hg. von Dems. und Andreas Hedwig. (Schriften des Hessischen Staatsarchivs Marburg 23) Marburg 2010, S. 31–44

Arnold/Busch/Haensch/Wulf-Rheidt (Hg.) 2012 = Orte der Herrschaft. Charakteristika von antiken Machtzentren, hg. von Felix Arnold, Alexandra Busch, Rudolf Haensch und Ulrike Wulf-Rheidt. (Menschen-Kulturen-Traditionen 3) Rahden 2012

Asbach 2011 = Asbach, Olaf, Europa. Vom Mythos zur Imagined Community? Zur historischen Semantik „Europas" von der Antike bis ins 17. Jahrhundert. (Europa und Moderne 1) Hannover 2011

Ascheri 2013 = Ascheri, Mario, The Laws of Late Medieval Italy (1000–1500). Foundations for a European Legal System. Leiden 2013

Assmann, A. 2013 = Assmann, Aleida, Ist die Zeit aus den Fugen? Aufstieg und Fall des Zeitregimes der Moderne. München 2013

Assmann, J. 1999 = Assmann, Jan, Ägypten. Eine Sinngeschichte. München 1999

Ausenda 2003 = Ausenda, Giorgio, Jural Relations among the Saxons before and after Christianization. In: The Continental Saxons from the Migration Period to the Tenth Century. An Ethnographic Perspective, hg. von Dennis H. Green und Frank Siegmund. (Studies in Historical Archaeoethnology). Woodbridge 2003, S. 113–131

Ausenda (Hg.) 1995 = After Empire. Towards an Ethnology of Europe's Barbarians, hg. von Giorgio Ausenda. (Studies in Historical Archaeoethnology) Woodbridge 1995

Austin 2009 = Austin, Greta, Shaping Church Law around the Year 1000. The Decretum of Burchard of Worms. (Church, Faith and Culture in the Medieval West) Burlington 2009

Baberowski 2015 = Baberowski, Jörg, Räume der Gewalt. Frankfurt am Main 2015

Bachmann-Medick [3]2009 = Bachmann-Medick, Doris, Cultural Turns. Neuorientierungen in den Kulturwissenschaften. (rowolths enzyklopadie) München [3]2009

Bachrach, B. 2001 = Bachrach, Bernard S., Early Carolingian Warfare. Prelude to Empire. Philadelphia, Pa. 2001

Bachrach, D. 2003 = Bachrach, David S., Religion and the conduct of war, c. 300–1215. (Warfare in history) Woodbridge, Suffolk 2003

Bachrach, B./Bachrach, D. 2008 = Bachrach, Bernard S., und David S. Bachrach, Continuity of Written Administration in the Late Carolingian East c. 887–911. The Royal Fisc. In: Frühmittelalterliche Studien 42 (2008), S. 109–146

Backmann 2014 = Backmann, Clifford R., The Worlds of Medieval Europe. New York 2014 [2003]

Bader 1953 = Bader, Karl Siegfried, Volk, Stamm, Territorium. In: Historische Zeitschrift 176 (1953), S. 449–478

Bader/Dilcher 1999 = Bader, Karl Siegfried und Gerhard Dilcher, Deutsche Rechtsgeschichte. Land und Stadt, Bürger und Bauer im alten Europa. (Enzyklopädie der Rechts- und Staatswissenschaft, Abteilung Rechtswissenschaft) Berlin 1999

Bagge 2008 = Bagge, Sverre, Skandinavischer Raum. In: Melville/Staub (Hg.) 2008, Bd. 2, S. 344–347

Bagge 2014 = Bagge, Sverre, Cross and Scepter. The Rise of the Scandinavian Kingdoms from the Vikings to the Reformation. Princeton 2014

Baker (Hg.) 2013 = Landscapes of defence in early medieval Europe, hg. von John Baker. (Studies in the early Middle Ages 28) Turnhout 2013

Barber 2012 = Barber, Peter, London. A History in Maps. With Notes on the Engravers by Laurence Worms, hg. von Roger Cline. (London Topographical Society 173) London 2012

Barceló 2013 = Barceló, Pedro A., Das Römische Reich im religiösen Wandel der Spätantike. Kaiser und Bischöfe im Widerstreit. Regensburg 2013

Barrow 1998 = Barrow, Geoffrey Wallis S., Religion in Scotland on the Eve of Christianity. In: Forschungen zur Reichs-, Papst- und Landesgeschichte. Peter Herde zum 65. Geburtstag von Freunden, Schülern und Kollegen dargebracht, hg. von Karl Borchardt und Enno Bünz. 2 Bde., Stuttgart 1998, hier Bd. 1, S. 25–32

Bartlett 1993 = Bartlett, Robert, The Making of Europe. Conquest, Colonization and Cultural Change 950–1350. Harmondsworth 1993

Battenberg 2008 = Battenberg, Friedrich, Juden. In: Melville/Staub (Hg.) 2008, Bd. 1, S. 149–155

Battenberg 2012a = Battenberg, Friedrich, Art. Juden. In: HRG[2] 2 (2012), Sp. 1403–1409

Battenberg 2012b = Battenberg, Friedrich, Art. Jüdisches Recht, Judenrecht. In: HRG[2] 2 (2012), Sp. 1414–1420

Bauer 1999 = Bauer, Thomas, Raumeinheiten und Raumbezeichnungen. Die pagi und Gaue des Mittelalters in landeskundlicher Perspektive. In: Geographische Namen in ihrer Bedeutung für die landeskundliche Forschung und Darstellung, hg. von Heinz Peter Brogiato. (Dokumentationszentrum für deutsche Landeskunde, Berichte und Dokumentationen 2) Trier 1999, S. 43–65

Bauer 2002 (masch.) = Bauer, Thomas, Administrativ-politische und historisch-geographische Raumerfassung und Raumgliederung: Der mittelalterliche *pagus* (Ende 5. Jh. bis 1200). Habilitationsschrift, Trier masch. 2002

Bauer 2006 = Bauer, Thomas, Raumbezogene Identität. Bildung, Erfahrung, Bewahrung. In: Irsigler (Hg.) 2006, S. 27–42

Baumgärtner 1996 = Baumgärtner, Alois, Art. Herrschaft. In: LThK[3] 5 (1996), Sp. 25 f.

Baumgärtner/Klumbies/Sick (Hg.) 2009 = Raumkonzepte. Disziplinäre Zugänge, hg. von Ingrid Baumgärtner, Paul-Gerhard Klumbies und Franziska Sick. Göttingen 2009

Baur/Hering/Raschke/Thierbach 2014 = Baur, Nina, Linda Hering, Anna Laura Raschke und Cornelia Thierbach, Theory and Methods in Spatial Analysis. Towards Integrating Qualitative, Quantitative and Cartographic Approaches in the Social Sciences and Humanities. In: Historical Social Research 39 (2014), S. 7–50 [DOI: 10.12759/hsr.39.2014.2.7–50]

Bavinck/Woodman 2009 = Bavinck, Maarten und Gordon R. Woodman, Can there be Maps of Law? In: Benda-Beckmann, F./Benda-Beckmann, K./Griffith (Hg.) 2009, S. 195–218

Bazzaz/Batsaki/Angelov 2013 = Bazzaz, Sahar, Yota Batsaki und Dimiter S. Angelov, Imperial geographies in Byzantine and Ottoman space. (Hellenic studies 56) Washington, D.C. 2013

Becher 1999 = Becher, Matthias, „Non enim habent regem idem Antiqui Saxones". Verfassung und Ethnogenese in Sachsen während des 8. Jahrhunderts. In: Häßler/Jarnut/Wemhoff (Hg.) 1999, S. 1–31

Becher/Dick (Hg.) 2010 = Völker, Reiche und Namen im frühen Mittelalter, hg. von Matthias Becher und Stefanie Dick. (MittelalterStudien 22) München 2010

Beck 2001 = Beck, Heinrich, Art. Macht. In: Hoops^2 19 (2001), S. 85–90

Beck/Geuenich/Steuer (Hg.) 2004 = Zur Geschichte der Gleichung „germanisch-deutsch". Sprache und Namen, Geschichte und Institutionen, hg. von Heinrich Beck, Dieter Geuenich und Heiko Steuer (Ergänzungsbände zum Reallexikon der germanischen Altertumskunde 34) Berlin 2004

Belina (Hg.) 2013 = Staat und Raum, hg. von Bernd Belina. (Staatsdiskurse 26) Stuttgart 2013

Benda-Beckmann, F./Benda-Beckmann, K./Griffith 2009 = Benda-Beckmann, Franz von, Keebet von Benda-Beckmann und Anne Griffith, Space and Legal Pluralism. An Introduction. In: Diess. (Hg.) 2009, S. 1–29

Benda-Beckmann, F./Benda-Beckmann, K./Griffith (Hg.) 2009 = Spatializing Law. An Anthropological Geography of Law and Society, hg. von Franz von Benda-Beckmann, Keebet von Benda-Beckmann und Anne Griffith. (Law, Justice and power) Ashgate 2009

Berndt 2015 = Berndt, Rainer, Wissenstransformationen oder Verdrängungsmechanismen? Thesen zur Religions- und Geistesgeschichte des Mittelalters. In: Archiv für Kulturgeschichte 97 (2015), S. 291–314

Bernhard/Kandler-Pálsson (Hg.) 1986 = Ethnogenese europäischer Völker, hg. von Wolfram Bernhard und Anneliese Kandler-Pálsson. Stuttgart 1986

Bernhardt 1993 = Bernhardt, John W., Itinerant Kingship and Royal Monasteries in Early Medieval Germany c. 936–1075. (Cambridge Studies in Medieval Life and Thought 4,21) Cambridge 1993

Bernheim 1908 = Bernheim, Ernst, Lehrbuch der historischen Methode und der Geschichtsphilosophie. 5. und 6. Auflage Leipzig 1908

Bernsen/Becher/Brüggen (Hg.) 2013 = Gründungsmythen Europas im Mittelalter, hg. von Michael Bernsen, Matthias Becher und Elke Brüggen. (Gründungsmythen Europas in Literatur, Musik und Kunst 6) Göttingen 2013

Beumann 1978 = Beumann, Helmut, Die Bedeutung des Kaisertums für die Entstehung der deutschen Nation im Spiegel der Bezeichnungen von Reich und Herrscher. In: Beumann/Schröder (Hg.) 1978, S. 317–365

Beumann 1989 = Beumann, Helmut, Zum Schwerpunkt „Die Entstehung der europäischen Nationen im Mittelalter". In: Ansätze und Diskontinuität deutscher Nationsbildung im Mittelalter, hg. von Joachim Ehlers. (Nationes 8) Sigmaringen 1988, S. 7–9

Beumann/Schröder (Hg.) 1978 = Aspekte der Nationenbildung im Mittelalter, hg. von Helmut Beumann und Werner Schröder. (Nationes 1) Sigmaringen 1978

Beyer 2008 = Beyer, Franz-Heinrich, Geheiligte Räume. Theologie, Geschichte und Symbolik des Kirchengebäudes. Darmstadt 2008

Bierbrauer 2005 = Bierbrauer, Volker, Archäologie der Langobarden in Italien. Ethnische Interpretationen und Stand der Forschung. In: Die Langobarden. Herrschaft und Identität, hg. von

Walter Pohl und Peter Erhart. (Österreichische Akademie der Wissenschaften, Phil.-Hist. Klas-se, Denkschriften 329 / Forschungen zur Geschichte des Mittelalters 9) Wien 2005, S. 21–66

Biermann 2013 = Biermann, Felix, Co-Existing Space Conceptions of Slavs and Germans in the Medieval Eastern Colonisation Period. In: Hansen/Meyer (Hg.) 2013, S. 325–342

Blaschke 2014 = Blaschke, Karlheinz, Die Stadt als Element der Raumordnung. Von der Kauf-mannssiedlung zur Stadt. In: Pauly/Scheutz (Hg.) 2014, S. 141–149

Blasius 2001 = Blasius, Dirk, Carl Schmitt. Preußischer Staatsrat in Hitlers Reich. Göttingen 2001

Bloch 1939/40, dt. 1999 = Bloch, Marc, La société féodale. Zwei Bde (1: „La formation des liens de dépendance" / 2: „Les classes et le gouvernement des hommes"), Paris 1939 und 1940. Zi-tiert nach der deutschen Übersetzung in einem Band: Die Feudalgesellschaft. Durchgesehene Neuausgabe, übersetzt von Eberhard Bohm u. a. Stuttgart 1999

Bloch 1995, dt. 2000 = Bloch, Marc, Histoire et Historiens, hg. von Eitienne Bloch. Paris 1995. Zitiert nach der deutschen Übersetzung: Aus der Werkstatt des Historikers. Zur Theorie und Praxis des Historikers, hg. mit einem Nachwort von Peter Schöttler. Frankfurt am Main 2000

Blok 1988 = Blok, Dirk Peter, Ortsnamen. (Typologie des sources du moyen âge occidental 54) Turnhout 1988

Blümle 2011 = Blümle, Claudia, Der Zeuge im Bild. Dieric Bouts und die Konstitution des modernen Rechtsraumes. (Eikones) Paderborn 2011

Bock (Hg.) 2011 = Faktum und Konstrukt. Politische Grenzziehungen im Mittelalter. Verdichtung, Symbolisierung, Reflexion, hg. von Nils Bock. (Symbolische Kommunikation und Gesell-schaftliche Wertesysteme. Schriftenreihe des Sonderforschungsbereichs 496, 35) Münster 2011

Bode 2015 = Bode, Tina, König und Bischof in ottonischer Zeit. Herrschaftspraxis, Handlungsspiel-räume, Interaktionen. (Historische Studien 506) Husum 2015

Böckenförde 2000 = Böckenförde, Ernst-Wolfgang, Anmerkungen zum Begriff Verfassungswandel. In: Ders., Staat, Nation, Europa. Studien zur Staatslehre, Verfassungstheorie und Rechtsphilo-sophie. Frankfurt am Main [2]2000, S. 141–182

Boer 2012 = Boer, Pim den, Konzept Europa. In: Boer/Duchhardt/Kreis/Schmale (Hg.) 2012a, S. 59–74

Boer/Duchhardt/Kreis/Schmale (Hg.) 2012a = Europäische Erinnerungsorte 1: Mythen und Grund-begriffe des europäischen Selbstverständnisses, hg. von Pim den Boer, Heinz Duchhardt, Georg Kreis und Wolfgang Schmale. München 2012

Boer/Duchhardt/Kreis/Schmale (Hg.) 2012b = Europäische Erinnerungsorte 2: Das Haus Europa, hg. von Pim den Boer, Heinz Duchhardt, Georg Kreis und Wolfgang Schmale. München 2012

Boer/Duchhardt/Kreis/Schmale (Hg.) 2012c = Europäische Erinnerungsorte 3: Europa und die Welt, hg. von Pim den Boer, Heinz Duchhardt, Georg Kreis und Wolfgang Schmale. München 2012

Bogdandy/Hinghofer-Szalkay 2013 = Bogdandy, Armin von und Stephan Hinghofer-Szalkay, Das etwas unheimliche Ius Publicum Europaeum. Begriffsgeschichtliche Analysen im Spannungs-feld von europäischen Rechtsraum, droit public de l'Europe und Carl Schmitt. In: Zeitschrift für ausländisches öffentliches Recht und Völkerrecht 73 (2013), S. 209–248

Boivin/Petraglia/Crassard (Hg.) 2016 = From Colonisation to Globalisation. Species Movements in Human History, hg. von Nicole Boivin, Michael D. Petraglia und Rémy Crassard. Cambridge 2016

Borgolte 2002 = Borgolte, Michael, Europa entdeckt seine Vielfalt (1050–1250). (Handbuch der Geschichte Europas 3) Stuttgart 2002

Borgolte 2005 = Borgolte, Michael, Wie Europa seine Vielfalt fand. Über die mittelalterlichen Wurzeln für die Pluralität der Werte. In: Joas/Wiegandt (Hg.) 2005, S. 117–163

Borgolte 2008 = Borgolte, Michael, Geschehenskomplexe und Regionen. In: Melville/Staub (Hg.) 2008, Bd. 2, S. 299–309

Borgolte 2016 = Borgolte, Michael, Wie Weltgeschichte erforscht werden kann. Ein Projekt zum interkulturellen Vergleich im mittelalterlichen Jahrtausend. In: Zeitschrift für Historische Forschung 43 (2016), S. 1–25

Borgolte/Jaspert 2016 = Borgolte, Michael, und Nikolas Jaspert, Maritimes Mittelalter. Zur Einführung. In: Borgolte/Jaspert (Hg.) 2016, S. 9–34

Borgolte/Jaspert (Hg.) 2016 = Maritimes Mittelalter. Meere als Kommunikationsräume, hg. von Michael Borgolte und Nikolas Jaspert. (Vorträge und Forschungen 83) Ostfildern 2016

Borgolte/Tischler (Hg.) 2011 = Transkulturelle Verflechtungen im mittelalterlichen Jahrtausend. Europa, Ostasien und Afrika, hg. von Michael Borgolte und Matthias M. Tischler. Darmstadt 2011

Borst 1958–1963 = Borst, Arno, Der Turmbau zu Babel. Geschichte der Meinungen über Ursprung und Vielfalt der Sprachen und Völker. 4 Bde., Stuttgart 1958–1963

Boshof 2006 = Boshof, Egon, Herrschaft und Raum im germanisch-romanischen Begegnungsbereich im Frühmittelalter. In: Irsigler (Hg.) 2006, S. 143–152

Bosl 1964 = Bosl, Karl, Raumordnung im Aufbau des mittelalterlichen Staates. In: Ders., Frühformen der Gesellschaft im mittelalterlichen Europa. München/Wien 1964, S. 106–134

Both (Hg.) 1996 = Realienforschung und historische Quellen. Ein Symposium im Staatlichen Museum für Naturkunde und Vorgeschichte Oldenburg vom 30. Juni bis zum 1. Juli 1995. Festschrift für Helmut Ottenjann zum 65. Geburtstag am 15. Mai 1996, bearb. von Frank Both. (Archäologische Mitteilungen aus Nordwestdeutschland. Beiheft 15) Oldenburg 1996

Bouchard/Bogdan 2015 = Bouchard, Michel und Gheorghe Bogdan, From Barbarian other to Chosen People. The Etymology, Ideology and Evolution of ‚Nation‘ at the Shifting Edge of Medieval Western Christendom. In: National Identities 17 (2015), S. 1–23

Bouloux 2014 = Bouloux, Nathalie, From Gaul to the Kingdom of France. Representations of French Space in the Geographical Texts of the Middle Ages (Twelfth-Fifteenth Centuries). In: Cohen/ Madeline (Hg.) 2014, S. 197–218

Bradley 1991 = Bradley, Richard, Ritual, Time and History. In: World Archaeology 23 (1991), S. 209–219

Bradley 1997 = Bradley, Richard, Working the Land. Imaging the Landscape. In: Archaeological Dialogues 4,1 (1997), S. 39–52

Bradley (Hg.) 1996 = Bradley, Richard, Sacred Geography. In: World Archaeology 28 (1996), S. 161–274

Brandstätter 2007 = Brandstätter, Klaus, Straßenhoheit und Straßenzwang im hohen und späten Mittelalter. In: Schwinges (Hg.) 2007, S. 201–228

Brather 2000 = Brather, Sebastian, Ethnische Identitäten als Konstrukte der frühgeschichtlichen Archäologie. In: Germania 78 (2000), S. 139–171

Brather 2008 = Brather, Sebastian, Archaeology and Identity. Central and East Central Europe in the earlier middle ages. (Florilegium magistrorum historiae archaeologiaeque Antiquitatis et Medii Aevi 2) Bukarest 2008

Brather 2011a = Brather, Sebastian, Ethnizität und Mittelalterarchäologie. Eine Antwort auf Florin Curta. In: Zeitschrift für Archäologie des Mittelalters 39 (2011), S. 161–172

Brather 2011b = Brather, Sebastian, Archäologische Kulturen und historische Interpretation(en). In: Burmeister/Müller-Scheeßel (Hg.), S. 207–226

Brather (Hg.) 2008 = Zwischen Spätantike und Frühmittelalter. Archäologie des 4. bis 7. Jahrhunderts im Westen, hg. von Sebastian Brather (Ergänzungsbände zum Reallexikon der germanischen Altertumskunde 57) Berlin 2008

Brather (Hg.) 2014 = Antike im Mittelalter. Fortleben, Nachwirken, Wahrnehmung. 25 Jahre Forschungsverbund „Archäologie und Geschichte des ersten Jahrtausends in Südwestdeutschland", hg. von Sebastian Brather. (Archäologie und Geschichte 21) Ostfildern 2014

Braudel 1949/1994 = Braudel, Fernand, Geohistoire und geographischer Determinismus [1949]. Aus dem Französischen übersetzt von Matthias Middell und Steffen Sammler. In: Midell/ Sammler (Hg.) 1994, S. 233–246

Braudel 1958/1977 = Braudel, Fernand, Histoire et Sciences sociales. La longue durée. In: Annales. Economies, Sociétés, Civilisations 13/4 (1958), S. 725–753. Deutsche Übersetzung unter dem Titel: Die Lange Dauer (La Longue Durée). In: Theorieprobleme der Geschichtswissenschaft, hg. von Theodor Schieder und Kurt Gräubig. (Wege der Forschung 378) Darmstadt 1977, S. 164–204

Braudel 1989 = Braudel, Fernand, Zivilisation und Kultur. Die Herrlichkeit Europas. In: Europa. Bausteine seiner Geschichte, hg. von Dems. Frankfurt am Main 1989, S. 149–173

Bravermann/Blomley/Delaney/Kedar 2013 = Bravermann, Irus, Nicholas Blomley, David Delaney und Alexandre (Sandy) Kedar, The Expanding Spaces of Law. A timely Legal Geography. Stanford 2014 [Abstract: Bravermann, Irus, Nicholas Blomley, David Delaney und Alexandre (Sandy) Kedar, Expanding the Space of Law. In: Buffalo Legal Studies Research Paper Series 32 (2013), S. 1–29 [http://ssrn.com/abstract=2235164]

Breuer 1987 = Breuer, Stefan, Imperien der Alten Welt. (Urban-Taschenbücher 385) Stuttgart 1987

Brincken 1988 = Brincken, Anna-Dorothee von den, Kartographische Quellen. Welt-, See- und Regionalkarten. (Typologie des sources du moyen âge occidental 51) Turnhout 1988

Brincken 2008 = Brincken, Anna-Dorothee von den, Studien zur Universalkartographie des Mittelalters, hg. von Thomas Szabo. (Veröffentlichungen des Max-Planck-Instituts für Geschichte 229) Göttingen 2008

Brodersen 2015 = Brodersen, Kai, Classics outside Classics. Rezeption der Antike. (Rezeption der Antike 3) Heidelberg 2015

Brodocz 1998 = Brodocz, André, Mächtige Kommunikation in Niklas Luhmanns Theorie sozialer Systeme. In: Imbusch (Hg.) 1998, S. 183–197

Brogiolo (Hg.) 2000 = Towns and their Territories between Late Antiquity and the Early Middle Ages, hg. von Gian Pietro Brogiolo. (The Transformation of the Roman world 9) Leiden 2000

Brown 1996 = Brown, Peter, Die Entstehung des christlichen Europa. (Europa Bauen) München 1996

Brown 2014 = Brown, Peter, Through the Eye of a Needle. Wealth, the Fall of Rome, and the Making of Christianity in the West, 350–550 AD. Princeton/Oxford 2014

Brunner, O. [5]1973 = Brunner, Otto, Land und Herrschaft. Grundfragen einer territorialen Verfassungsgeschichte Österreichs im Mittelalter. (Veröffentlichungen des Instituts für Österreichische Geschichtsforschung 1) Wien [5]1973; sechste Auflage Darmstadt 1984

Buc 2002 = Buc, Philippe, The Dangers of Ritual. Between Early Medieval Texts and Social Scientific Theory. Princeton 2002

Bühler 2008 = Bühler, Theodor, Folklore juridique. Rechtliche Volkskunde. In: Signa Ivris 1 (2008), S. 177–179

Büttner/Schmidt/Töbelmann (Hg.) 2014 = Grenzen des Rituals. Wirkreichweiten, Geltungsbereiche, Forschungsperspektiven, hg. von Andreas Büttner, Andreas Schmidt und Paul Töbelmann. (Norm und Struktur. Studien zum sozialen Wandel in Mittelalter und Früher Neuzeit 42) Köln 2014

Bulst 2015 = Bulst, Neithard, Recht, Raum und Politik. Von der spätmittelalterlichen Stadt zur Europäischen Union. (Das Politische als Kommunikation 6) Göttingen 2015

Bur 1999 = Bur, Michel, Le château. (Typologie des sources du moyen âge occidental 79) Turnhout 1999

Burckhardt 1982 = Burckhardt, Jacob, Über das Studium der Geschichte. Der Text der ‚Weltgeschichtliche Betrachtungen‘ auf Grund der Vorarbeiten von Ernst Ziegler nach den Handschriften hg. von Peter Ganz. München 1982

Burke 2012 = Burke, Peter, Die europäische Renaissance. Zentren und Peripherien. (Beck'sche Reihe 1626) München ^{2}2012

Burmeister 2011 = Burmeister, Stefan, Archäologie und Geschichtswissenschaft. Sozialstruktur germanischer Gesellschaften anhand archäologischer Quellen. In: Burmeister/Müller-Scheeßel (Hg.), S. 161–182

Burmeister/Müller-Scheeßel (Hg.) 2011 = Fluchtpunkt Geschichte. Archäologie und Geschichtswissenschaft im Dialog, hg. von Stefan Burmeister und Nils Müller-Scheeßel. (Tübinger archäologische Taschenbücher 9) Münster 2011

Burnham/Kingsbury (Hg.) 1979 = Space, Hierarchy and Society, hg. von Barry C. Burnham und John Kingsbury. (British Archaeological Reports, International Series 59) Oxford 1979

Bursche 1996 = Bursche, Aleksander, Later Roman-Barbarian Contacts in Central Europe. Numismatic Evidence. (Studien zu Fundmünzen der Antike 11) Berlin 1996

Busch/Kroll/Scholz (Hg.) 2013 = Geschichte, Kartographie, Demographie. Historisch-Geographische Informationssysteme im methodischen Vergleich, hg. von Michael Busch, Stefan Kroll, Rembrandt D. Scholz. (Geschichte. Forschung und Wissenschaft 45) Münster 2013

Cameron 2010 = Cameron, Alan, The Last Pagans of Rome. Oxford 2010

Carlen 2006 = Carlen, Louis, Hermann Baltl und die Rechtsarchäologie und Rechtliche Volkskunde. In: Forschungen zur Rechtsarchäologie und rechtlichen Volkskunde 23 (2006), S. 9–12

Carver (Hg.) 2004 = The Cross goes North. Processes of Conversion in northern Europe AD 300–1300, hg. von Martin Oswald Hugh Carver. Woodbridge 2004

Cerman (Hg.) 2010 = Zwischen Land und Stadt. Wirtschaftsverflechtungen von ländlichen und städtischen Räumen in Europa 1300–1600, hg. von Markus Cerman. (Jahrbuch für Geschichte des ländlichen Raumes 2009) Innsbruck 2010

Christaller 1933 = Christaller, Walter, Die zentralen Orte in Süddeutschland. Eine ökonomisch-geographische Untersuchung über die Gesetzmäßigkeit der Verbreitung und Entwicklung der Siedlungen mit städtischen Funktionen. Jena 1933. Nachdruck Darmstadt 1968

Christmann 2016a = Christmann, Gabriela B., Einleitung. Zur kommunikativen Konstruktion von Räumen. In: Christmann (Hg.) 2016, S. 7–25

Christmann 2016b = Christmann, Gabriela B., Das theoretische Konzept der kommunikativen Raum(re)konstruktion. In: Christmann (Hg.) 2016, S. 89–117

Christmann (Hg.) 2016 = Zur kommunikativen Konstruktion von Räumen. Theoretische Konzepte und empirische Analysen, hg. von Gabriela B. Christmann. Wiesbaden 2016

Christöphler 2015 = Christöphler, Jörg, Geschichte als Anschauung. Geschichtstheoretische Reflexionen über Historiographie von der Aufklärung bis zum Historismus. Kamen 2015

Chrościcki 1998 = Chrościcki, Juliusz, Ceremonial Space. In: Iconography, Propaganda, and Lgitimation, hg. von Allan Ellenius. London 1998, S. 193–216

Claessen/Skalník 1978 = Claessen, Henri J. M. und Peter Skalník, The early state. Theories and hypotheses. In: The early state, hg. von Dens. (New Babylon, Studies in Social Sciences 32) Den Haag 1978, S. 3–29

Clark 1994 = Clark, Grahame, Space, Time and Man. A Prehistorian's View. Cambridge 1994

Clarke 2012 = Clarke, Catherine A. M, Writing Power in Anglo-Saxon England. Texts, Hierarchies, Economies. (Anglo-Saxon studies 17) Cambridge 2012

Classen (Hg.) 1977 = Recht und Schrift im Mittelalter, hg. von Peter Classen. (Vorträge und Forschungen 23) Sigmaringen 1977

Claude 1997 = Claude, Dietrich, Haus und Hof im Merowingerreich nach den erzählenden und urkundlichen Quellen. In: Haus und Hof in ur- und frühgeschichtlicher Zeit. Gedenkschrift für Herbert Jankuhn, hg. von Heinrich Beck und Heiko Steuer. (Abhandlungen der Akademie der Wissenschaften in Göttingen. Philologisch-Historische Klasse, 3. Folge 218) Göttingen 1997, S. 321–334

Clauss 2010 = Clauss, Martin, Kriegsniederlagen im Mittelalter. Darstellung, Deutung, Bewältigung. (Krieg in der Geschichte 54) Paderborn 2010

Cohen/Madeline (Hg.) 2014 = Space in the Medieval West. Places, Territories, and Imagined Geographies, hg. von Meredith Cohen und Fanny Madeline. Farnham 2014

Collins 2012 = Collins, Samuel W., The Carolingian debate over sacred space. (The New Middle Ages) New York 2012

Conrad 2013 = Conrad, Sebastian. Globalgeschichte. Eine Einführung. (Beck'sche Reihe 6079) München 2013

Constable 1996 = Constable, Giles, Culture and Spirituality in Medieval Europe. (Collected Studies Series, C 541) Aldershot, Engl./ Brookfield, VT 1996

Cook 2011 = Cook, John Granger, Roman Attitudes Toward the Christians. From Claudius to Hadrian. (Wissenschaftliche Untersuchungen zum Neuen Testament 261) Tübingen 2011

Costa 2013 = Costa, Pietro, Uno ,Spatial Turn' Per La Storia Del Diritto? Una Rassegna Tematica. Max Planck Institute for European Legal History Research Paper Series No. 2013–07. SSRN: http://ssrn.com/abstract=2340055

Crang 2008 = Crang, Mike, Zeit-Raum. In: Döring/Thielmann 2008, S. 409–435

Cubitt (Hg.) 2003 = Cubitt, Catherine, Court Culture in the Early Middle Ages. The Proceedings of the First Alcuin Conference, hg. von Catherine Cubitt. (Studies in the Early Middle Ages 3) Turnhout 2003

Curta 2007 = Curta, Florin, Some remarks on ethnicity in medieval archaeology. In: Early Medieval Europe 15 (2007), S. 159–185

Czaja (Hg.) 2008 = Klosterlandschaften. Methodisch-exemplarische Annäherungen, hg. von Roman Czaja, Heinz-Dieter Heimann und Matthias Wemhoff. (MittelalterStudien 16) München 2008

Czock 2012 = Czock, Miriam, Gottes Haus. Untersuchungen zur Kirche als heiligem Raum von der Spätantike bis ins Frühmittelalter. (Millennium-Studien 38) Berlin 2012

Dally (Hg.) 2012 = Politische Räume in vormodernen Gesellschaften. Gestaltung, Wahrnehmung, Funktion. Internationale Tagung des DAI und des DFG-Exzellenzclusters TOPOI vom 18. bis 22. November 2009 in Berlin, hg. von Ortwin Dally. (Menschen, Kulturen, Traditionen 6, ForschungsCluster 3) Rahden 2012

Damir-Geilsdorf/Hartmann/Hendrich (Hg.) 2005 = Mental Maps. Kulturwissenschaftliche Zugänge zum Verhältnis von Raum und Erinnerung, hg. von Sabine Damir-Geilsdorf, Angelika Hartmann und Béatrice Hendrich. (Kulturwissenschaft 1) Münster 2005

Dartmann/Füssel/Rüther (Hg.) 2004 = Raum und Konflikt. Zur symbolischen Konstituierung gesellschaftlicher Ordnung in Mittelalter und Früher Neuzeit, hg. von Christoph Dartmann, Marian Füssel und Stefanie Rüther. (Symbolische Kommunikation in der Vormoderne 5) Münster 2004

David 1997 = David, Johan, L'outil. (Typologie des sources du moyen âge occidental 78) Turnhout 1997

David/Thomas (Hg.) 2008 = Handbook of Landscape Archaeology, hg. von Bruno David und Julian Thomas. Walnut Creek, Cal. 2008

Davies (Hg.) 2006 = People and Space in the Middle Ages (300–1300), hg. von Wendy Davies. (Studies in the Early Middle Ages 15) Turnhout 2006

Davies/Fouracre 1995 = Davies, Wendy und Paul Fouracre, Conclusion. In: Davies/Fouracre (Hg.) 1995, S. 245–271

Davies/Fouracre (Hg.) 1995 = Property and Power in the Early Middle Ages, hg. von Wendy Davies und Paul Fouracre. Cambridge, Engl./ New York 1995

Davies/Halsall/Reynolds (Hg.) 2006 = People and Space in the Middle Ages (300–1300), hg. von Wendy Davies, Guy Halsall und Andrew Reynolds. (Studies in the Early Middle Ages 15) Turnhout 2006

Davis 2008 = Davis, Jennifer R., A Pattern for Power. Charlemagne's Delegation of Judical Responsibilities. In: Davies/McCormick (Hg.) 2008, S. 235–246

Davis/McCormick 2008 = Davis, Jennifer R. und Michael McCormick, The Early Middle Ages. Europe's Long Morning. In: Davis/McCormick (Hg.) 2008, S. 1–10

Davis/McCormick (Hg.) 2008 = The Long Morning of Medieval Europe, hg. von Jennifer R. Davis und Michael McCormick. Aldershot 2008

De Jong 2015 = Jong, Mayke de, The Empire that was always Decaying. The Carolingians (800–888). In: Medieval worlds 1, 2 (2015), S. 6–25

De Jong/Theuws 2001 = De Jong, Mayke, und Frans Theuws, Topographies of Power. Some Conclusions. In: Davis/McCormick (Hg.) 2001, S. 533–545

De Jong/Theuws (Hg.) 2001 = Topographies of Power in the Early Middle Ages, hg. von Mayke de Jong und Frans Theuws mit Carine van Rhijn. (Transformation of the Roman World 6) Leiden 2001

De Wall 2012 = De Wall, Heinrich, Art. Kirchenrecht, evangelisches. In: HRG[2] 2 (2012), Sp. 1815–1821

De Weerdt/Morche 2014 = De Weerdt, Hilde und Julius Morche, New Perspectives on Comparative Medieval History. China and Europe, 800–1600. Workshop Report. In: Journal of Transcultural Medieval Studies 1 (2014), S. 343–346

Deißner 2012 = Deißner, Susanne, Interregionales Privatrecht in China. (Studien zum ausländischen und internationalen Privatrecht 276) Tübingen 2012

Demandt 2012 = Demandt, Alexander, Das Erbe der Antike. In: Boer/Duchhardt/Kreis (Hg.) 2012, S. 89–100

Depreux 2002 = Depreux, Philippe, Les Sociétés Occidentales du Milieu du VIe à la Fin du IXe Siècle. Rennes 2002

Depreux/Bougard/Le Jan (Hg.) 2007 = Les Élites et leurs Espaces. Mobilité, Rayonnement, Domination (du VIe au XIe Siècle), hg. von Philippe Depreux, François Bougard und Régine Le Jan. (Collection Haut Moyen Âge 5) Turnhout 2007

Dette 1996 = Dette, Christoph, Geschichte und Archäologie. Versuch einer interdisziplinären Betrachtung des Capitulare de Villis. In: Both (Hg.) 1996, S. 45–100

Deutinger 2006 = Deutinger, Roman, Königsherrschaft im ostfränkischen Reich. Eine pragmatische Verfassungsgeschichte der späten Karolingerzeit. (Beiträge zur Geschichte und Quellenkunde des Mittelalters 20) Sigmaringen 2006

Deutsche Königspfalzen = Repertorium der Pfalzen, Königshöfe und übrigen Aufenthaltsorte der Könige im deutschen Reich des Mittelalters, hg. vom Max-Planck-Institut für Geschichte / Max-Planck-Institut für europäische Rechtsgeschichte. Redaktion: Caspar Ehlers, Lutz Fenske (†) und Thomas Zotz. Göttingen 1983 ff.

DeWin (Hg.) 1992 = Rechtsarcheologie en rechtsiconografie. Een kennismaking. Handelingen van het colloquium, gehouden te Brussel op 27 april 1990, hg. von Paul DeWin. (Iuris scripta historica 5) Brüssel 1992

Dick 2004 = Dick, Stefanie, Zu den Grundlagen des so genannten germanischen Königtums. In: Hägermann/Haubrichs/Jarnut (Hg.) 2004, S. 510–527

Dick 2008 = Dick, Stefanie, Der Mythos vom „germanischen" Königtum. Studien zur Herrschaftsorganisation bei den germanischsprachigen Barbaren bis zum Beginn der Völkerwanderungszeit. (Ergänzungsbände zum Reallexikon der germanischen Altertumskunde 60) Berlin 2008

Dick 2011 = Dick, Stefanie, Zur Sozialstruktur germanischer Gesellschaften auf der Grundlage der antiken Schriftquellen. In: Burmeister/Müller-Scheeßel (Hg.), S. 151–160

Dickinson/Griffiths (Hg.) 1999 = The Making of Kingdoms. Papers from the 47th Sachsensymposium, York, September 1996, hg. von Tania Dickinson und David Griffiths. (Anglo-Saxon studies in archaeology and history 10) Oxford 1999

Dilcher 2006a = Dilcher, Gerhard, Zur Entstehungs- und Wirkungsgeschichte der mittelalterlichen Rechtskultur. In: Dilcher/Distler (Hg.) 2006, S. 603–637

Dilcher 2006b = Dilcher, Gerhard, Recht und Identität zwischen Langobarden und Sachsen. In: Dilcher/Distler (Hg.) 2006, S. 622–628; nun in: Dilcher 2008c, S. 331–338

Dilcher 2008c = Dilcher, Gerhard, Normen zwischen Oralität und Schriftkultur. Studien zum mittelalterlichen Rechtsbegriff und zum langobardischen Recht, hg. von Bernd Kannowski, Susanne Lepsius und Reiner Schulze. Köln 2008

Dilcher 2010 = Dilcher, Gerhard, Noch einmal: Rechtsgewohnheit, Oralität, Normativität, Konflikt und Zwang. In: Rechtsgeschichte 17 (2010), S. 67–73

Dilcher/Distler (Hg.) 2006 = Leges, Gentes, Regna. Zur Rolle von germanischen Rechtsgewohnheiten und lateinischer Schrifttradition bei der Ausbildung der frühmittelalterlichen Rechtskultur, hg. von Gerhard Dilcher und Eva-Marie Distler. Berlin 2006

Dilcher/Violante (Hg.) 2000 = Strukturen und Wandlungen der ländlichen Herrschaftsformen vom 10. bis 13. Jahrhundert. Deutschland und Italien im Vergleich, hg. von Gerhard Dilcher und Cinzio Violante. (Schriften des Italienisch-Deutschen Historischen Instituts in Trient 14) Berlin 2000

Dillon 2012 = Dillon, John Noël, The Justice of Constantine. Law, Communication, and Control. (Law and Society in the Ancient World) Ann Arbor 2012

Dinzelbacher 1993 = Dinzelbacher, Peter, Raum. Mittelalter. In: Dinzelbacher (Hg.) 1993, S. 695–707

Dinzelbacher (Hg.) 1993 = Europäische Mentalitätsgeschichte, hg. von Peter Dinzelbacher. Stuttgart 1993

Dipper/Raphael 2011 = Dipper, Christof und Lutz Raphael, „Raum" in der Europäischen Geschichte. Einleitung. In: Journal of Modern European History 9 (2011), S. 27–41

Ditt 1996 = Ditt, Hildegard, Der Raum Westfalen, Bd. 6/2. Münster 1996

Dobschenzki 2015 = Dobschenzki, Jennifer Vanessa, Von Opfern und Tätern. Gewalt im Spiegel
der merowingischen Hagiographie des 7. Jahrhunderts. (Wege zur Geschichtswissenschaft)
Stuttgart 2015

Dölemeyer 2005 = Dölemeyer, Barbara, Thing site, Tie, Ting Place. Venues for the Administration
of Law. In: Making Things Public. Atmospheres of Democracy, hg. von Bruno Latour und Peter
Weibel. Karlsruhe/Cambridge, Mass. 2005, S. 260–267

Dölemeyer 2007 = Dölemeyer, Barbara, Karl Frölich und das Institut für Rechtsgeschichte. In:
Rechtswissenschaft im Wandel. Festschrift des Fachbereichs Rechtswissenschaft zum
400jährigen Gründungsjubiläum der Justus-Liebig-Universität Gießen, hg. von Walter Gropp,
Martin Lipp und Heinhard Steiger. Tübingen 2007, S. 1–22

Dölemeyer 2010 = Dölemeyer, Barbara, Rechtsräume, Rechtskreise. In: Europäische Geschichte
Online (EGO), hg. vom Institut für Europäische Geschichte (IEG), Mainz 2010-12-03. URL:
http://www.ieg-ego.eu/doelemeyerb-2010-de. URN: urn:nbn:de:0159–20100921173

Döring/Thielmann 2008 = Döring, Jörg und Tristan Thielmann, Einleitung: Was lesen wir im Raum?
Der Spatial Turn und das geheime Wissen der Geographen. In: Döring/Thielmann (Hg.) 2008,
S. 7–45

Döring/Thielmann (Hg.) 2008 = Spatial Turn. Das Raumparadigma in den Kultur- und Sozialwissenschaften, hg. von Jörg Döring und Tristan Thielmann. Bielefeld 2008

Dorn 1991 = Dorn, Franz, Die Landschenkungen der fränkischen Könige. Rechtsinhalt und Gel-
tungsdauer. (Rechts- und staatswissenschaftliche Veröffentlichungen der Görres-Gesellschaft, Neue Folge 60) Paderborn 1991

Doyle 1984 = Doyle, Michael, Empires. Ithaca/NY 1984

Downs/Stear 1977 = Maps in Minds. Reflections on Cognitive Mapping, hg. von Roger M. Downs
und David Stea. New York 1977

Dreier 2002 = Dreier, Horst, Wirtschaftsraum, Großraum, Lebensraum. Facetten eines belasteten
Begriffs. In: Dreier/Forkel/Laubenthal (Hg.) 2002, S. 47–84

Dreier/Forkel/Laubenthal (Hg.) 2002 = Raum und Recht. Festschrift 600 Jahre Würzburger Juristen-
fakultät, hg. von Horst Dreier, Hans Forkel und Klaus Laubenthal. Berlin 2002

Drews 2009 = Drews, Wolfram, Die Karolinger und die Abbasiden von Bagdad. Legitimationsstra-
tegien frühmittelalterlicher Herrscherdynastien im transkulturellen Vergleich. (Europa im
Mittelalter 12) Berlin 2009

Droysen 1857 = Droysen, Johann Gustav, Historik. Rekonstruktion der ersten vollständigen Fassung
der Vorlesungen (1857). Grundriß der Historik in der ersten handschriftlichen (1857/1858) und
der letzten gedruckten Fassung (1882). Stuttgart 1977

Droysen 1868 = Droysen, Johann Gustav, Grundriss der Historik. Leipzig 1868

Duggan (Hg.) 1993 = Kings and Kingship in Medieval Europe, hg. von Anne J. Duggan. (King's
College London Medieval Studies 10) London 1993

Duggan (Hg.) 1997 = Queens and Queenship in Medieval Europe. Proceedings of a Conference held
at King's College London, April 1995, hg. von Anne J. Duggan, Woodbridge u. a. 1997

Dünne 2009 = Dünne, Jörg, Geschichten im Raum und Raumgeschichte, Topologie und Topographie. Wohin geht die Wende zum Raum? In: Dynamisierte Räume. Zur Theorie der Bewegung
in den romanischen Kulturen. Beiträge der Tagung am Institut für Romanistik der Universität
Potsdam am 28. 11. 2009, hg. von Albrecht Buschmann und Gesine Müller. Manuskript 2009,
S. 5–24. [http://www.uni-potsdam.de/romanistik/ette/buschmann/dynraum/pdfs/duenne.
pdf] (Zugriff am 21. März 2015)

Dünne 2011 = Dünne, Jörg, Die kartographische Imagination. Erinnern, Erzählen und Fingieren in
der Frühen Neuzeit. (Periplous) München 2011

Dünne/Günzel (Hg.) 2006 = Raumtheorie. Grundlagen aus Philosophie und Kulturwissenschaften, hg. von Jörg Dünne und Stephan Günzel. (Suhrkamp-Taschenbuch Wissenschaft 1800) Frankfurt am Main 2006

Dusil 2005 = Dusil, Stephan, Stadtrecht und Rechtsraum. Historiographischer Wandel im früheren 20. Jahrhundert am Beispiel der Erforschung von Stadtrechtsfamilien. In: Hansische Geschichtsblätter 123 (2005), S. 85–108

Duve 2000 = Duve, Thomas, Die Methodendebatte der Historiker und die Entwicklung der Rechts- und Staatswissenschaften um 1900. Leipzig 2000

Duve 2012 = Duve, Thomas, Von der europäischen Rechtsgeschichte zu einer Rechtsgeschichte Europas in globalhistorischer Perspektive. In: Rechtsgeschichte 20 (2012), S. 18–71, online: http://dx.doi.org/10.12946/rg20/018-071

Duve 2013a = Duve, Thomas, European Legal History – Global Perspectives. Working Paper for the Colloquium „European Normativity – Global Historical Perspectives". (Max Planck Institute for European Legal History Research Paper Series No. 2013–06): http://ssrn.com/abstract= 2292666

Duve 2013b = Duve, Thomas, Die Justiz vor den Herausforderungen der kulturellen Diversität. Rechtshistorische Annäherungen. (LOEWE-Schwerpunkt „Außergerichtliche und gerichtliche Konfliktlösung" Arbeitspapier/Working Paper Nr. 7, 2013) [urn:nbn:de:hebis:30:3–291668]

Duve 2014a = Duve, Thomas, Rechtsgeschichte. Traditionen und Perspektiven. (Normative Orders Working Paper 01/2014). In: Kritische Vierteljahresschrift für Gesetzgebung und Rechtswissenschaft (2014/2), S. 96–132

Duve 2014b = Duve, Thomas, Entanglements in Legal History. Introductory Remarks. In: Duve (Hg.) 2014, S. 3–20

Duve 2014c = Duve Thomas, European Legal History. Concepts, Methods, Challenges. In: Duve (Hg.) 2014, S. 29–66

Duve (Hg.) 2014 = Entanglements in Legal History. Conceptual Approaches, hg. von Thomas Duve. (Global Perspectives on Legal History 1) Frankfurt am Main 2014. Open Access: http://dx.doi. org/10.12946/gplh1

Egger 2013 = Egger, Christine, Transnationale Architekturen. Benediktinermission, Räume und Repräsentationen. In: Österreichische Zeitschrift für Geschichtswissenschaften 24/2 (2013): Missionsräume, S. 47–69

Eggert 2011 = Eggert, Manfred K. H., Über archäologische Quellen. In: Burmeister/Müller-Scheeßel (Hg.) 2011, S. 23–44

Ehlers, C. 1996 = Ehlers, Caspar, Metropolis Germaniae. Studien zur Bedeutung Speyers für das Königtum 751–1250. (Veröffentlichungen des Max-Planck-Instituts für Geschichte 125) Göttingen 1996

Ehlers, C. 2004 = Ehlers, Caspar, Orte der Herrschaft. In: Jahrbuch der Max-Planck-Gesellschaft 2004, S. 259–263

Ehlers, C. 2007a = Ehlers, Caspar, Die Integration Sachsens in das fränkische Reich 751–1024. (Veröffentlichungen des Max-Planck-Instituts für Geschichte 231) Göttingen 2007

Ehlers, C. 2007b = Ehlers, Caspar, Places of Power, Orte der Herrschaft, Lieux du Pouvoir. Eine Einführung. In: Ehlers, C. (Hg.) 2007, S. 7–15

Ehlers, C. 2007c = Ehlers, Caspar, Die Klostergründungen des Adels und die Entstehung diözesaner Ordnungsvorstellungen im sächsischen Frühmittelalter. In: Adlige, Stifter, Mönche. Zum Verhältnis zwischen Klöstern und mittelalterlichem Adel, hg. von Nathalie Kruppa. (Veröffentlichungen des Max-Planck-Instituts für Geschichte 227/ Studien zur Germania Sacra 30) Göttingen 2007, S. 31–62

Ehlers, C. 2009 = Ehlers, Caspar, Mittelalterbilder. Aktuelle Diskurse in Wissenschaft und Öffentlichkeit. In: Puschner/Großmann (Hg.), S. 400–424

Ehlers, C. 2011a = Ehlers, Caspar, Die propreußische Rezeption des Deutschen Ordens und seines
‚Staates‘ im neunzehnten und zwanzigsten Jahrhundert. In: Preußische Katholiken und
katholische Preußen im 20. Jahrhundert, hg. von Richard Faber und Uwe Puschner. Würzburg
2011, S. 115–144

Ehlers, C. 2011b = Ehlers, Caspar, Sachsen als sächsische Bischöfe. Die Kirchenpolitik der karolingischen und ottonischen Könige in einem neuen Licht. In: Streit am Hof im frühen Mittelalter,
hg. von Matthias Becher und Alheydis Plassmann. (Super alta perennis, Studien zur Wirkung
der Klassischen Antike 11) Bonn 2011, S. 95–120

Ehlers, C. 2013 = Ehlers, Caspar, Geld und Münzstätten als Mittel politischer Integration. Das
sächsische Beispiel. In: Die Merowingischen Monetarmünzen als Quelle zum Verständnis des
7. Jahrhunderts in Gallien, hg. von Jörg Jarnut und Jürgen Strothmann. (MittelalterStudien 27)
Paderborn 2013, S. 585–600

Ehlers, C. 2015a = Ehlers, Caspar, Die Reisewege mittelalterlicher Herrscher und das moderne
Straßensystem. In: Überall ist Mittelalter. Zur Aktualität einer vergangenen Epoche, hg. von
Dorothea Klein, Markus Frankl und Franz Fuchs. (Würzburger Ringvorlesungen 11) Würzburg
2015, S. 257–301

Ehlers, C. 2015b = Ehlers, Caspar, Jihad oder Parusieverzögerung? Zur heilsgeschichtlichen Bedeutung eines Raumes außerhalb des Römischen Reiches. In: Rechtsgeschichte 23 (2015),
S. 151–173

Ehlers, C. 2017 = Ehlers, Caspar, Stammesrecht und Stammesgericht. In: Geschichte der Konfliktlösung – Ein Handbuch, hg. von David von Mayenburg und Anna Seelentag. Berlin 2017 [im
Druck]

Ehlers, C. (Hg.) 2007 = Places of Power, Orte der Herrschaft, Lieux du Pouvoir, hg. von Caspar
Ehlers. (Deutsche Königspfalzen. Beiträge zu ihrer historischen und archäologischen Erforschung 8 / Veröffentlichungen des Max-Planck-Instituts für Geschichte 11/8) Göttingen
2007

Ehlers, C./Jarnut/Wemhoff (Hg.) 2007 = Zentren herrschaftlicher Repräsentation im Hochmittelalter. Geschichte, Architektur und Zeremoniell, hg. von Caspar Ehlers, Jörg Jarnut und Matthias
Wemhoff. (Deutsche Königspfalzen. Beiträge zu ihrer historischen und archäologischen Erforschung 7 / Veröffentlichungen des Max-Planck-Institut für Geschichte 11/7) Göttingen
2007

Ehlers, J. 1995 = Ehlers, Joachim, Tradition und Integration. Orte, Formen und Vermittlung kol-
lektiven Erinnerns im früheren Mittelalter. In: Mittelalterforschung nach der Wende, hg. von
Michael Borgolte. (Historische Zeitschrift Beiheft 20) München 1995, S. 364–386

Ehlers, J. 1997 = Ehlers, Joachim, Methodische Überlegungen zur Entstehung des deutschen
Reiches im Mittelalter und zur nachwanderzeitlichen Nationenbildung. In: Beiträge zur mit-
telalterlichen Reichs- und Nationsbildung in Deutschland und Frankreich, hg. von Carlrichard
Brühl (†) und Bernd Schneidmüller. (Historische Zeitschrift Beiheft 24) München 1997, S. 1–13

Ehlers, J. 2000/2001 = Ehlers, Joachim, Grundlagen der europäischen Monarchie in Spätantike
und Mittelalter. In: Majestas 8/9 (2000/2001), S. 49–80

Ehlers, J. 2004a = Ehlers, Joachim, Das westliche Europa. (Die Deutschen und das europäische
Mittelalter 3) Berlin 2004

Ehlers, J. 2004b = Ehlers, Joachim, Erfundene Traditionen? Zum Verhältnis von Nationsbildung und
Ethnogenese im deutschen und französischen Mittelalter. In: Beck/Geuenich/Steuer (Hg.)
2004, S. 131–162

Ehlers, J. 2005 = Ehlers, Joachim, Grand Tour avant la lettre. Schichtenspezifische Mobilität im Früh- und Hochmittelalter. In: Grand Tour, hg. von Rainer Babel und Werner Paravicini. (Beihefte der Francia 60) Ostfildern 2005, S. 23–32

Ehlers, J. (Hg.) 1989 = Ansätze und Diskontinuität deutscher Nationsbildung im Mittelalter, hg. von Joachim Ehlers. (Nationes 8) Sigmaringen 1989

Ehlers, J. (Hg.) 2002 = Deutschland und der Westen, hg. von Joachim Ehlers. (Vorträge und Forschungen 56) Sigmaringen 2002

Ehlert (Hg.) 1997 = Zeitkonzeptionen, Zeiterfahrung, Zeitmessung. Stationen ihres Wandels vom Mittelalter bis zur Moderne, hg. von Trude Ehlert. Paderborn 1997

Eichenberger 1991 = Eichenberger, Thomas, Patria. Studien zur Bedeutung des Wortes im Mittelalter (6.-12. Jahrhundert). (Nationes 9) Sigmaringen 1991

Elden 2001 = Elden, Stuart, Mapping the Present. Heidegger, Foucault and the Project of a Spatial History. London 2001

Elden 2002 = Elden, Stuart, „Es gibt eine Politik des Raumes, weil Raum politisch ist". Henri Lefèbvre und die Produktion des Raumes. In: Material zu Henri Lefèbvre, Die Produktion des Raums. (An Architektur. Zur Produktion gebauter Umwelt 1) Zürich 2002, S. 27–35 [https://wiki.zhdk.ch/vbk/lib/exe/fetch.php?media=mittelbau:christian.fuerholz:aa01_lefebvre.pdf]

Elden 2004 = Elden, Stuart, Understanding Henri Lefebvre. Theory and the Possible. New York 2004

Elden 2013 = Elden, Stuart, The Birth of Territory. Chicago 2013

Elias 1969/2002 = Elias, Norbert, Die höfische Gesellschaft. Untersuchungen zur Soziologie des Königtums und der höfischen Aristokratie. Darmstadt/Neuwied 1969; Neuausgabe Frankfurt am Main 2002 als Band 2 der Gesammelten Schriften von Norbert Elias, unveränderter Nachdruck (suhrkamp taschenbuch wissenschaft 423) Frankfurt am Main 2003

Elias ^{2}1985 = Elias, Norbert, Über die Zeit. (Arbeiten zur Wissenssoziologie 2) Frankfurt am Main ^{2}1985

Engels 1999 = Engels, Jens Ivo, Das „Wesen" der Monarchie? Kritische Anmerkungen zum „Sakralkönigtum" in der Geschichtswissenschaft. In: Majestas 7 (1999), S. 3–39

Englisch 1998 = Englisch, Brigitte, Zeitbewußtsein und systematische Zeitordnung in den Kalendern des frühen Mittelalters. In: Hochmittelalterliches Geschichtsbewußtsein im Spiegel nichthistorischer Quellen, hg. von Hans-Werner Goetz. Berlin 1998, S. 117–129

Epp 1998 = Epp, Verena, Zur Kategorie des Raumes in frühmittelalterlichen Rechtstexten. In: Aertsen/Speer (Hg.) 1998, S. 575–590

Erdö 2002 = Erdö, Péter, Die Quellen des Kirchenrechts. Eine geschichtliche Einführung. (Adnotationes in ius canonicum 23) Frankfurt am Main 2002

Erkens (Hg.) 2005 = Das frühmittelalterliche Königtum. Ideelle und religiöse Grundlagen, hg. von Franz-Reiner Erkens. (Ergänzungsbände zum Reallexikon der germanischen Altertumskunde 49) Berlin 2005

Erkens 2006 = Erkens, Franz-Reiner, Herrschersakralität im Mittelalter von den Anfängen bis zum Investiturstreit. Stuttgart 2006

Ernst 2013 = Ernst, Wolfgang, Signale aus der Vergangenheit. Eine kleine Geschichtskritik. München 2013

Ertl (Hg.) 2013 = Europas Aufstieg. Eine Spurensuche im späten Mittelalter, hg. von Thomas Ertl. (Expansion, Interaktion, Akkulturation) Wien 2013

Escalona/Reynolds (Hg.) 2011 = Scale and Scale Change in the Early Middle Ages. Exploring Landscape, Local Society, and the World Beyond, hg. von Julio Escalona und Andrew Reynolds. (The Medieval Countryside 6) Turnhout 2011

Esch 2011 = Esch, Arnold, Zwischen Antike und Mittelalter. Der Verfall des römischen Straßensystems in Mittelitalien und die Via Amerina. Mit Hinweisen zur Begehung im Gelände. München 2011

Esders 1997 = Esders, Stefan, Römische Rechtstradition und merowingisches Königtum. Zum Rechtscharakter politischer Herrschaft in Burgund im 6. und 7. Jahrhundert. (Veröffentlichungen des Max-Planck-Instituts für Geschichte 134) Göttingen 1997

Esders 2007 = Esders, Stefan, Eliten und Raum nach frühmittelalterlichen Rechtstexten. Überlegungen zu einem Spannungsverhältnis. In: Les Élites et leurs Espaces. Mobilité, Rayonnement, Domination (du VIe au XIe Siècle), hg. von Philippe Depreux, François Bougard und Régine Le Jan. (Collection Haut Moyen Âge 5) Turnhout 2007, S. 11–29

Esders/Schuppert 2015 = Esders, Stefan und Gunnar Folke Schuppert, Mittelalterliches Regieren in der Moderne oder Modernes Regieren im Mittelalter? (Schriften zur Governance-Forschung 27) Baden-Baden 2015

Eßbach (Hg.) 2000 = Wir-Ihr-Sie. Identität und Alterität in Theorie und Methode, hg. von Wolfgang Eßbach. (Identitäten und Alteritäten 2) Würzburg 2000

Ettel (Hg.) 2013 = Zentrale Orte und zentrale Räume des Frühmittelalters in Süddeutschland, hg. von Peter Ettel. (RGZM-Tagungen 18) Mainz 2013

Ewig 1976 = Ewig, Eugen, Beobachtungen zur politisch-geographischen Terminologie des fränkischen Großreiches und der Teilreiche des 9. Jahrhunderts. In: Ders., Spätantikes und fränkisches Gallien, hg. von Hartmut Atsma. (Beihefte zur Francia 3/1–2), 2 Bde., Zürich/München 1976/1979, hier Bd. 1, S. 323–361

Fabech 1999 = Fabech, Charlotte, Organising the Landscape. A Mater of Production, Power, and Religion. In: The Making of Kingdoms, hg. von Tania Dickinson und David Griffiths. (Anglo-Saxon Studies in Archaeology and History 10) Oxford 1999

Faber/Meier/Ilting 1982 = Faber, Karl-Georg, Christian Meier und Karl-Heinz Ilting, Art. Macht. In: Geschichtliche Grundbegriffe 3 (1982), S. 817–935

Färber 2012 = Färber, Roland, Die Amtssitze der Stadtpräfekten im spätantiken Rom und Konstantinopel. In: Orte der Herrschaft. Charakteristika von antiken Machtzentren, hg. von Felix Arnold, Alexandra Busch, Rudolf Haensch und Ulrike Wulf-Rheidt. (Menschen, Kulturen, Traditionen. Studien aus den Forschungsclustern des Deutschen Archäologischen Instituts 3) Rahden/Westf. 2012, S. 49–71

Färber 2014 = Färber, Roland, Römische Gerichtsorte. Räumliche Dynamiken von Jurisdiktion im Imperium Romanum. (Vestigia 68) München 2014

Febvre 1935, dt. [2]1995 = Febvre, Lucien, Le Rhin. Problèmes d'histoire et d'économie. Paris 1935. Deutsche Übersetzung mit einem Nachwort hg. von Peter Schöttler unter dem Titel „Der Rhein und seine Geschichte". Frankfurt am Main [2]1995

Fechtrup (Hg.) 2010 = Europa auf der Suche nach sich selbst. Ein Symposion der Josef-Pieper-Stiftung, hg. von Hermann Fechtrup. (Dokumentationen der Josef-Pieper-Stiftung 7) Berlin 2010

Fehn 2004 = Fehn, Klaus, Historische Raumkompetenz. Gemeinsames Bildungsziel der Historischen Geographie und der Landesgeschichte. In: Koblenzer Geographisches Kolloquium 26 (2004), S. 5–25

Fehn 2006 = Fehn, Klaus, „Genetische Siedlungsforschung" als Aufbruch. Optionen und Bindungen bei der Gründung des „Arbeitskreises für genetische Siedlungsforschung in Mitteleuropa" 1974. In: Siedlungsforschung 24 (2006), S. 13–34

Feldbecker 1995 = Feldbecker, Sabine, Die Prozession. Historische und systematische Untersuchungen zu einer liturgischen Ausdruckshandlung. (Münsteraner Theologische Abhandlungen 39) Altenberg 1995

Felgenhauer-Schmiedt (Hg.) 2005 = Die Kirche im frühmittelalterlichen Siedlungsraum. Archäologische Aspekte zu Standort, Architektur und Kirchenorganisation, hg. von Sabine Felgenhauer-Schmiedt. (Beiträge zur Mittelalterarchäologie in Österreich 21) Wien 2005

Ferme 2007 = Ferme, Brian Edwin, Introduction to the History of the Sources of Canon Law. The Ancient Law up to the Decretum of Gratian. (Gratianus Series, Section Handbooks) Montréal 2007

Fichtenau 1984 = Fichtenau, Heinrich, Lebensordnungen des 10. Jahrhunderts. Studien über Denkart und Existenz im einstigen Karolingerreich. (Monographien zur Geschichte des Mittelalters 30, 1–2) Stuttgart 1984

Flachenecker/Kießling (Hg.) 2010 = Wirtschaftslandschaften in Bayern. Studien zur Entstehung und Entwicklung ökonomischer Raumstrukturen vom Mittelalter bis ins 19. Jahrhundert, hg. von Helmut Flachenecker und Rolf Kießling. (Zeitschrift für bayerische Landesgeschichte. Beiheft 39) München 2010

Fleckenstein 1981 = Fleckenstein, Josef, Das großfränkische Reich: Möglichkeiten der Großreichsbildung im Mittelater. In: Historische Zeitschrift 233 (1981), S. 265–294

Foljanty 2015 = Foljanty, Lena, Rechtstransfer als kulturelle Übersetzung. Zur Tragweite einer Metapher. In: Kritische Vierteljahresschrift für Gesetzgebung und Rechtswissenschaft 2 (2015), S. 89–107

Font 2013 = Font, Márta, Völker, Kultur, Beziehungen. Zur Entstehung der Regionen in der Mitte des mittelalterlichen Europa. (Studien zur Geschichtsforschung des Mittelalters 29) Hamburg 2013

Foucault 2006 = Foucault, Michel, Von anderen Räumen. In: Dünne/Günzel (Hg.) 2006, S. 317–327 [orig. 1967]

Fransen 1972 = Fransen, Gérard, Les décretales et les collections de décretales. (Typologie des sources du moyen âge occidental 2) Turnhout 1972

Fransen 1973 = Fransen, Gérard, Les collections canoniques. (Typologie des sources du moyen âge occidental 10) Turnhout 1973

Franz (Hg.) 1969 = Grenzbildende Faktoren in der Geschichte, hg. von Günther Franz u. a. (Veröffentlichungen der Akademie für Raumforschung und Landesplanung, Forschungs- und Sitzungsberichte 48; Historische Raumforschung 7) Hannover 1969

Freeden (Hg.) 2009 = Glaube, Kult und Herrschaft. Phänomene des Religiösen im 1. Jahrtausend nach Chr. in Mittel- und Nordeuropa. Akten des 59. Internationalen Sachsensymposions und der Grundprobleme der Frühgeschichtlichen Entwicklung im Mitteldonauraum, hg. von Uta von Freeden. (Kolloquien zur Vor- und Frühgeschichte 12) Bonn 2009

Freund 2004 = Freund, Stephan, Von den Agilolfingern zu den Karolingern. Bayerns Bischöfe zwischen Kirchenorganisation, Reichsintegration und Karolingischer Reform (700–847). (Schriftenreihe zur Bayerischen Landesgeschichte 144) München 2004

Fried 1994 = Fried, Johannes, Gens und regnum. Wahrnehmungs- und Deutungskategorien politischen Wandels im früheren Mittelalter. Bemerkungen zur doppelten Theoriebindung des Historikers. In: Sozialer Wandel im Mittelalter. Wahrnehmungsformen, Erklärungsmuster, Regelungsmechanismen, hg. von Jürgen Miethke und Klaus Schreiner. Sigmaringen 1994, S. 73–104

Fried 2002 = Fried, Johannes, „... vor fünfzig oder mehr Jahren". Das Gedächtnis der Zeugen in Prozeßurkunden und in familiären Memorialtexten. In: Pragmatische Dimensionen mittelalterlicher Schriftkultur, hg. von Christel Meier, Volker Honemann, Hagen Keller und Rudolf Suntrup. München 2002, S. 23–61

Fried 2006 = Fried, Johannes, Imperium Romanum. Das römische Reich und der mittelalterliche Reichsgedanke. In: Millennium 3 (2006), S. 1–42

Fried 2008 = Fried, Johannes, Ungeschehenes Geschehen. Implantate ins kollektive Gedächtnis – eine Herausforderung für die Geschichtswissenschaft. In: Millennium 5 (2008), S. 1–36

Friedrich (Hg.) 2009 = Bewegung im Raum, Raum in Bewegung, hg. von Bernhard Friedrich. (Stadt und Region als Handlungsfeld 6) Frankfurt am Main 2009

Fries-Knoblach/Steuer (Hg.) 2014 = The Baiuvarii and Thuringi. An Ethnographic Perspective, hg. von Janine Fries-Knoblach und Heiko Steuer mit John Hines. (Studies in Historical Archaeoethnology 9) Woodbridge 2014

Füller/Michel (Hg.) 2012 = Die Ordnung der Räume. Geographische Forschung im Anschluss an Michel Foucault, hg. von Henning Füller und Boris Michel. Münster 2012

Fuhrer (Hg.) 2012 = Rom und Mailand in der Spätantike. Repräsentationen städtischer Räume in Literatur, Architektur und Kunst, hg. von Therese Fuhrer. (Topoi 4) Berlin 2012

Galbraith 1989 = Galbraith, John Kenneth, The Anatomy of Power / Anatomie der Macht. Deutsche Übersetzung München 1989

Ganshof 1947, engl. 1971 = Ganshof, François Louis, L'échec de Charlemagne. In: Académie des Inscriptions et Belles Lettres. Comptes Rendus des séances 1947, S. 248–254; engl. Übers.: Charlemagne's Failure. In: Ders., The Carolingians and the Frankish Monarchy. Studies in Carolingian History, translated by Janet Sondheimer. London 1971, S. 256–260

Garfield 2014 = Garfield, Simon, Karten! Ein Buch über Entdecker, geniale Kartografen und Berge, die es nie gab. Darmstadt 2014

Garipzanov 2008 = Garipzanov, Ildar H., The Symbolic Language of Authority in the Carolingian World. Leiden 2008

Gasner 1889 = Gasner, Ernst, Zum deutschen Straßenwesen von der ältesten Zeit bis Mitte des 17. Jahrhunderts. Eine germanistisch-antiquarische Studie. Leipzig 1889

Gautier Dalché 2013 = Gautier Dalché, Patrick, L'espace géographique au Moyen Âge. (Micrologus' Library 57) Florenz 2013

Gautier Dalché 2014 = Gautier Dalché, Patrick, L'enseignement de la géographie dans l'antiquité tardive. In: Klio 96 (2014), S. 144–182

Geary 1983 = Geary, Patrick J., Ethnic Identity as a Situational Construct in the Early Middle Ages. In: Mitteilungen der Anthropologischen Gesellschaft in Wien 13 (1983), S. 15–36

Geary 1988 = Geary, Patrick J., Before France and Germany. The Creation and Transformation of the Merovingian World. New York 1988

Geary 1994 = Geary, Patrick J., Phantoms of Remembrance. Memory and Oblivion at the End of the First Millennium. Princeton, New Jersey 1994

Geary 1999 = Geary, Patrick J., Land, Language and Memory in Europe, 700–1100. In: Transactions of the Royal Historical Society 9 (1999), S. 169–184

Geary 2002a = Geary, Patrick J., The Myth of Nations. The Medieval Origins of Europe. Princeton, New Jersey 2002

Geary 2002b = Geary, Patrick J., Europäische Völker im frühen Mittelalter. Zur Legende vom Werden der Nationen. (Europäische Geschichte) Frankfurt am Main 2002

Geary 2014 = Geary, Patrick J., Rethinking Barbarian Invasions through Genomic History. In: Hungarian Archaeology, E-Journal Autumn 2014, S. 1–8

Geelhaar 2015 = Geelhaar, Tim, Christianitas. Eine Wortgeschichte von der Spätantike bis zum Mittelalter. (Historische Semantik 24) Göttingen 2015

Gengnagel/Schwedler (Hg.) 2013 = Ritualmacher hinter den Kulissen. Zur Rolle von Experten in historischer Ritualpraxis, hg. von Jörg Gengnagel und Gerald Schwedler. (Performanzen 17) Berlin 2013

Genicot 1978 = Genicot, Luc-Francis, L'architecture. Considérations générales. (Typologie des sources du moyen âge occidental 29) Turnhout 1978

Georges 1988 = Ausführliches Lateinisch-Deutsches Handwörterbuch, ausgearbeitet von Karl Ernst Georges. 2 Bde., Nachdruck Hannover 1988

Gerhard/Schrey 1995 = Gerhard, Volker und Heinz-Horst Schrey, Art. Macht. In: TRE 21 (1991), S. 648–657

Geschichtliche Grundbegriffe = Geschichtliche Grundbegriffe. Historisches Lexikon zur politisch-sozialen Sprache in Deutschland, hg. von Otto Brunner, Werner Conze und Reinhard Koselleck. 8 Bde., Stuttgart 1972–1997

Geuenich/Haubrichs/Jarnut (Hg.) 1997 = Nomen et gens. Zur historischen Aussagekraft frühmittelalterlicher Personennamen, hg. von Dieter Geuenich, Wolfgang Haubrichs und Jörg Jarnut. (Ergänzungsbände zum Reallexikon der Germanischen Altertumskunde 16) Berlin/New York 1997

Geuenich/Oexle (Hg.) 1994 = Memoria in der Gesellschaft des Mittelalters, hg. von Dieter Geuenich und Otto Gerhard Oexle (Veröffentlichungen des Max-Planck-Instituts für Geschichte 111) Göttingen 1994

Giaro 1995 = Giaro, Thomasz, Römisches Recht, Romanistik und Rechtsraum Europa. In: Ius Commune 22 (1995), S. 1–16

Giegerich/Odendahl 2014 = Giegerich, Thomas und Kerstin Odendahl, Einleitung. Reflexionen über „Räumlichkeit" und „Persönlichkeit" im Recht. In: Odendahl/Giegerich (Hg.) 2014, S. 13–19

Gillett (Hg.) 2002 = On Barbarian Identity. Critical Approaches to Ethnicity in the Early Middle Ages, hg. von Andrew Gillett. (Studies in the early middle ages 4) Turnhout 2002

Goehring 2013 = Goehring, Margaret, Space, Place and Ornament. The Function of Landscape in Medieval Manuscript Illumination. Turnhout 2013

Göttmann 2009 = Göttmann, Frank, Zur Bedeutung der Raumkategorie in der Regionalgeschichte [http://ubdok.uni-paderborn.de/servlets/DocumentServlet?id=10226 (08.06.2009)]

Goetz 1989 = Goetz, Hans-Werner, Art. Herzog, Herzogtum. In: LexMA 4 (1989), Sp. 2189–2193

Goetz 2000a = Goetz, Hans-Werner, Gentes et Linguae. Völker und Sprachen im Ostfränkisch-deutschen Reich in der Wahrnehmung der Zeitgenossen. In: *Theodisca*. Beiträge zur althochdeutschen und altniederdeutschen Sprache und Literatur in der Kultur des frühen Mittelalters, hg. von Wolfgang Haubrichs u. a. (Ergänzungsbände zum Reallexikon der germanischen Altertumskunde 22) Berlin 2000, S. 290–312

Goetz 2000b = Goetz, Hans-Werner, Gentes. Zur zeitgenössischen Terminologie und Wahrnehmung ostfränkischer Ethnogenese im 9. Jahrhundert. In: Mitteilungen des Instituts für Österreichische Geschichtsforschung 108 (2000), S. 85–116

Goetz 2001 = Goetz, Hans-Werner, Concepts of Realm and Frontiers from Late Antiquity to the Early Middle Ages. Some Preliminary Remarks. In: Pohl/Wood/Reimitz (Hg.) 2001, S. 73–82; nun in: Goetz 2007, S. 287–294

Goetz 2003 = Goetz, Hans-Werner, Wahrnehmungs- und Deutungsmuster als methodisches Problem der Geschichtswissenschaft. In: Das Mittelalter 8 (2003), S. 23–33; nun in: Goetz 2007, S. 19–32

Goetz 2006 = Goetz, Hans-Werner, Gens, Regnum, Lex. Das Beispiel der Franken. In: Dilcher/Distler (Hg.) 2006, S. 537–542

Goetz 2007 = Hans-Werner Goetz, Vorstellungsgeschichte. Gesammelte Schriften zu Wahrnehmungen, Deutungen und Vorstellungen im Mittelalter, hg. von Anja Rathmann-Lutz, Anna Aurast, Simon Elling, Bele Freudenberg und Steffen Patzold. Bochum 2007

Goetz [2]2008 = Goetz, Hans-Werner, Geschichtsschreibung und Geschichtsbewußtsein im hohen Mittelalter. (Orbis mediaevalis 1) Zweite, ergänzte Auflage Berlin 2008

Goetz 2010a = Goetz, Hans-Werner, Vergangenheit und Gegenwart. Mittelalterliche Wahrnehmungs- und Deutungsmuster am Beispiel der Vorstellungen der Zeiten in der früh- und hochmittelalterlichen Historiographie. In: Zwischen Wort und Bild. Wahrnehmungen und Deutungen im Mittelalter, hg. von Hartmut Bleumer, Hans-Werner Goetz, Steffen Patzold und Bruno Reudenbach. Köln 2010, S. 157–202

Goetz 2010b = Goetz, Hans-Werner, Antike Tradition, römische Kontinuität und Wandel in den frühmittelalterlichen Reichen in der Wahrnehmung der frühmittelalterlichen Geschichtsschreibung. Gregor von Tours und Paulus Diaconus im Vergleich. In: Becher/Dick (Hg.) 2010, S. 255–278

Goetz 2011 = Goetz, Hans-Werner, Gott und die Welt. Religiöse Vorstellungen des frühen und hohen Mittelalters, Bd. 1: Das Gottesbild. (Orbis mediaevalis 13/1) Berlin 2011

Goetz/Jarnut/Pohl (Hg.) 2003 = Regna and Gentes. The Relationship between Late Antique and Early Medieval Peoples and Kingdoms in the Transformation of the Roman World, hg. von Hans-Werner Goetz, Jörg Jarnut und Walter Pohl. (The Transformation of the Roman World 13) Leiden 2003

Götze 2011= Götze, Lutz, Zeit-Räume – Raum-Zeiten. Gedanken über Raum und Zeit in den Kulturen. (Im Medium fremder Sprachen und Kulturen 18) Frankfurt am Main 2011

Goffart 2006 = Goffart, Walter A., Barbarian Tides. The Migration Age and the Later Roman Empire. (The Middle Ages Series) Philadelphia, Pa. 2006

Goffart 2009 = Goffart, Walter A., Barbarians, Maps, and Historiography. Studies on the Early Medieval West. (Variorum Collected Studies Series 916) Farnham 2009

Golden 2013 = Golden, Gregory K., Crisis Management during the Roman Republic. The Role of Political Institutions in Emergencies. Cambridge 2013

Gosman/Vanderjagt/Veenstra (Hg.) 1997 = The Propagation of Power in the Medieval West. Selected Proceedings of the International Conference, Groningen 20.–23. November 1996, hg. von Martin Gosman, Arjo Vanderjagt und Jan Veenstra. (Mediaevalia Groningana 23) Groningen 1997

Gotter 2000 = Gotter, Ulrich, Akkulturation als methodisches Problem der historischen Wissenschaften. In: Eßbach (Hg.) 2000, S. 373–406

Grahn-Hoek 1976 = Grahn-Hoek, Heike, Die fränkische Oberschicht im 6. Jahrhundert. (Vorträge und Forschungen, Sonderband 21) Sigmaringen 1976

Gravel 2012 = Gravel, Martin, Distances, Rencontres, Communications. Réaliser l'Empire sous Charlemagne et Louis le Pieux. (Collection Haut Moyen Âge 15) Turnhout 2012

Green/Siegmund (Hg.) 2003 = The Continental Saxons from the Migration Period to the Tenth Century. An Ethnographic Perspective, hg. von Dennis H. Green und Frank Siegmund. (Studies in Historical Archaeoethnology 6) Woodbridge 2003

Grierson 1999 = Grierson, Philip, Commerce in the Dark Ages. A Critique of the Evidence. In: Transaction of the Royal Historical Society 9 (1999), S. 123–140

Gringmuth-Dallmer 2000 = Gringmuth-Dallmer, Eike, Wege, Mittel, und Ebenen der Kommunikation aus der Sicht der Archäologie. In: Rösener (Hg.) 2000, S. 21–45

Groß 2015 = Groß, Katharina Anna, Visualisierte Gegenseitigkeit. Prekarien und Teilurkunden in Lotharingien im 10. und 11. Jahrhundert (Trier, Metz, Toul, Verdun, Lüttich). (Monumenta Germaniae Historica, Schriften 69) Wiesbaden 2015

Groten 2013 = Groten, Manfred, Die mittelalterliche Stadt als Erbin der antiken Civitas. In: Bernsen/Becher/Brüggen (Hg.) 2013, S. 21–33

Groth 2017 = Groth, Simon, *In regnum successit*. ‚Karolinger‘ und ‚Ottonen‘ oder das ‚Ostfränkische Reich‘? (Rechtsräume / Studien zur europäischen Rechtsgeschichte) Frankfurt am Main 2017 [im Druck]

Grünewald, Chr. (Hg.) 2007 = Innere Strukturen von Siedlungen und Gräberfeldern als Spiegel gesellschaftlicher Wirklichkeit? Akten des 57. Internationalen Sachsensymposions vom 26. bis 30. August 2006 in Münster, hg. von Christoph Grünewald. (Veröffentlichungen der Altertumskommission für Westfalen, Landschaftsverband Westfalen-Lippe 17) Münster 2007

Grünewald, Th. [2]2001 = Germania Inferior. Besiedlung, Gesellschaft und Wirtschaft an der Grenze der römisch-germanischen Welt, hg. von Thomas Grünewald. (Ergänzungsbände zum Reallexikon der germanischen Altertumskunde 28) Berlin [2]2001

Günzel (Hg.) 2007 = Topologie. Zur Raumbeschreibung in den Kultur- und Medienwissenschaften, hg. von Stephan Günzel. (Kultur- und Medientheorie) Bielefeld 2007

Günzel (Hg.) 2009 = Raumwissenschaften, hg. von Stephan Günzel. (Suhrkamp-Taschenbuch Wissenschaft 1891) Frankfurt am Main 2009

Günzel (Hg.) 2010 = Raum. Ein interdisziplinäres Handbuch, hg. von Stephan Günzel. Stuttgart 2010

Günzel (Hg.) 2012 = Lexikon der Raumphilosphie, hg. von Stephan Günzel. Darmstadt 2012

Günzel/Nowak (Hg.) 2012 = KartenWissen. Territoriale Räume zwischen Bild und Diagramm, hg. von Stephan Günzel und Lars Nowak. (Trierer Beiträge zu den Historischen Kulturwissenschaften 5) Wiesbaden 2012

Gulczyński (Hg.) 2012 = Rechtsikonographie geistlicher und weltlicher Macht. Vorträge, die während der 11. internationalen Rechtsikonographie-Konferenz vom 4. bis 7. Juni 2009 in Posen gehalten wurden, hg. von Andrzej Gulczyński. (Signa ivris 10) Halle/Saale 2012

Gurjewitsch 1986 = Gurjewitsch, Aaron J., Das Weltbild des mittelalterlichen Menschen. München 1986

Gurt/Ripoll (Hg.) 2000 = Sedes Regiae (400–800 D.C.), hg. von Joseph M. Gurt und Gisela Ripoll. Barcelona 2000

Haar 2001 = Haar, Ingo, Historiker im Nationalsozialismus. Deutsche Geschichtswissenschaft und der ‚Volkstumskampf‘ im Osten. Göttingen 2002

Hägermann/Haubrichs/Jarnut (Hg.) 2004 = Akkulturation. Probleme einer germanisch-römischen Kultursynthese in Spätantike und frühem Mittelalter, bearb. von Claudia Giefers, hg. von Dieter Hägermann, Wolfgang Haubrichs und Jörg Jarnut. (Ergänzungsbände zum Reallexikon der germanischen Altertumskunde 41) Berlin 2004

Haendler [2]1976 = Haendler, Gert, Geschichte des Frühmittelalters und der Germanenmission. (Die Kirche in ihrer Geschichte, Reihe E, Bd. 2) Göttingen [2]1976

Härke 1999 = Härke, Heinrich, Sächsische Ethnizität und archäologische Deutung im frühmittelalterlichen England. In: Häßler/Jarnut/Wemfoff (Hg.) 1999, S. 109–122

Härtel (Hg.) 2014 = Akkulturation im Mittelalter, hg. von Reinhard Härtel. (Vorträge und Forschungen 78) Ostfildern 2014

Häßler/Jarnut/Wemfoff (Hg.) 1999 = Sachsen und Franken in Westfalen. Zur Komplexität der ethnischen Deutung und Abgrenzung zweier frühmittelalterlicher Stämme, hg. von Hans-Jürgen

Häßler, Jörg Jarnut und Matthias Wemhoff. (Studien zur Sachsenforschung 12) Oldenburg 1999

Hättich 1987 = Hättich, Manfred, Art. Macht. In: Staatslexikon[7] 3 (1987), Sp. 978–981

Haferkamp 2014 = Haferkamp, Hans-Peter, Art. Kontinuität. In: HRG[3] (17. Lfg. 2014), Sp. 154–158

Hagemann 1999 = Hagemann, Mariëlle, Between the Imperial and the Sacred. The Gesture of Coronation in Carolingian and Ottonian Images. In: Mostert (Hg.) 1999, S. 127–163

Halle/Mahsarski (Red.) 2013 = Graben für Germanien. Archäologie unterm Hakenkreuz, hg. vom Focke-Museum, Bremen. Redaktion: Uta Halle und Dirk Mahsarski. Stuttgart 2013

Halsall 2003 = Halsall, Guy, Warfare and Society in the Barbarian West (450–900). London 2003

Halsall 2007 = Halsall, Guy, Barbarian migrations and the Roman West 376–568. (Cambridge medieval textbooks) Cambridge 2007

Hamilton 2013 = Hamilton, Sarah, Church and people in the medieval West 900–1200. (The medieval World) Harlow 2013

Hannah 2013 = Hannah, Matthew, Foucault, Macht, Territorium. In: Belina (Hg.) 2013, S. 109–127

Hansen/Meyer (Hg.) 2013 = Parallele Raumkonzepte, hg. von Svend Hansen und Michael Meyer. (Topoi 16) Berlin 2013

Hansen/Wickham (Hg.) 2000 = The Long Eighth Century, hg. von Inge Lyse Hansen und Chris Wickham. (The Transformation of the Roman World 11) Leiden 2000

Hardt 2000 = Hardt, Matthias, Linien und Säume, Zonen und Räume an der Ostgrenze des Reiches im frühen und hohen Mittelalter. In: Pohl/Reimitz (Hg.) 2000, S. 39–56

Hardt 2004 = Hardt, Matthias, Gold und Herrschaft. Die Schätze europäischer Könige und Fürsten im ersten Jahrtausend. (Europa im Mittelalter 6) Berlin 2004

Hartmann 2008 = Hartmann, Wilfried, Kirche und Kirchenrecht um 900. Die Bedeutung der spätkarolingischen Zeit für Tradition und Innovation im kirchlichen Recht. (Monumenta Germaniae Historica, Schriften 58) Hannover 2008

Hartmann (Hg.) 2007 = Recht und Gericht in Kirche und Welt um 900, hg. von Wilfried Hartmann. (Schriften des Historischen Kollegs, Kolloquien 69) München 2007

Haubrichs/Schneider (Hg.) 1993 = Grenzen und Grenzregionen. Frontières et régions frontalières. Borders and Border Regions, hg. von Wolfgang Haubrichs und Reinhard Schneider. (Veröffentlichungen der Kommission für Saarländische Landesgeschichte und Volksforschung 22) Saarbrücken 1993

Haupt 2012 = Haupt, Peter, Landschaftsarchäologie. Eine Einführung. Darmstadt 2012

Haverkamp 2006 = Haverkamp, Alfred, Gemeinschaften und Räume während des Mittelalters. Einige Thesen. In: Irsigler (Hg.) 2006, S. 247–284

Hawking 1988 = Hawking, Stephen, A Brief History of Time. London 1988; deutsche Übersetzung: Reinbek 1991

Hawking/Mlodinow 2005 = Hawking, Stephen, mit Leonard Mlodinow, A Briefer History of Time. London 2005

Heather 2009 = Heather, Peter J., Empires and Barbarians. Migration, Development and the Birth of Europe. London 2009

Heather 2010 = Heather, Peter, J, Empires and Barbarians. The Fall of Rome and the Birth of Europe. New York 2010

Heather 2011 = Heather, Peter J., Invasion der Barbaren. Die Entstehung Europas im ersten Jahrtausend nach Christus. Stuttgart 2011

Heather 2013 = Heather, Peter J., The Restoration of Rome. Barbarian Popes and Imperial Pretenders. London 2013

Hechberger 2005 = Hechberger, Werner, Adel im fränkisch-deutschen Mittelalter. Zur Anatomie eines Forschungsproblems. (Mittelalter-Forschungen 17) Ostfildern 2005

Hedeager 1999 = Hedeager, Lotte, Sacred Topography. Depositions of Wealth in the Cultural Landscape. In: Glyfer och arkeologiska rum. En vänbok til Jarl Nordbladh, hg. von Anders Gustafsson und Håkan Karlsson. Göteborg 1999, S. 229–252

Hedeager 2000 = Hedeager, Lotte, Migration Period Europe. The Formation of a Political Mentality. In: Theuws/Nelson (Hg.) 2000, S. 15–57

Heidecker 1999 = Heidecker, Karl, Communication by Written Texts in Court Cases. Some Charter Evidence (ca. 800–ca. 1100). In: Mostert (Hg.) 1999, S. 101–126

Heinrich-Tamaska/Krohn/Ristow (Hg.) 2012 = Christianisierung Europas. Entstehung, Entwicklung und Konsolidierung im archäologischen Befund, hg. von Orsolya Heinrich-Tamaska, Niklot Krohn und Sebastian Ristow. Regensburg 2012

Heirbaut 2010a = Heirbaut, Dirk, Rechtsgewohnheiten und semi-autonome Felder. In: Rechtsgeschichte 17 (2010), S. 55–57

Heirbaut 2010b = Heirbaut, Dirk, An Unknown Treasure for Historians of Early Medieval Europe. The Debate of German Legal Historians on the Nature of Medieval Law. In: Rechtsgeschichte 17 (2010), S. 87–90

Heit (Hg.) 1987 = Zwischen Gallia und Germania, Frankreich und Deutschland. Konstanz und Wandel raumbestimmender Kräfte. Vorträge auf dem 36. Deutschen Historikertag, Trier, 8.-12. Oktober 1986, hg. von Alfred Heit. (Trierer Historische Forschungen 12) Trier 1987

Hen/Innes (Hg.) 2000 = The Uses of the Past in early Medieval Europe, hg. von Yitzhak Hen und Mathew Innes. Cambridge 2000

Henning (Hg.) 2002 = Europa im 10. Jahrhundert. Archäologie einer Aufbruchszeit. Internationale Tagung in Vorbereitung der Ausstellung „Otto der Große, Magdeburg und Europa", hg. von Joachim Henning. Mainz 2002

Henning (Hg.) 2007 = Post-Roman Towns, Trade and Settlement in Europe and Byzantium, hg. von Joachim Henning. (Millennium-Studien 5/1 und 2), 2 Bde., Berlin 2007

Herbers 2015 = Herbers, Klaus, Christen und Muslime im 9. Jahrhundert in Italien und Spanien. Gewalt und Kontakt, Konzeptualisierung und Wahrnehmung. In: Historische Zeitschrift 301 (2015), S. 1–30

Herbers (Hg.) 2007 = Grenzräume und Grenzüberschreitungen im Vergleich. Der Osten und der Westen des mittelalterlichen Lateineuropa, hg. von Klaus Herbers. (Europa im Mittelalter 7) Berlin 2007

Herrmann/Sprandel (Hg.) 1987 = Determinanten der Bevölkerungsentwicklung im Mittelalter, hg. von Bernd Herrmann und Rolf Sprandel. Weinheim 1987

Hersche 2010 = Hersche, Peter, Verschieden und Gleich. Ein christliches Abendland, aber verschiedene konfessionelle Kulturen. In: Fechtrup (Hg.) 2010, S. 89–112

Hesse 2007 = Hesse, Christian, Handel und Straßen. Der Einfluss der Herrschaft auf die Verkehrsinfrastruktur in Fürstentümern des spätmittelalterlichen Reiches. In: Schwinges (Hg.) 2007, S. 229–256

Hiltbrunner 1968 = Hiltbrunner, Otto, Die Heiligkeit des Kaisers. Zur Geschichte des Begriffs „sacer". In: Frühmittelalterliche Studien 2 (1968), S. 1–30

Hindelang/Wüst/Müller (Hg.) 2011 = Reichskreise und Regionen im frühmodernen Europa. Horizonte und Grenzen im „spatial turn". Tagung bei der Akademie des Bistums Mainz, hg. von Regina Hindelang, Wolfgang Wüst und Michael Müller. (Mainzer Studien zur neueren Geschichte 29) Frankfurt am Main 2011

Hines 2003 = Hines, John, The Conversion of the Old Saxons. In: The Continental Saxons from the Migration Period to the Tenth Century. An Ethnographic Perspective, hg. von Dennis H. Green und Frank Siegmund. (Studies in Historical Archaeoethnology) Woodbridge 2003, S. 299–328

Hirsch/O'Hanlon (Hg.) 1995 = The Anthropologie of Landscape. Perspectives on Place and Space, hg. von Eric Hirsch und Michael O'Hanlon. (Oxford Studies in Social and Cultural Anthropology) Oxford 1995

Hirschmann 2011/2012 = Hirschmann, Frank G., Die Anfänge des Städtewesens in Mitteleuropa. (Monographien zur Geschichte des Mittelalters 59/1–2), 2 Bde., Stuttgart 2011–2012

Hobsbawm/Ranger (Hg.) 1983 = The Invention of Tradition, hg. von Eric J. Hobsbawm und Terence Ranger. (Past and Present Publications) Cambridge, Engl./New York 1983

Hoops² = Reallexikon der Germanischen Altertumskunde. Von Johannes Hoops. Zweite, völlig neu bearbeitete und stark erweiterte Auflage mit Unterstützung der Akademie der Wissenschaften in Göttingen unter redaktioneller Leitung von Rosemarie Müller hg. von Heinrich Beck, Dieter Geuenich und Heiko Steuer. 35 Bde., Berlin 1973–2007

HRG = Handwörterbuch zur deutschen Rechtsgeschichte, hg. von Adalbert Erler und Ekkehard Kaufmann. Berlin 1971–1998

HRG² = Handwörterbuch zur deutschen Rechtsgeschichte, 2., völlig überarbeitete und erweiterte Auflage, hg. von Albrecht Cordes, Heiner Lück, Dieter Werkmüller und Ruth Schmid-Wiegand. Berlin 2004 ff. in Einzellieferungen, inzwischen vollständig sind Bd. 1 (2008) und Bd. 2 (2012)

Huber 2005 = Huber, Wolfgang, Die jüdisch-christliche Tradition. In: Joas/Wiegandt (Hg.) 2005, S. 69–92

Hummer 2005 = Hummer, Hans Josef, Politics and Power in early medieval Europe. Alsace and the Frankish Realm, 600–1000. (Cambridge Studies in Medieval Life and Thought 4,65) Cambridge 2005

Humphrey/Ormrod (Hg.) 2001 = Time in the Medieval World, hg. von Chris Humphrey und William Mark Ormrod. York 2001

Hundt (Hg.) 2014 = Hanse und Stadt. Akteure, Strukturen und Entwicklungen im regionalen und europäischen Raum. Festschrift für Rolf Hammel-Kiesow zum 65. Geburtstag, hg. von Michael Hundt. (Einzelveröffentlichung des Vereins für Lübeckische Geschichte und Altertumskunde) Lübeck 2014

Huschner 2003 = Huschner, Wolfgang, Transalpine Kommunikation im Mittelalter. Diplomatische, kulturelle und politische Wechselwirkungen zwischen Italien und dem nordalpinen Reich (9.-11. Jahrhundert). (Monumenta Germaniae Historica Schriften, 52), 3 Bde., Hannover 2003

Ickerodt 2011 = Ickerodt, Ulf F., Der ganze Mensch. Archäologie und Geschichte als Historische Anthropologie. In: Burmeister/Müller-Scheeßel (Hg.) 2011, S. 269–296

Imbusch 1998 = Imbusch, Peter, Macht und Herrschaft in der Diskussion. In: Imbusch (Hg.) 1998, S. 9–26

Imbusch (Hg.) 1998 = Macht und Herrschaft. Sozialwissenschaftliche Konzeptionen und Theorien, hg. von Peter Imbusch. Opladen 1998

Innes 2000 = Innes, Matthew, State and Society in the early Middle Ages. The Middle Rhine Valley, 400–1000. (Cambridge Studies in Medieval Life and Thought 4,47) Cambridge 2000

Innes 2001 = Innes, Matthew, People, Places and Power in Carolingian Society. In: De Jong/Theuws (Hg.) 2001, S. 397–437

Innes 2008 = Innes, Matthew J., Practices of Property in the Carolingian Empire. In: Davis/McCormick (Hg.) 2008, S. 247–266

Irsigler 1969 und ²1981 = Irsigler, Franz, Untersuchungen zur Geschichte des frühfränkischen Adels. (Rheinisches Archiv 70) Bonn 1969. Zweite, um einen Nachtrag erweiterte Auflage Bonn 1981

Irsigler 1987 = Irsigler, Franz, Raumkonzepte in der historischen Forschung. In: Heit (Hg.) 1987, S. 11–27

Irsigler 2000 = Irsigler, Franz, Zur wirtschaftlichen Bedeutung der frühen Grundherrschaft. In: Dilcher/Violante (Hg.) 2000, S. 165–187

Irsigler (Hg.) 2006 = Zwischen Maas und Rhein. Beziehungen, Begegnungen und Konflikte in einem europäischen Kernraum von der Spätantike bis zum 19. Jahrhundert. Versuch einer Bilanz, hg. von Franz Irsigler. (Trierer Historische Forschungen 61) Trier 2006

Isaac 1988 = Isaac, Benjamin H., The Meaning of the Terms limes and limitanei. In: Journal of Roman Studies 78 (1988), S. 125–147

Isenmann 2012 = Isenmann, Eberhard, Die deutsche Stadt im Mittelalter 1150–1550. Stadtgestalt, Recht, Verfassung, Stadtregiment, Kirche, Gesellschaft, Wirtschaft. Köln 2012

Jacobsen 2006 = Jacobsen, Werner, Ottonische Großbauten zwischen Tradition und Neuerung. Überlegungen zum Kirchenbau des 10. Jahrhunderts im Reichsgebiet (919–1024). In: Zeitschrift des Deutschen Vereins für Kunstwissenschaft 58, 2004 (2006), S. 9–41

Jäggi 2006 = Jäggi, Carola, Die Kirche als heiliger Raum. Zur Geschichte eines Paradoxons. In: Sakralität zwischen Antike und Neuzeit, hg. von Berndt Hamm, Klaus Herbers und Heidrun Stein-Kecks. (Beiträge zur Hagiographie 6) Stuttgart 2007, S. 75–89

Jamroziak (Hg.) 2013 = Monasteries on the Borders of Medieval Europe. Conflict and Cultural Interaction, hg. von Emilia Jamroziak. (Medieval church studies 28) Turnhout 2013

Janssen 2000 = Janssen, Helmut, Die Übertragung von Rechtsvorstellungen auf fremde Kulturen am Beispiel des englischen Kolonialrechts. Ein Beitrag zur Rechtsvergleichung. (Studien zum ausländischen und internationalen Privatrecht 79) Tübingen 2000

Jarnut 1994 = Jarnut, Jörg, Aspekte des Kontinuitätsproblems in der Völkerwanderungszeit. In: Zur Kontinuität zwischen Antike und Mittelalter am Oberrhein, hg. von Franz Staab. (Oberrheinische Studien) Sigmaringen 1994, S. 35–51

Jarnut 2004a = Jarnut, Jörg, Die Entstehung des mittelalterlichen deutschen Reiches als Forschungsproblem. In: Beck/Geuenich/Steuer (Hg.) 2004, S. 255–263

Jarnut 2004b = Jarnut, Jörg, Anmerkungen zum Staat des frühen Mittelalters. Die Kontroverse zwischen Johannes Fried und Hans-Werner Goetz. In: Hägermann/Haubrichs/Jarnut (Hg.) 2004, S. 504–509

Jarnut 2006 = Jarnut, Jörg, Germanisch. Plädoyer für die Abschaffung eines obsoleten Zentralbegriffes der Frühmittelalterforschung. In: Dilcher/Distler (Hg.) 2006, S. 69–78

Jaser/Lotz-Heumann/Pohlig (Hg.) 2012 = Alteuropa. Vormoderne, Neue Zeit. Epochen und Dynamiken der europäischen Geschichte (1200–1800), hg. von Christian Jaser, Ute Lotz-Heumann und Matthias Pohlig. (Zeitschrift für Historische Forschung Beiheft 46) Berlin 2012

Jaspers 1955 = Jaspers, Karl, Vom Ursprung und Ziel der Geschichte. München 1949, zitiert nach der Lizenzausgabe Frankfurt am Main 1955

Jerram 2013 = Jerram, Leif, Space. A Useless Category for Historical Analysis? In: History and Theory 52 (2013), S. 400–419

Jhering 1852–65, ⁴1880–1888, ⁸1954 = Jhering, Rudolf von, Geist des römischen Rechts auf den verschiedenen Stufen seiner Entwicklung. 3 Teile in 4 Bänden, Leipzig 1852–1865, vierte, verbesserte Auflage 1880–1888, achte Auflage Darmstadt 1954

Joas 2005 = Joas, Hans, Die kulturellen Werte Europas. Eine Einleitung. In: Joas/Wiegandt (Hg.) 2005, S. 11–39

Joas/Wiegandt (Hg.) 2005 = Die kulturellen Werte Europas, hg. von Hans Joas und Klaus Wiegandt. (Forum für Verantwortung) Frankfurt am Main [2]2005

Johanek 2012 = Johanek, Peter, Die Straße im Recht und in der Herrschaftsausübung des Mittelalters. In: Die Vielschichtigkeit der Straße. Kontinuität und Wandel in Mittelalter und früher Neuzeit, hg. von Kornelia Holzner Tobisch, Thomas Kühtreiber und Gertrud Blaschitz. (Veröffentlichungen des Instituts für Realienkunde des Mittelalters und der Frühen Neuzeit 22 = Österreichische Akademie der Wissenschaften, Phil.-Hist. Klasse, Sitzungsberichte 826) Wien 2012, S. 233–262

Johnson 2013 = Johnson, Matthew H., What do Medieval Buildings Mean? In: History and Theory 52 (2013), S. 380–399

Jones 2014 = Jones, Christopher P., Between Pagan and Christian. Cambridge, Mass. 2014

Jureit 2012 = Jureit, Ulrike, Das Ordnen von Räumen. Territorium und Lebensraum im 19. und 20. Jahrhundert. Hamburg 2012

Kämper 2008 = Kämper, Frank, Osteuropäischer Raum. In: Melville/Staub (Hg.) 2008, Bd. 2, S. 347–351

Kahl 1978a = Kahl, Hans-Dietrich, Die ersten Jahrhunderte des missionsgeschichtlichen Mittelalters. Bausteine für eine Phänomenologie bis circa 1050. In: Die Kirche des früheren Mittelalters, hg. von Knut Schäferdiek. (Kirchengeschichte als Missionsgeschichte 2/1) München 1978, S. 11–76

Kahl 1978b = Kahl, Hans-Dietrich, Einige Beobachtungen zum Sprachgebrauch von *natio* im mittelalterlichen Latein mit Ausblicken auf das neuhochdeutsche Fremdwort „Nation". In: Beumann/Schröder (Hg.) 1978, S. 63–108

Kahl 1982 = Kahl, Hans-Dietrich, Karl der Große und die Sachsen. Stufen und Motive einer historischen „Eskalation". In: Politik, Gesellschaft, Geschichtsschreibung. Gießener Festgabe für František Graus zum 60. Geburtstag, hg. von Herbert Ludat und Rainer Christoph Schwinges. (Beihefte zum Archiv für Kulturgeschichte 18) Köln 1982, S. 49–130

Kaiser 1990 = Kaiser, Reinhold, Bistumsgründungen und Kirchenorganisation im 8. Jahrhundert. In: Der heilige Willibald. Klosterbischof oder Bistumsgründer?, hg. von Harald Dickerhoff, Ernst Reiter und Stefan Weinfurter. (Eichstätter Studien, Neue Folge 30) Regensburg 1990, S. 29–67

Kaiser 2002 = Kaiser, Reinhold, Konstituierung der fränkischen Zivilisation. I. Das merowingische Frankenreich. In: Ehlers, J. (Hg.) 2002, S. 53–97

Kalb 2008 = Kalb, Heribert, Recht. In: Melville/Staub (Hg.) 2008, Bd. 1, S. 189–228 und 234–245

Kandinsky 1926 = Kandinsky, Wassily, Punkt und Linie zu Fläche. (Bauhaus Bücher 9) München 1926. Verschiedene Nachdrucke.

Kanitschneider 2010 = Kanitschneider, Bernulf, Zählen und Messen. Der Weg zur mathematischen Beschreibung der Natur. In: Fechtrup (Hg.) 2010, S. 65–88

Kannowski 2010 = Kannowski, Bernd, Recht als Formel von Gewalt im Mittelalter. In: Rechtsgeschichte 17 (2010), S. 45–49

Kapp 1868 = Kapp, Ernst, Vergleichende allgemeine Erdkunde in wissenschaftlicher Darstellung. Braunschweig 1868

Katz (Hg.) 2009 = The Oxford International Encyclopedia of Legal History, hg. von Stanley N. Katz. 6 Bde., Oxford 2009

Kaufmann 2012 = Kaufmann, Thomas, Die Einheit Europas zwischen Vormoderne und Moderne. In: Jaser/Lotz-Heumann/Pohlig (Hg.) 2012, S. 59–77

Keller, H. 1989 = Keller, Hagen, Zum Charakter der ‚Staatlichkeit' zwischen karolingischer Reichs-
reform und hochmittelalterlichem Herrschaftsausbau. In: Frühmittelalterliche Studien 23
(1989), S. 248–264

Keller, H. 1991 = Keller, Hagen, Reichsorganisation, Herrschaftsformen und Gesellschaftsstruk-
turen im Regnum Teutonicum. In: Settimane di studio del Centro italiano di studi sull'alto
medioevo 37 (1991), S. 159–195

Keller, R. 2016 = Keller, Reiner, Die symbolische Konstruktion von Räumen. Sozialkonstruktivis-
tisch-diskursanalytische Perspektiven. In: Christmann (Hg.) 2016, S. 55–78

Kerstin/Krötke/Sigrist 2000 = Kerstin, Wolfgang, Wolf Krötke und Christian Sigrist, Art. Herrschaft.
In: RGG⁴ 3 (2000), Sp. 1688–1690

Kleijn/Benoist (Hg.) 2014 = Integration in Rome and in the Roman World. Proceedings of the Tenth
Workshop of the International Network Impact of Empire (Lille, June 23–25, 2011), hg. von
Gerda de Kleijn und Stéphane Benoist. (Impact of Empire 17) Leiden 2014

Kleingärtner/Newfield/Rossignol (Hg.) 2013 = Landscapes and Societies in Medieval Europe East
of the Elbe. Interactions between Environmental Settings and Culural Transformations, hg.
von Sunhild Kleingärtner, Timothy P. Newfield und Sébastien Rossignol. (Papers in Mediaeval
Studies 23) Turnhout 2013

Kleingärtner/Zeilinger (Hg.) 2012 = Raumbildung durch Netzwerke? Der Ostseeraum zwischen
Wikingerzeit und Spätmittelalter aus archäologischer und geschichtswissenschaftlicher
Perspektive. Beiträge des am 28. und 29. Oktober 2010 in Kiel veranstalteten internationalen
Workshops, hg. von Sunhild Kleingärtner und Gabriel Zeilinger. (Zeitschrift für Archäologie
des Mittelalters. Beiheft 23) Bonn 2012

Kleinjung/Albrecht (Hg.) 2014 = Das lange 10. Jahrhundert. Struktureller Wandel zwischen Zentra-
lisierung und Fragmentierung, äußerem Druck und innerer Krise, hg. von Christine Kleinjung
und Stefan Albrecht. (Römisch-Germanisches Zentralmuseum. Tagungen 19) Regensburg 2014

Kluge 2007 = Kluge, Bernd, Numismatik des Mittelalters. Bd. 1: Handbuch und Thesaurus Num-
morum Medii Aevi. (Sitzungsberichte der Akademie der Wissenschaften in Wien, Phil.-Hist.
Klasse 769) Berlin 2007

Knoblauch 2016 = Knoblauch, Hubert, Über die kommunikative Konstruktion der Wirklichkeit. In:
Christmann (Hg.) 2016, S. 29–53

Knox/Marston 1998/2001 = Knox, Paul L. und Sallie A. Marston, Places and Regions in Global
Context. Human Geography. Upper Saddle River, New Jersey 1998. Deutsche Übersetzung
unter dem Titel: Humangeographie. (Spektrum Lehrbuch) Heidelberg 2001

Koal 2001 = Koal, Valeska, Studien zur Nachwirkung der Kapitularien in den Kanonessammlungen
des Frühmittelalters. (Freiburger Beiträge zur mittelalterlichen Geschichte 13) Frankfurt am
Main 2001

Kocher/Lück/Schott (Hg.) 2014 = Beiträge zur Rechtsikonographie, Rechtsarchäologie und Rechtlichen Volkskunde, hg. von Gernot Kocher, Heiner Lück und Clausdieter Schott. (Signa iuris 13)
Halle/Saale 2014

Köbler 1990 = Köbler, Gerhard, Einfache Bibliographie europäisch-deutscher Rechtsgeschichte.
(Arbeiten zur Rechts- und Sprachwissenschaft 29) Gießen 1990

Köck 2015 = Köck, Julian, „Die Geschichte hat immer Recht". Die Völkische Bewegung im Spiegel
ihrer Geschichtsbilder. Frankfurt am Main 2015

Kölzer 2015 = Kölzer, Theo, Die Anfänge der sächsischen Diözesen in der Karolingerzeit. In: Archiv
für Diplomatik 61 (2015), S. 11–37

Kölzer (Hg.) 2009 = Von der Spätantike zum frühen Mittelalter. Kontinuitäten und Brüche, Konzeptionen und Befunde, hg. von Theo Kölzer. (Vorträge und Forschungen / Konstanzer Arbeitskreis für Mittelalterliche Geschichte 70) Ostfildern 2009

Körntgen 2001 = Körntgen, Ludger, Königsherrschaft und Gottes Gnade. Zu Kontext und Funktion sakraler Vorstellungen in Historiographie und Bildzeugnissen der ottonisch-frühsalischen Zeit. (Orbis mediaevalis. Vorstellungswelten des Mittelalters 2) Berlin 2001

Körntgen (Hg.) 2003 = Religion und Politik im Mittelalter. Deutschland und England im Vergleich. Papers Presented at the Conference of the Prince Albert Society Held at Coburg in 2010, hg. von Ludger Körntgen. (Prinz-Albert-Studien 29) Berlin 2013

Körntgen (Hg.) 2011 = Patterns of Episcopal Power. Bishops in tenth and eleventh Century Western Europe. Proceedings of a Workshop held in April 2009 at the University of Bayreuth and of a Session of the International Medieval Congress held in 2009 in Leeds, England, hg. von Ludger Körntgen. (Prinz-Albert-Forschungen 6) Berlin 2011

Körntgen/Waßenhoven (Hg.) 2012 = Religion and Politics in the Middle Ages. Religion und Politik im Mittelalter. Germany and England by Comparison. Deutschland und England im Vergleich, hg. von Ludger Körntgen und Dominik Waßenhoven. (Prinz-Albert-Studien 29) Berlin 2012

Köster 2002 = Köster, Werner, Die Rede über den „Raum". Zur semantischen Karriere eines deutschen Konzepts. (Studien zur Wissenschafts- und Universitätsgeschichte 1) Heidelberg 2002

Kohl 2013 = Kohl, Thomas, Villae publicae und Taufkirchen. Ländliche Zentren im süddeutschen Raum der Karolingerzeit. In: Zentrale Orte und zentrale Räume des Frühmittelalters in Süddeutschland. Tagung des Römisch-Germanischen Zentralmuseums Mainz und der Friedrich-Schiller-Universität Jena vom 7.–9. 10. 2011 in Bad Neustadt an der Saale, hg. von Peter Ettel und Lukas Werther. Regensburg 2013, S. 161–174

Kohlschein/Wünsche (Hg.) 1998 = Heiliger Raum. Architektur, Kunst und Liturgie in mittelalterlichen Kathedralen und Stiftskirchen, hg. von Franz Kohlschein und Peter Wünsche. (Liturgiewissenschaftliche Quellen und Forschungen 82) Münster 1998

Koselleck 1982 = Koselleck, Reinhart, Art. Krise. In: Geschichtliche Grundbegriffe 3 (1982), S. 617–650

Koselleck 1995 = Koselleck, Reinhart, Vergangene Zukunft. Zur Semantik geschichtlicher Zeiten. Frankfurt am Main [3]1995

Koselleck 1996 = Koselleck, Reinhart, Raum und Geschichte; nun in: Ders., Zeitschichten. Studien zur Historik, mit einem Beitrag von Hans-Georg Gadamer. Frankfurt am Main 2000, S. 78–96

Koselleck/Moraw/Günther/Ilting/Hilger 1982 = Koselleck, Reinhart, Peter Moraw, Horst Günther, Karl-Heinz Ilting und Dietrich Hilger, Art. Herrschaft. In: Geschichtliche Grundbegriffe 3 (1982), S. 1–102

Koziol 2012 = Koziol, Geoffrey Granter, The Politics of Memory and Identity in Carolingian Royal Diplomas. The West Frankish Kingdom (840–987). (Utrecht Studies in Medieval Literacy 19) Turnhout 2012

Krah 2006 = Krah, Adelheid, Herrschaft und Konflikt in karolingischer und ottonischer Zeit. In: Dilcher/Distler (Hg.) 2006, S. 321–330

Krause 2010 = Krause, Johannes, From Genes to Genomes. What Is New in Ancient DNA. In: Mitteilungen der Gesellschaft für Urgeschichte 19 (2010), S. 11–34

Krause/Köbler 2012 = Krause, Hermann und Gerhard Köbler, Art. Gewohnheitsrecht. In: HRG[2] (2012), Sp. 364–375

Krebs/Seifert (Hg.) 2012 = Landschaft quer denken. Theorien, Bilder, Formationen, hg. von Stefanie Krebs und Manfred Seifert. (Schriften zur sächsischen Geschichte und Volkskunde 39) Leipzig 2012

Krey 2015 = Krey, Alexander, Die Praxis der spätmittelalterlichen Laiengerichtsbarkeit. Gerichts-
und Rechtslandschaften des Rhein-Main-Gebietes im 15. Jahrhundert im Vergleich. (Forschungen zur deutschen Rechtsgeschichte 30) Köln 2015

Kroeschell 1978 = Kroeschell, Karl, Art. Herrschaft. In: HRG 2 (1978), Sp. 104–108

Kroeschell [13]2008 = Kroeschell, Karl, Deutsche Rechtsgeschichte, Bd. 1. (UTB 2734) Stuttgart
[13]2008

Kroeschell 2010 = Kroeschell, Karl, „Rechtsgewohnheiten" und wie es dazu kam. In: Rechtsgeschichte 17 (2010), S. 58–61

Kropp/Meier 2010 = Kropp, Claus und Thomas Meier, Entwurf einer Archäologie der Grundherrschaft im älteren Mittelalter. In: Beiträge zur Mittelalterarchäologie in Österreich 26 (2010),
S. 97–124

Krüger 1971 = Krüger, Karl Heinrich, Königsgrabkirchen der Franken, Angelsachsen und Langobarden bis zur Mitte des achten Jahrhunderts. Ein Katalog. (Münstersche Mittelalter-Schriften 4)
München 1971

Kuchenbuch/Kleine 2006 = Kuchenbuch, Ludolf und Uta Kleine, Textus im Mittelalter. Erträ-
ge, Nachträge, Hypothesen. In: ,Textus' im Mittelalter. Komponenten und Situationen des
Wortgebrauchs im schriftsemantischen Feld, hg. von Ludolf Kuchenbuch und Uta Kleine.
(Veröffentlichungen des Max-Planck-Instituts für Geschichte 216) Göttingen 2006

Kümin/Usborne 2013 = Kümin, Beat und Cornelie Usborne, At Home and in the Workplace. A
Historical Introduction to the ,Spatial Turn'. In: History and Theory 52 (2013), S. 305–318

Künßberg 1936 = Künßberg, E. von, Flurnamen und Rechtsgeschichte. Weimar 1936

Künzl 2010 = Künzl, Ernst, Auf dem Weg in das Mittelalter. Die Gräber Constantins, Theoderichs
und Chlodwigs. In: Byzanz. Das Römerreich im Mittelalter. Teil 1: Welt der Ideen, Welt der
Dinge, hg. von Falko Daim und Jörg Drauschke. (RGZM Monographien 84,1) Mainz 2010

Küster 1995 = Küster, Hansjörg, Geschichte der Landschaft in Mitteleuropa. Von der Eiszeit bis zur
Gegenwart. München 1995

Kuhlwilm et al. 2016 = Kuhlwilm, Martin, Ilan Gronau, Melissa J. Hubisz, Cesare de Filippo, Javier
Prado-Martinez u. a., Ancient gene flow from early modern humans into Eastern Neanderthals.
In: Nature 2016 [doi:10.1038/nature16544]

Kundert/Schmid/Schmid (Hg.) 2007 = Ausmessen, Darstellen, Inszenieren. Raumkonzepte und
die Wiedergabe von Räumen in Mittelalter und früher Neuzeit, hg. von Ursula Kundert, Barbara Schmid und Regula Schmid. Zürich 2007

Kuskowski 2014 = Kuskowski, Ada-Maria, Inventing Legal Space. From Regional Custom to Common Law in the Coutumiers of Medieval France. In: Cohen/Madeline (Hg.) 2014, S. 133–158

Kypta 2014 = Kypta, Ulla, Die Autonomie der Routine. Wie im 12. Jahrhundert das englische Schatz-
amt entstand. (Historische Semantik 21) Göttingen 2014

Lamprecht 1900 = Lamprecht, Karl, Die kulturhistorische Methode. Berlin 1900

Lamprecht 1908 = Lamprecht, Karl, Europäische Expansion in Vergangenheit und Gegenwart. In:
Geschichte der Neuzeit, Bd. 3: Das nationale und soziale Zeitalter seit 1815 = Weltgeschich-
te, hg. von Julius von Pflugk-Harttung, Bd. 6., Berlin 1908, S. 599–625. Nachdruck in: Karl
Lamprecht, Ausgewählte Schriften zur Wirtschafts- und Kulturgeschichte und zur Theorie der
Geschichtswissenschaft. Mit einem Vorwort und literarischen Bemerkungen hg. von Herbert
Schönebaum [Leipzig 1965, unpubliziert]. Gedruckt Aalen 1974, S. 691–717

Landau 2006 = Landau, Peter, Die Kirche als Vermittlerin schriftlichen Rechts. In: Dilcher/Distler
(Hg.) 2006, S. 219–230

Landau 2011 = Landau, Peter, Gelehrtes Recht und deutsche Verfassungsgeschichte. Der Prozess
Heinrich des Löwen und die Gelnhäuser Urkunde. In: Der Einfluss der Kanonistik auf die

europäische Rechtskultur, Bd. 2: Öffentliches Recht, hg. von Orazio Condorelli. (Norm und Struktur 37/2) Köln 2011, S. 39–60

Landau 2012 = Landau, Peter, Art. Kirchenrecht, katholisches. In: HRG^2 2 (2012), Sp. 1821–1826

Langewand 2009 = Langewand, Knut, Historik im Historismus. Geschichtsphilosophie und historische Methode bei Ernst Bernheim. (Europäische Hochschulschriften 3/1059) Frankfurt am Main 2009

Lauwers 2014 = Lauwers, Michel, Monastères et espace social. Genèse et transformation d'un système de lieux dans l'Occident médiéval. (Collection d'études médiévales de Nice 15) Turnhout 2014

LCI = Lexikon der christlichen Ikonographie, hg. von Engelbert Kirschbaum. Sonderausgabe in 8 Bänden, Rom 1968–1976

Le Goff 2004 = Le Goff, Jaques, Die Geburt Europas im Mittelalter. München 2004

Le Goff 2014, engl. 2015 = Le Goff, Jacques, Faut-il vraiment découper l'histoire en tranches? (La librairie du XXIe siècle) Paris 2014; engl. Übersetzung von Malcolm DeBevoise unter dem Titel „Must We Divide History Into Periods?". New York 2015

Lee 2000 = Lee, A. D., Pagans and Christians in Late Antiquity. A Sourcebook. London/New York 2000

Lefebvre 1974 = Lefebvre, Henri, La production de l'espace. Paris 1974 [auszugsweise dt. Übersetzung in Dünne/Günzel (Hg.) 2006, S. 330–340

Leighton 1972 = Leighton, Albert Chester, Transport and Communication in Early Medieval Europe A.D. 500–1100. Newton Abbot 1972

Leinsle/Mecke (Hg.) 2000 = Zeit, Zeitenwechsel, Endzeit. Zeit im Wandel der Zeiten, Kulturen, Techniken und Disziplinen, hg. von Ulrich G. Leinsle und Jochen Mecke. (Schriftenreihe der Universität Regensburg 26) Regensburg 2000

Leppin 2004 = Leppin, Hartmut, Zum Wandel des spätantiken Heidentums. In: Millennium 1 (2004), S. 59–81

Lévy 1998 = Lévy, Jacques, L'espace et le temps. Une fausse symétrie. In: EspaceTemps 68–70 (1998), S. 16–30

LexMA = Lexikon des Mittelalters, hg. von Norbert Angermann, Robert-Henri Bautier und Robert Auty. 9 Bände und ein Registerband, München 1980–1999

Leyser 1994 = Leyser, Karl, Communications and Power in Medieval Europe. The Carolingian and Ottonian Centuries. 2 Bde., hg. von Timothy Reuter. London 1994

Lilley 2014 = Lilley, Keith D., Conceptualising the City. Historical Mapping, Spatial Theory, and the Production of Urban Spaces. In: Pauly/Scheutz (Hg.) 2014, S. 29–40

Lines 2000 = Lines, Michael Ronald, Charlemagne's Monastic Policy and the Regula Benedicti. Frankish Capitularies from 742 to 813. Toronto 2000

Linke 2014 = Linke, Bernhard, Antike Religion. (Enzyklopädie der griechisch-römischen Antike 13) München 2014

Lobkowicz 2012 = Lobkowicz, Nikolaus, Das Christentum. In: Boer/Duchhardt/Kreis (Hg.) 2012, S. 101–112

Löw 2001 = Löw, Martina, Raumsoziologie. (suhrkamp taschenbuch wissenschaft 1506) Frankfurt am Main 2001, ^{7}2012

Löw 2016 = Löw, Martina, Kommunikation über Raum. Methodologische Überlegungen zur Analyse der Konstitution von Räumen. In: Christmann (Hg.) 2016, S. 79–88

LThK^3 = Lexikon für Theologie und Kirche. 3., völlig neu bearbeitete Auflage, hg. von Walter Kasper. 12 Bde., Freiburg im Breisgau 1993–2001

Luchterhand 2006 = Luchterhand, Manfred, Stolz und Vorurteil. Der Westen und die byzantini-
sche Hofkultur im Frühmittelalter. In: Visualisierungen von Herrschaft. Frühmittelalterliche
Residenzen, Gestalt und Zeremoniell, hg. von Franz Alto Bauer. (Byzas 5) Istanbul 2006,
S. 171–212

Ludowici 2009 = Ludowici, Babette, Gedanken zu Phänomenen des Religiösen bei den kontinenta-
len Sachsen vom 6. bis 10. Jahrhundert im Spiegel archäologischer Quellen. In: Freeden (Hg.)
2009, S. 385–394

Luhmann 1987 = Luhmann, Niklas, Soziale Systeme. Grundriß einer allgemeinen Theorie. (suhrkamp taschenbuch wissenschaft 666) Frankfurt am Main 1987

Luhmann ³2003 = Luhmann, Niklas, Macht. Stuttgart ³2003

Luminati 2010 = Luminati, Michele, Eine Rechtstheorie für das Mittelalter? In: Rechtsgeschichte 17
(2010), S. 50–53

Lunven 2014 = Lunven, Anne, From Plebs to Parochia. The Perception of the Church in Space
from the Ninth to the Twelfth Century (Dioceses of Rennes, Dol and Saint-Malo). In: Cohen/
Madeline (Hg.) 2014, S. 99–114

Lutter (Hg.) 2011 = Funktionsräume, Wahrnehmungsräume, Gefühlsräume. Mittelalterliche Lebensformen zwischen Kloster und Hof, hg. von Christina Lutter. (Veröffentlichungen des Instituts
für Österreichische Geschichtsforschung 59) Wien 2011

Maier 2003 = Maier, Bernhard, Die Religion der Germanen. Götter, Mythen, Weltbild. München
2003

Maisel 1992 = Maisel, Witold, Rechtsarchäologie Europas. Wien 1992

Majewski 2017 = Majewski, Dennis, Zisterziensische Rechtslandschaften. Die Klöster Dobrilugk
und Haina in Raum und Zeit. (Rechtsräume / Studien zur europäischen Rechtsgeschichte)
Frankfurt am Main 2017 [im Druck]

Manderson 2005 = Manderson, Desmond, Interstices. New Work on Legal Spaces. In: Research
Online 9/1 (2005), S. 1–10 [http://ro.uow.edu.au/ltc/vol9/iss1/1]

Mann/Schumann 2006 = Mann, Ines und Rolf Schumann, Karl Lamprecht. Einsichten in ein Histo-
rikerleben. Leipzig 2006

Manthe 2008 = Manthe, Ulrich, Art. Corpus Iuris Civilis. In: HRG² 1 (2008), Sp. 901–907

Marchal (Hg.) 1996 = Grenzen und Raumvorstellungen (11.-20. Jahrhundert). Frontières et Con-
ception de l'espace (XIᵉ-XXᵉ siècle), hg. von Guy Paul Marchal. (Clio Lucernensis 3) Zürich
1996

Marchi/Pilato (Hg.) 2013 = La via carolingia. Uomini e idee sulle strade d'Europa dal sistema viario
al sistema informativo, hg. von Paola Marina De Marchi und Stefano Pilato. (Documenti di
Archeologia 55) Mantua 2013

Markschies 2006 = Markschies, Christoph, Das antike Christentum. Frömmigkeit, Lebensformen,
Institutionen. München 2006

Marquardt/Schreiber 2012 = Marquardt, Nadine und Verena Schreiber, Die neue Kulturgeogra-
phie und Foucault. Arbeiten mit und in gemischten Zuständen. In: Füller/Michel (Hg.) 2012,
S. 23–53

Mathisen/Shanzer (Hg.) 2011 = Romans, Barbarians, and the Transformation of the Roman World.
Cultural Interaction and the Creation of Identity in Late Antiquity, hg. von Ralph W. Mathisen
und Danuta Shanzer. Farnham 2011

Matthys 1973 = Matthys, André, La céramique. (Typologie des sources du moyen âge occidental 7)
Turnhout 1973

Mauskopf Deliyannis 2001 = Mauskopf Deliyannis, Deborah, Year-Dates in the Early Middle Ages. In: Time in the Medieval World, hg. von Chris Humphrey und William Mark Ormrod. York 2001, S. 5–22

Mayr-Harting 2007 = Mayr-Harting, Henry, Church and Cosmos in Early Ottonian Germany. The View from Cologne. Oxford 2007

Mayr-Harting 2010 = Mayr-Harting, Henry, Religion and society in the medieval West 600–1200. Selected papers. (Variorum collected studies series 942) Aldershot 2010

Mazel 2016 = Mazel, Florian, L'invention médiévale de l'espace (Ve-XIIIe siècle). Éditions du Seuil 2016

McCormick 1986 = McCormick, Michael, Eternal Victory. Triumphal Rulership in Late Antiquity, Byzantium and the the Early Medieval West. (Past and Present Publications) Cambridge and New York 1986

McCormick [4]2005 = McCormick, Michael, Origins of the European economy. Communications and commerce, A.D. 300–900. Cambridge [4]2005

McCormick 2007 = McCormick, Michael, From One Center of Power to Another. Comparing Byzantine and Carolingian Ambassadors. In: Ehlers, C. (Hg.) 2007, S. 45–72

McKitterick 2006 = McKitterick, Rosamond, Perceptions of the Past in the early Middle Ages. (The Conway Lectures in Medieval Studies) Notre Dame, Ind. 2006

McKitterick (Hg.) 1990 = The Uses of Literacy in early Medieval Europe, hg. von Rosamond McKitterick. Cambridge 1990

McManama-Kearin 2013 = McManama-Kearin und Lisa Karen, The Use of GIS in Determining the Role of Visibility in the Siting of Early Anglo-Norman Stone Castles in Ireland. (British archaeological reports. British series 575) Oxford 2013

Meccarelli 2016 = Meccarelli, Massimo, The Assumed Space. Spatial Horizons and Doctrinal Configurations in the Juridical Experience. In: Meccarelli/Sastre (Hg.) 2016, S. 3–24

Meccarelli/Sastre (Hg.) 2016 = Spatial and Temporal Dimensions for Legal History. Research Experiences and Itineraries, hg. von Massimo Meccarelli und Maria Julia Solla Sastre. (Global Perspectives on Legal History 6) Frankfurt am Main 2016. http://dx.doi.org/10.12946/gphl6

Meder [5]2014 = Meder, Stephan, Rechtsgeschichte. Köln [5]2014

Meier, Chr. 2005 = Meier, Christian, Die griechisch-römische Tradition. In: Joas/Wiegandt (Hg.) 2005, S. 93–116

Meier, F. (Hg.) 2013 = Erinnerungsorte, Erinnerungsbrüche. Mittelalterliche Orte, die Geschichte mach(t)en, hg. von Frank Meier. Ostfildern 2013

Meier, J. (Hg.) 2010 = Klöster und Landschaft, hg. von Johannes Meier. (Schriftenreihe des Westfälischen Heimatbundes) Münster 2010

Meier, Th. 2002 = Meier, Thomas, Die Archäologie des mittelalterlichen Königsgrabes im christlichen Europa. (Mittelalterforschungen 8) Stuttgart 2002

Meier-Walser/Rill (Hg.) 2000 = Der europäische Gedanke. Hintergrund und Finalität, hg. von Reinhard C. Meier-Walser und Bernd Rill. München 2000

Meller/Schenkluhn/Schmuhl (Hg.) 2012 = Königin Editha und ihre Grablegen in Magdeburg, hg. von Harald Meller, Wolfgang Schenkluhn und Boje E. Hans Schmuhl. (Archäologie in Sachsen-Anhalt, Sonderband 18) Halle/Saale 2012

Melville 2010 = Melville, Gert, Bewahren und Entdecken. Das mittelalterliche Europa und die Ordnungsmuster der Welt. In: Fechtrup (Hg.) 2010, S. 47–64

Melville (Hg.) 2001 = Institutionalität und Symbolisierung. Verstetigung kultureller Ordnungsmuster in Vergangenheit und Gegenwart, hg. von Gert Melville. Köln 2001

Melville/Rehberg (Hg.) 2012 = Dimensionen institutioneller Macht. Fallstudien von der Antike bis zur Gegenwart, hg. von Gert Melville und Karl-Siegbert Rehberg. Köln 2012

Melville/Staub (Hg.) 2008 = Enzyklopädie des Mittelalters, hg. von Gert Melville und Martial Staub. 2 Bde., Darmstadt 2008

Menghin (Hg.) 1998 = Archäologie des Frankenreichs, hg. von Wilfried Menghin. (Acta Praehistorica et Archaeologica 30) Potsdam 1998

Merk 1926 = Merk, Walther, Wege und Ziele der geschichtlichen Rechtsgeographie. In: Festschrift für Ludwig Traeger zum 70. Geburtstag am 10. Juni 1926 überreicht von der Juristischen Fakultät der Universität Marburg. Berlin 1926 (Nachdruck Aalen 1976), S. 80–132

Mersiowsky 2015 = Mersiowsky, Mark, Die Urkunde in der Karolingerzeit. Originale, Urkundenpraxis und politische Kommunikation. (Monumenta Germaniae Historica, Schriften 60), 2 Bde., Wiesbaden 2015

Mertens 2012 = Mertens, Bernd, Art. Gesetzgebung. In: HRG² 2 (2012), Sp. 302–315

Merzbacher 1971 = Merzbacher, Friedrich, Art. Recht. In: LCI 3 (1971), Sp. 505–511

Messner 2006 = Messner, Angelika C., Annäherung an das „Heilige" in kulturwissenschaftlicher Perspektive. In: Heilige Orte in Asien und Afrika. Räume göttlicher Macht und menschlicher Verehrung, hg. von Angelika C. Messner und Konrad Hirschler. (Asien und Afrika 11) Schenefeld 2006, S. 1–16

Metz 1976–1992 = Metz, Wolfgang, Quellenstudium zum Servitium Regis. Teil 1 in: Archiv für Diplomatik 22 (1976), S. 187–271; Teil 2 in: Archiv für Diplomatik 24 (1978), S. 203–291; Teil 3 in: Archiv für Diplomatik 31 (1985), S. 273–326; Teil 4 in: Archiv für Diplomatik 38 (1992), S. 17–68

Meyer 1997 = Meyer, Christoph H. F., Mittelalterliche Rechts- und Verfassungsgeschichte. Die Methodenfrage aus anthropologischer Sicht. Forschungserträge und Perspektiven. In: Im Spannungsfeld von Recht und Ritual. Soziale Kommunikation in Mittelalter und Früher Neuzeit, hg. von Heinz Duchhardt und Gert Melville. (Norm und Struktur 7) Köln 1997, S. 71–102

Meyer 2006 = Meyer, Christoph, H. F., Ordnung durch Ordnen. Die Erfassung und Gestaltung des hochmittelalterlichen Kirchenrechts im Spiegel von Texten, Begriffen und Institutionen. In: Schneidmüller/Weinfurter (Hg.) 2006, S. 303–411

Meyer 2007 = Meyer, Christoph H. F., Maßstäbe frühmittelalterlicher Gesetzgeber. Raum und Zeit in den Leges Langobardorum. In: Jahrbuch des Historischen Kollegs, Jg. 2007, S. 141–187

Meyer 2010 = Meyer, Christoph H. F., Zum Streit um den Staat im frühen Mittelalter. In: Rechtsgeschichte 17 (2010), S. 164–175

Middell 2005 = Middell, Matthias, Weltgeschichtsschreibung im Zeitalter der Verfachlichung und Professionalisierung. Das Leipziger Institut für Kultur- und Universalgeschichte 1890–1990. (Geschichtswissenschaft und Geschichtskultur im 20. Jahrhundert 6/1–3), 3 Bde., Leipzig 2005

Middell 2008 = Middell, Matthias, Der *Spatial Turn* und das Interesse an der Globalisierung in der Geschichtswissenschaft. In: Döring/Thielmann (Hg.) 2008, S. 103–124

Middell 2014 = Middell, Matthias, Karl N. Lamprecht (1856–1915). In: Außenseiter der Geschichtswissenschaft, hg. von Helmut Reinalter. Würzburg 2014, S. 189–210

Middell/Sammler (Hg.) 1994 = Alles Gewordene hat Geschichte. Die Schule der Annales in ihren Texten, hg. v. Matthias Middell und Steffen Sammler, mit einem Essay von Peter Schöttler. Leipzig 1994

Mieck 1990 = Mieck, Ilja, Deutschlands Westgrenze. In: Deutschlands Grenzen in der Geschichte, hg. von Alexander Demandt. München 1990, S. 191–233

Mieg/Heyl (Hg.) 2013 = Stadt. Ein interdisziplinäres Handbuch, hg. von Harald A. Mieg und Christoph Heyl. Stuttgart 2013

Milis (Hg.) 1998 = The Pagan Middle Ages, hg. von Ludo J. R. Milis, translated into English by Tanis Guest. Woodbridge, Suffolk 1998 (Englische Übersetzung von: Heidense Middeleeuwen)

Mohl 1987 = Mohl, Manfred, Art. Integration. In: Staatslexikon[7] 3 (1987), Sp. 111–118

Mohnhaupt 1987 = Mohnhaupt, Heinz, Rechtliche Instrumente der Raumbeherrschung. In: Ius Commune 14 (1987), S. 159–181

Mohr 1954 = Mohr, Walter, Die begriffliche Absonderung des ostfränkischen Gebietes in westfränkischen Quellen des 9. und 10. Jahrhunderts. In: Archivum Latinitatis Medii Aevi 24 (1954), S. 19–41

Moore 2011 = Moore, Michael E., A Sacred Kingdom. Bishops and the Rise of Frankish Kingship, 300–850. (Studies in Medieval and Early Modern Canon Law 8) Washington, D.C. 2011

Moraw 1989 = Moraw, Peter, Art. Heiliges Reich. In: LexMA 4 (1989), Sp. 2025–2028

Moraw 1990 = Moraw, Peter, Nord und Süd in der Umgebung des deutschen Königtums. In: Nord und Süd in der deutschen Geschichte des Mittelalters, hg. von Werner Paravicini. (Kieler Historische Studien 34) Sigmaringen 1990, S. 51–70

Moraw (Hg.) 2002 = Raumerfassung und Raumbewußtsein im späteren Mittelalter, hg. von Peter Moraw. (Vorträge und Forschungen 49) Stuttgart 2002

Mordek 1986 = Überlieferung und Geltung normativer Texte des frühen und hohen Mittelalters. Vier Vorträge, gehalten auf dem 35. Deutschen Historikertag 1984 in Berlin, hg. von Hubert Mordek. Sigmaringen 1986

Mordek 1995 = Mordek, Hubert, Bibliotheca capitularium regum Francorum manuscripta. Überlieferung und Traditionszusammenhang der fränkischen Herrschererlasse. (Monumenta Germaniae Historica, Hilfsmittel 15) München 1995

Morozov 2013 = Morozov, Evgeny, Wahrheit und Beratung. In: DIE ZEIT Nr. 41/2013; Übersetzung aus dem Englischen: How to Stop a Sharknado [dt.: http://www.zeit.de/2013/41/morozov-netz-intellektuelle-chomsky-foucault; engl.: http://www.zeit.de/digital/internet/2013--10/morozov-sharknado-chomsky-foucault]

Mostert (Hg.) 1999 = New Approaches to Medieval Communication, hg. von Marco Mostert. (Utrecht studies in medieval literacy 1) Turnhout 1999

Mühle 2005 = Mühle, Eduard, Für Volk und deutschen Osten. Der Historiker Hermann Aubin und die deutsche Ostforschung. (Schriften des Bundesarchivs 65) Düsseldorf 2005

Müller, K. 2000 = Müller, Klaus E., Ethnicity, Ethnozentrismus und Essentialismus. In: Eßbach (Hg.) 2000, S. 327–343

Müller, U. 2013 = Müller, Ulrich, Die Archäologie des Mittelalters und der Neuzeit im Gefüge der historischen Archäologien. In: Die Aktualität der Vormoderne. Epochenentwürfe zwischen Alterität und Kontinuität, hg. von Klaus Ridder und Steffen Patzold. (Europa im Mittelalter 23) Berlin 2013, S. 67–95

Müller, W. (Hg.) 2006 = Medieval church law and the origins of the Western legal tradition. A tribute to Kenneth Pennington, hg. von Wolfgang P. Müller. Washington, D.C. 2006

Müller-Mall 2013 = Müller-Mall, Sabine, Legal Spaces. Towards a Topological Thinking of Law. Berlin 2013

Müller-Mertens 1970 = Müller-Mertens, Eckhard, Regnum Teutonicum. Aufkommen und Verbreitung der deutschen Reichs- und Königsauffassung. (Forschungen zur mittelalterlichen Geschichte 15) Berlin 1970

Müller-Mertens 1980 = Müller-Mertens, Eckhard, Die Reichsstruktur im Spiegel der Herrschaftspraxis Ottos des Großen. (Forschungen zur mittelalterlichem Geschichte 25) Berlin 1980

Müller-Mertens 1990 = Müller-Mertens, Eckhard, Romanum Imperium und regnum Teutonico-
rum. Der hochmittelalterliche Reichsverband im Verhältnis zum Karolingerreich. In: Jb. für
Geschichte des Feudalismus 14 (1990), S. 47–54

Müller-Scheeßel/Burmeister 2011 = Müller-Scheeßel, Nils und Stefan Burmeister, Getrennt mar-
schieren, vereint schlagen? Zur Zusammenarbeit von Archäologie und Geschichtswissenschaft. In: Burmeister/Müller-Scheeßel (Hg.) 2011, S. 9–22

Müller-Wille 1996 = Müller-Wille, Michael, Königtum und Adel im Spiegel der Grabfunde. In: Die
Franken, Wegbereiter Europas. Vor 1500 Jahren: König Chlodwig und seine Erben. Katalog-
Handbuch in zwei Teilen zur Ausstellung im Reiss-Museum Mannheim. 2 Bde., Mainz 1996,
hier Bd. 1, S. 206–221

Müller-Wille 2011 = Müller-Wille, Michael, Slawische Besiedlung im obodritischen Herrschaftsbereich. Neuere Beiträge der Archäologie, Onomastik, Dendrochronologie und Paläobotanik. In:
Zwischen Starigard/Oldenburg und Novgorod: Beiträge zur Archäologie west- und ostslawi-
scher Gebiete im frühen Mittelalter, hg. von Michael Müller-Wille. (Studien zur Siedlungsge-
schichte und Archäologie der Ostseegebiete 10) Neumünster 2011, S. 62–72

Münkler 2005 = Münkler, Herfried, Imperien. Die Logik der Weltherrschaft vom Alten Rom bis zu
den Vereinigten Staaten. Berlin 2005

Muldoon (Hg.) 1997 = Varieties of Religious Conversion in the Middle Ages, hg. von James Muldoon. Gainesville, Fla. 1997

Muldoon (Hg.) 2008 = The Medieval Frontiers of Latin Christendom. Expansion, Contraction,
Continuity, hg. von James Muldoon. (The Expansion of Latin Europe 1000–1500 1) Farnham
2008

Munaut 1988 = Munaut, André-Valentin, Les cernes de croissance des arbres. La dendrochronologie. (Typologie des sources du moyen âge occidental 53) Turnhout 1988

Murray 1983 = Murray, Alexander Callander, Germanic Kingship Structure. Studies in Law and
Society in Antiquity and the Early Middle Ages. (Pontifical Institute of Medieval Studies,
Studies and Texts 65) Toronto 1983

Murray 2002 = Murray, Alexander Callander, Reinhard Wenskus on „Ethnogenesis", Ethnicity, and
the Origins of the Franks. In: Gillett (Hg.) 2002, S. 39–68

Naerebout 2014 = Naerebout, Frederick G., Convergence and Divergence. One Empire, many
Cultures. In: Kleijn/Benoist (Hg.) 2014, S. 263–281

Nagel 2005 = Nagel, Anne Christine, Im Schatten des Dritten Reichs. Mittelalterforschung in der
Bundesrepublik Deutschland 1945–1970. Göttingen 2005

Nehlsen 1977 = Nehlsen, Hermann, Zur Aktualität und Effektivität der ältesten germanischen
Rechtsaufzeichnungen. In: Classen (Hg.) 1977, S. 449–502

Nehlsen 2006 = Nehlsen, Hermann, Der Einfluß des Alten und Neuen Testaments auf die Rechtsentwicklung in der Spätantike und im frühen Mittelalter bei den germanischen Stämmen. In:
Dilcher/Distler (Hg.) 2006, S. 203–218

Nelson 2000 = Nelson, Janet L., Rituals of Power by way of Conclusion. In: Theuws/Nelson (Hg.)
2000, S. 477–485

Nelson 2008 = Nelson, Janet, L., Charlemagne and Empire. In: Davis/McCormick (Hg.) 2008,
S. 223–234

Nelson 2012 = Nelson, Janet L., Religion and Politics in the Reign of Charlemagne. In: Körntgen/
Waßenhoven (Hg.) 2012, S. 17–29

Neuenhaus 1998 = Neuenhaus, Petra, Max Weber. Amorphe Macht und Herrschaftsgehäuse. In:
Imbusch (Hg.) 1998, S. 77–93

Nicholas 1997 = Nicholas, David, The Growth of the Medieval City from Late Antiquity to the Early Fourteenth Century. London/New York 1997

Nitschke 1985 = Nitschke, August, Die Skepsis des Historikers und zu wenig beachtete Raum- und Zeitvorstellungen. In: Saeculum 36 (1985), S. 98–111

Nitschke 2001 = Nitschke, August, Karolinger und Ottonen. Von der „karolingischen Staatlichkeit" zur „Königsherrschaft ohne Staat"? In: Historische Zeitschrift 273 (2001), S. 1–29

Noble/van Engen (Hg.) 2012 = European Transformations. The Long Twelfth Century, hg. von Thomas F. X. Noble und John van Engen. (Notre Dame Conferences in Medieval Studies) Notre Dame/Indiana 2012

Noëlle 1972 = Noël, René, Les depôts de pollens fossils. (Typologie des sources du moyen âge occidental 5) Turnhout 1972

Nordeide/Brink (Hg.) 2013 = Sacred Sites and Holy Places. Exploring the Sacralization of Landscape through Time and Space, hg. von Sæbjørg Walaker Nordeide und Stefan Brink. (Studies in the Early Middle Ages 11) Turnhout 2013

Noreña 2011 = Noreña, Carlos F., Imperial Ideals in the Roman West. Representation, Circulation, Power. Cambridge 2011

Odendahl/Giegerich (Hg.) 2014 = Räume im Völker- und Europarecht, hg. von Kerstin Odendahl und Thomas Giegerich. (Veröffentlichungen des Walther-Schückling-Instituts für Internationales Recht an der Universität Kiel 189) Berlin 2014

O'Doherty 2013 = O'Doherty, Marianne, The Indies and the Medieval West. Thought, Report, Imagination. (Medieval Voyaging. 2) Turnhout 2013

Oertel 2014 = Oertel, Manfred, Christliches und kirchliches Leben im thüringisch-hessischen Grenzraum im Mittelalter. Berlin 2014

Oesterle 2009 = Oesterle, Jenny Rahel, Kalifat und Königtum. Herrschaftsrepräsentation der Fatimiden, Ottonen und frühen Salier an religiösen Hochfesten. (Symbolische Kommunikation in der Vormoderne) Darmstadt 2009

Oeter 2014 = Oeter, Stefan, Rechtsräume im Völkerrecht und transzivilisatorische Völkerrechtsperspektive. In: Odendahl/Giegerich (Hg.) 2014, S. 205–228

Oexle 1986 = Oexle, Otto Gerhard, Historismus. Überlegungen zur Geschichte des Phänomens und des Begriffs. In: Jahrbuch der Braunschweigischen Wissenschaftlichen Gesellschaft (1986), S. 119–155

Oexle 1988 = Oexle, Otto Gerhard, Haus und Oekonomie im frühen Mittelalter. In: Person und Gemeinschaft im Mittelalter. Festschrift für Karl Schmid zum fünfundsechzigsten Geburtstag, hg. von Gerd Althoff, Dieter Geuenich und Otto Gerhard Oexle. Sigmaringen 1988, S. 101–122

Oexle 1997 = Oexle, Otto Gerhard, Geschichtswissenschaft im Zeichen des Historismus. Studien zu Problemgeschichten der Moderne. (Kritische Studien zur Geschichtswissenschaft 116) Göttingen 1996

Oexle 2004 = Oexle, Otto Gerhard, Was ist eine historische Quelle? In: Rechtsgeschichte 4 (2004), S. 165–186

Oexle 2011 = Oexle, Otto Gerhard, Begriffsgeschichte und Problemgeschichte. In: Begriffs-, Ideen- und Problemgeschichte im 21. Jahrhundert, hg. von Riccardo Pozzo und Marco Sgarbi. (Wolfenbütteler Forschungen 127) Wiesbaden 2011, S. 13–30

Oexle (Hg.) 1995 = Memoria als Kultur, hg. von Otto Gerhard Oexle (Veröffentlichungen des Max-Planck-Instituts für Geschichte 121) Göttingen 1995

Oexle (Hg.) 2007 = Krise des Historismus – Krise der Wirklichkeit. Wissenschaft, Kunst und Literatur 1880–1932, hg. von Otto Gerhard Oexle (Veröffentlichungen des Max-Planck-Instituts für Geschichte 228). Göttingen 2007

Oexle/Lehmann (Hg.) 2004a = Nationalsozialismus in den Kulturwissenschaften. Bd. 1: Fächer, Milieus, Karrieren, hg. von Otto Gerhard Oexle und Hartmut Lehmann. (Veröffentlichungen des Max-Planck-Instituts für Geschichte 200) Göttingen 2004

Oexle/Lehmann (Hg.) 2004b = Nationalsozialismus in den Kulturwissenschaften. Bd. 2: Leitbegriffe, Deutungsmuster, Paradigmenkämpfe. Erfahrungen und Transformationen im Exil, hg. von Otto Gerhard Oexle und Hartmut Lehmann. (Veröffentlichungen des Max-Planck-Instituts für Geschichte 211) Göttingen 2004

Oexle/Rüsen (Hg.) 1996 = Historismus in den Kulturwissenschaften. Geschichtskonzepte, historische Einschätzungen, Grundlagenprobleme, hg. von Otto Gerhard Oexle und Jörn Rüsen. (Beiträge zur Geschichtskultur 12) Köln 1996

Offergeld 2001 = Offergeld, Thilo, Reges Pueri. Das Königtum Minderjähriger im frühen Mittelalter. (Monumenta Germaniae Historica, Schriften 50) Hannover 2001

Ogrin 2012 = Ogrin, Mircea, Ernst Bernheim (1850–1942). Historiker und Wissenschaftspolitiker im Kaiserreich und in der Weimarer Republik. (Pallas Athene 40) Stuttgart 2012

Opll 2009 = Opll, Ferdinand, Herrschaft durch Präsenz. Gedanken und Bemerkungen zur Itinerarforschung. In: Mitteilungen des Instituts für Österreichische Geschichtsforschung 117 (2009), S. 12–22

Opll 2014 = Opll, Ferdinand, Topographische Benennungen in der mittelalterlichen Stadt als Spiegel von Raumvorstellungen. In: Pauly/Scheutz (Hg.) 2014, S. 43–63

Oschema 2013 = Oschema, Klaus, Bilder von Europa im Mittelalter. (MittelalterForschungen 43) Ostfildern 2013

Osterhammel [3]2004 = Osterhammel, Jürgen, Imperiengeschichte. In: Geschichtswissenschaften. Eine Einführung, hg. von Christoph Cornelißen. Frankfurt am Main [3]2004, S. 221–232

Osterhammel 2006 = Osterhammel, Jürgen, Imperien. In: Traditionale Geschichte. Themen, Tendenzen und Theorien. Jürgen Kocka zum 65. Geburtstag, hg. von Gunilla Budde, Sebastian Conrad und Oliver Janz. Göttingen 2006, S. 56–67

Osterhammel 2009 = Osterhammel, Jürgen, Die Verwandlung der Welt. Eine Geschichte des 19. Jahrhunderts. (Historische Bibliothek der Gerda Henkel Stiftung) München 2009

Oswald/Schaefer/Sennhauser (Hg.) 1966/1991 = Vorromanische Kirchenbauten. Katalog der Denkmäler bis zum Ausgang der Ottonen. hg. vom Zentralinstitut für Kunstgeschichte, bearb. von Friedrich Oswald, Leo Schaefer und Hans Rudolf Sennhauser. (Veröffentlichungen des Zentralinstituts für Kunstgeschichte 3), 2 Bde., München 1966 und 1991

Overbeke 2001 = Overbeke, Pierre-Emmanuel van, „Saint" ou „sacré"? Analyse lexicale des termes sanctus et sacer dans la littérature médiolatine „belge" du VIIe au XIIe siècle. Louvain 2001

Padberg 2004 = Padberg, Lutz E. von, Herrscher als Missionare. Spätantike und frühmittelalterliche Zeugnisse zur Rolle der Königsmacht im Christianisierungsprozess. In: Hägermann/Haubrichs/Jarnut (Hg.) 2004, S. 311–334

Padberg 2006 = Padberg, Lutz E. von, Christianisierung der Franken und Bedeutung von Kirchenstrukturen für die Königsherrschaft. In: Radegunde. Ein Frauenschicksal zwischen Mord und Askese, hg. von Hardy Eidam und Gudrun Noll. Erfurt 2006, S. 27–38

Pääbo 2000 = Pääbo, Svante, Gene, Sprache und die Besiedelung des europäischen Nordens. Zum Ursprung von Populationen aus molekulargenetischer Sicht. In: Wie enstehen neue Qualitäten in komplexen Systemen? 50 Jahre Max-Planck-Gesellschaft, 1948–1998. Dokumentation des Symposiums zum 50jährigen Gründungsjubiläum der Max-Planck-Gesellschaft am 18. Dezember 1998 in Berlin. Göttingen 2000, S. 49–56

Pääbo 2002 = Pääbo, Svante, Die Wurzeln der Menschheit – die Evolution des humanen Genoms. In: Die Architektur des Lebens. Über Gene, Organismen und Personen, hg. von Monika Lessl und Günter Stock. (Ernst Schering Research Foundation Workshop Supplement 10) Berlin, S. 39–72

Pääbo 2004 = Pääbo, Svante, Ancient DNA. In: DNA. Changing Science and Society, hg. von Torsten Krude. (The Darwin College Lectures) Cambridge 2004, S. 68–87

Pääbo 2014 = Pääbo, Svante, Neanderthal Man. In Search of lost Genomes. New York 2014

Päffgen/Ristow 1996 = Päffgen, Bernd und Sebastian Ristow, Christentum, Kirchenbau und Sakralkunst im östlichen Frankenreich (Austrasien). In: Die Franken, Wegbereiter Europas vor 1500 Jahren. König Chlodwig und seine Erben. 2 Bde., Mainz 1996, S. 407–415

Pangerl 2011 = Pangerl, Daniel Carlo, Die Metropolitanverfassung des karolingischen Frankenreiches. (Monumenta Germaniae Historica, Schriften 63) Hannover 2011

Paravicini 2010 = Paravicini, Werner, Die Wahrheit der Historiker. München 2010

Parisse 1992 = Parisse, Michel, Die Frauenstifte und Frauenklöster in Sachsen vom 10. bis zur Mitte des 12. Jahrhunderts. In: Die Salier und das Reich, hg. von Stefan Weinfurter. 3 Bde., Sigmaringen 1991, hier Bd. 2, S. 465–501

Parzinger 2014 = Parzinger, Hermann, Die Kinder des Prometheus. Eine Geschichte der Menschheit vor der Erfindung der Schrift. München 2014

Patze (Hg.) 1987 = Geschichtsschreibung und Geschichtsbewußtsein im späten Mittelalter, hg. von Hans Patze. (Vorträge und Forschungen 31) Sigmaringen 1987

Patzold 2002 = Patzold, Steffen, Königserhebungen zwischen Erbrecht und Wahlrecht? Thronfolge und Rechtsmentalität um das Jahr 1000. In: Deutsches Archiv für Erforschung des Mittelalters 58 (2002), S. 467–507

Patzold 2007 = Patzold, Steffen, Den Raum der Diözese modellieren? Zum Eigenkirchenkonzept und zu den Grenzen der *potestas episcopalis* im Karolingerreich. In: Depreux/Bougard/Le Jan (Hg.) 2007, S. 225–245

Patzold 2008 = Patzold, Steffen, Episcopus. Wissen über Bischöfe im Frankenreich des späten 8. bis frühen 10. Jahrhunderts. (Mittelalter-Forschungen 25) Ostfildern 2008

Patzold 2012 = Patzold, Steffen, „Einheit" versus „Fraktionierung". Zur symbolischen und institutionellen Integration des Frankenreiches im 8./9. Jahrhundert. In: Pohl/Gantner/Payne (Hg.) 2012, S. 375–390

Paulus 2015 = Paulus, Christof, Wege der Herrschaft. Zur königlichen Raumerfassung am Beispiel Heinrichs II. In: Suevia et Ecclesia. Festgabe für Georg Kreuzer zum 75. Geburtstag, hg. von Thomas Michael Krüger und Christof Paulus. (Zeitschrift des Historischen Vereines für Schwaben 107) Augsburg 2015, S. 35–48

Pauly/Scheutz 2014 = Pauly, Michel, und Martin Scheutz, Der Raum und die Geschichte am Beispiel der Stadtgeschichtsforschung. In: Pauly/Scheutz (Hg.) 2014, S. 1–14

Pauly/Scheutz (Hg.) 2014 = Cities and their Spaces. Concepts and their Use in Europe, hg. von Michel Pauly und Martin Scheutz. (Städteforschung A/88) Wien 2014

Pehnt 2007 = Pehnt, Sabine, Grenzbeschreibung und Besitzverständnis bei den Reformorden des 11. und 12. Jahrhunderts. In: „Grenzen" ohne Fächergrenzen, hg. von Bärbel Kuhn. (Annales Universitatis Saraviensis. Philosophische Fakultät 26) St. Ingbert 2007, S. 315–332

Peil 1983 = Peil, Dietmar, Untersuchungen zur Staats- und Herrschaftsmetaphorik in literarischen Zeugnissen von der Antike bis zur Gegenwart. (Münstersche Mittelalter-Schriften 50) München 1983

Penndorf 1974 = Penndorf, Ursula, Das Problem der „Reichseinheitsidee" nach der Teilung von Verdun. Untersuchungen zu den späten Karolingern. (Münchner Beiträge zur Mediävistik und Renaissance-Forschung 20) München 1974

Petersen 2006 = Petersen, Stefan, Bistumsgründungen im Widerstreit zwischen Königen, Bischöfen und Herzögen. Die Bistumsgründungen in ottonischer, salischer und staufischer Zeit. In: Bistümer und Bistumsgrenzen vom frühen Mittelalter bis zur Gegenwart, hg. von Edeltraut Klüting, Harm Klüting und Hans-Joachim Schmidt. (Römische Quartalsschrift für Christliche Altertumskunde und Kirchengeschichte, Supplementband 58) Rom 2006, S. 81–106

Petri/Wallthor 1989 = Petri, Franz und Alfred Hartlieb von Wallthor, Der Raum Westfalen, Bd 6/1. Münster 1989

Pflug 2014 = Pflug, Jens, Der Weg zum Kaiser. Wege durch den Kaiserpalast auf dem Palatin in Rom. In: Die Architektur des Weges. Gestaltete Bewegung im gebauten Raum, hg. von Dietmar Kurapkat, Peter I. Schneider und Ulrike Wulf-Rheidt. (Diskussionen zur Archäologischen Bauforschung 11) Regensburg 2014, S. 360–381

Philippopoulos-Mihalopoulos 2001 = Philippopoulos-Mihalopoulos, Andreas, Law's Spatial Turn. Geography, Justice and a certain Fear of Space. In: Law, Culture and the Humanities 7 (2011), S. 187–201 [http://lch.sagepub.com/content/7/2/187]

Picker (Hg.) 2013 = Die Zukunft der Kartographie. Neue und nicht so neue epistemologische Krisen, hg. von Marion Picker. (Kultur- und Medientheorie) Bielefeld 2013

Piepenbrink 2001 = Piepenbrink, Karen, Politische Ordnungskonzeptionen in der attischen Demokratie des vierten Jahrhunderts v. Chr. Eine vergleichende Untersuchung zum philosophischen und rhetorischen Diskurs. (Historia Einzelschriften 154) Stuttgart 2001

Pilch 2009 = Pilch, Martin, Der Rahmen der Rechtsgewohnheiten. Kritik des Normensystemdenkens entwickelt am Rechtsbegriff der mittelalterlichen Rechtsgeschichte. Wien 2009

Pilch 2010 = Pilch, Martin, Rechtsgewohnheiten aus rechtshistorischer und rechtstheoretischer Perspektive. In: Rechtsgeschichte 17 (2010), S. 17–39

Pirenne 1937, dt. 1963 = Pirenne, Henri, Mahomet et Charlemagne. Paris 1937; zitiert nach der deutschen Übersetzung: Mahomet und Karl der Grosse. Untergang der Antike am Mittelmeer und Aufstieg des germanischen Mittelalters, übersetzt von Paul Egon Hübinger. Frankfurt am Main 1963. Vgl. auch die erste deutsche Übersetzung unter dem Titel „Geburt des Abendlandes. Untergang der Antike am Mittelmeer und Aufstieg des germanischen Mittelalters" (Amsterdam 1939); erste Überlegungen veröffentlichte Henri Pirenne unter dem Titel „Mahomet et Charlemagne" in der Revue belge de philologie et d'histoire 1 (1922), S. 77–86

Pitz 2001 = Pitz, Ernst, Die griechisch-römische Ökumene und die drei Kulturen des Mittelalters. Geschichte des mediterranen Weltteils zwischen Atlantik und Indischem Ozean (270–812). Berlin 2001

Planitz/Buyken 1951/52 = Planitz, Hans und Thea Buyken, Bibliographie zur deutschen Rechtsgeschichte. 3 Bde., Frankfurt am Main 1951–1952

Plassmann 2006 = Plassmann, Alheydis, Origo gentis. Identitäts- und Legitimitätsstiftung in früh- und hochmittelalterlichen Herkunftserzählungen. (Orbis mediaevalis. Vorstellungswelten des Mittelalters 7) Berlin 2006

Plessner 1959 = Plessner, Helmuth, Die verspätete Nation. Über die politische Verfügbarkeit des bürgerlichen Geistes. Erste Auflage Stuttgart 1959 [eigentlich die zweite, denn 1935 erschien im Max Niehans Verlag, Zürich, die Grundlage dieser Schrift unter dem Titel „Das Schicksal deutschen Geistes im Ausgang seiner bürgerlichen Epoche"], die dritte und vierte Auflage der „verspäteten Nation" folgten 1962 und 1969 ebenfalls im Kohlhammer Verlag, Stuttgart. Weitere Neuauflagen im S. Fischer-Verlag, Frankfurt am Main, schlossen sich an. Hier benutzt wurde: Helmuth Plessner, Gesammelte Schriften 4. Frankfurt am Main 1982, S. 7–223

Plöchl 1960 = Plöchl, Willibald M., Geschichte des Kirchenrechts. Bd. 1: Das Recht des ersten christlichen Jahrtausends von der Urkirche bis zum großen Schisma. Wien [2]1960

Pötschke (Hg.) 2014 = Das Burger Landrecht und sein rechtshistorisches Umfeld. Zur Geschichte der Landrechte und ihrer Symbolik im Mittelalter von Rügen bis Niederösterreich, hg. von Dieter Pötschke. (Harz Forschungen 30) Berlin 2014

Pohl 1999a = Pohl, Walter, Franken und Sachsen. Die Bedeutung ethnischer Prozesse im 7. und 8. Jahrhundert. In: 799. Kunst und Kultur der Karolingerzeit. Karl der Große und Papst Leo III. in Paderborn, hg. von Christoph Stiegemann und Matthias Wemhoff (Katalog der Ausstellung Paderborn 1999). 3 Bde., Mainz 1999, hier Bd. 3, S. 233–236

Pohl 1999b = Pohl, Walter, Zur Bedeutung ethnischer Unterscheidungen in der frühen Karolinger- zeit. In: Häßler/Jarnut/Wemfoff (Hg.) 1999, S. 193–208

Pohl 1999c = Pohl, Walter, Art. Herrschaft. In: Hoops[2] 14 (1999), S. 443–457

Pohl 2000a = Pohl, Walter, Germania. Herrschaftssitze östlich des Rheins und nördlich der Donau. In: Gurt/Ripoll (Hg.) 2000, S. 305–317

Pohl 2000b = Pohl, Walter, Soziale Grenzen und Spielräume der Macht. In: Pohl/Reimitz (Hg.) 2000, S. 11–18

Pohl 2001 = Pohl, Walter, The *regia* and the *hring*. Barbarian Places of Power. In: De Jong/Theuws (Hg.) 2001, S. 439–466

Pohl 2006 = Pohl, Walter, Probleme einer Sinngeschichte ethnischer Gemeinschaften. Identität und Tradition. In: Dilcher/Distler (Hg.) 2006, S. 51–67

Pohl 2008 = Pohl, Walter, Gentile Ordnungen. In: Melville/Staub (Hg.) 2008, Bd. 1, S. 171–175

Pohl/Diesenberger (Hg.) 2002 = Integration und Herrschaft. Ethnische Identitäten und soziale Organisation im Frühmittelalter, hg. von Walter Pohl und Maximilian Diesenberger. (Österrei- chischen Akademie der Wissenschaften, Phil.-Hist. Klasse, Denkschriften 301 = Forschungen zur Geschichte des Mittelalters 3) Wien 2002

Pohl/Gantner/Payne (Hg.) 2012 = Visions of Community in the Post-Roman World. The West, Byzantium and the Islamic World (300–1100), hg. von Walter Pohl, Clemens Gantner und Richard Payne. Farnham 2012

Pohl/Heydemann (Hg.) 2013 = Strategies of Identification. Ethnicity and Religion in Early Medieval Europe, hg. von Walter Pohl und Gerda Heydemann. (Cultural Encounters in Late Antiquity and the Middle Ages 13) Turnhout 2013

Pohl/Mehofer (Hg.) 2010 = Archaeology of Identity. Archäologie der Identität, hg. von Walter Pohl und Mathias Mehofer. (Forschungen zur Geschichte des Mittelalters 17) Wien 2010

Pohl/Reimitz (Hg.) 2000 = Grenze und Differenz im frühen Mittelalter, hg. von Walter Pohl und Hel- mut Reimitz. (Österreichische Akademie der Wissenschaften, Phil.-Hist. Klasse, Denkschriften 287 = Forschungen zur Geschichte des Mittelalters 1) Wien 2000

Pohl/Wieser (Hg.) 2009 = Der frühmittelalterliche Staat. Europäische Perspektiven, hg. von Walter Pohl und Veronika Wieser. (Österreichische Akademie der Wissenschaften, Phil.-Hist. Klasse, Denkschriften 386 = Forschungen zur Geschichte des Mittelalters 16) Wien 2009

Pohl/Wood/Reimitz (Hg.) 2001 = The Transformation of Frontiers from Late Antiquity to the Caro- lingians, hg. von Walter Pohl, Ian N. Wood und Helmut Reimitz. (The Transformation of the Roman World 10) Leiden 2001

Polet/Orban 2001 = Polet, Caroline und Rosine Orban, Les dents et les ossements humains que mangeait-on au Moyen Âge? (Typologie des sources du moyen âge occidental 84) Turnhout 2001

Pontal 1986 = Pontal, Odette, Die Synoden im Merowingerreich. (Konziliengeschichte. Reihe A. Darstellungen) Paderborn 1986

Popitz 1986 = Popitz, Heinrich, Phänomene der Macht. Tübingen 1986

Prinz [2]1998 = Prinz, Friedrich, Frühes Mönchtum im Frankenreich. Kultur und Gesellschaft in Gallien, den Rheinlanden und Bayern am Beispiel der monastischen Entwicklung. 2., durchgesehene und um einen Nachtrag ergänzte Auflage, Darmstadt 1988

Puschner 2004 = Germanenideologie und völkische Weltanschauung. In: Beck/Geuenich/Steuer (Hg.) 2004, S. 103–130

Puschner/Großmann (Hg.) 2009 = Völkisch und national. Zur Aktualität alter Denkmuster im 21. Jahrhundert, hg. von Uwe Puschner und Georg Ulrich Großmann. (Wissenschaftliche Beibände zum Anzeiger des Germanischen Nationalmuseums 29) Darmstadt 2009

Quast (Hg.) 2009 = Foreigners in Early Medieval Europe. Thirteen International Studies on Early Medieval Mobility, hg. von Dieter Quast. (Monographien des Römisch-Germanischen Zentralmuseums 78) Mainz 2009

Rader 2006 = Rader, Olaf B., Erinnern für die Ewigkeit. Die Grablegen der Herrscher des Heiligen Römischen Reiches. In: Heiliges Römisches Reich Deutscher Nation 962 bis 1806. Bd. 2: Von Otto dem Großen bis zum Ausgang des Mittelalters, hg. von Matthias Puhle und Claus-Peter Hasse. Magdeburg 2006, S. 173–184

Ramin 1994 = Ramin, Andreas, Symbolische Raumorientierung und kulturelle Identität. Leitlinien der Entwicklung in erzählenden Texten vom Mittelalter bis zur Neuzeit. München 1994

Rando 2016 = Rando, Daniela, „Cum barbaris nationibus et linguis incognitis commercia humanitatis". Meere als Kommunikationsräume. In: Borgolte/Jaspert (Hg.) 2016, S. 303–320

Rathmann (Hg.) 2007 = Wahrnehmung und Erfassung geographischer Räume in der Antike, hg. von Michael Rathmann. Mainz 2007

Rau 2008 = Rau, Susanne, Raum und Religion. Eine Forschungsskizze. In: Rau/Schwerhoff (Hg.) 2008, S. 10–37

Rau 2013 = Rau, Susanne, Räume. Konzepte, Wahrnehmungen, Nutzungen. (Historische Einführungen 14) Frankfurt am Main 2013

Rau/Schwerhoff (Hg.) 2008 = Topographien des Sakralen. Religion und Raumordnung in der Vormoderne, hg. von Susanne Rau und Gerhard Schwerhoff. Hamburg 2008

Rausch 1986 = Rausch, Heinz, Art. Herrschaft. In: Staatslexikon[7] 2 (1986), Sp. 1247–1257

Raynaud 1993 = Raynaud, Christiane, Images et Pouvoirs. Paris 1993

Rechtsgeschichte = Rechtsgeschichte/Legal History. Zeitschrift des Max-Planck-Instituts für europäische Rechtsgeschichte/Journal of the Max Planck Institute for European Legal History. Frankfurt am Main 2002 ff.

Redepenning 2012 = Redepenning, Marc, Art. Räumeln. In: Günzel (Hg.) 2012, S. 328 f.

Reichert 2014 = Reichert, Folker, Asien und Europa im Mittelalter. Studien zur Geschichte des Reisens. Göttingen 2014

Reimitz 2000 = Reimitz, Helmut, Grenzen und Grenzüberschreitungen im karolingischen Mitteleuropa. In: Pohl/Reimitz (Hg.) 2000, S. 105–166

Reimitz 2015 = Reimitz, Helmut, History, Frankish Identity and the Framing of Western Ethnicity (550–850). Cambridge 2015

Rein 2012 = Rein, Matthias, Conversio deutsch. Studien zur Geschichte von Wort und Konzept ›bekehren‹, insbesondere in der deutschen Sprache des Mittelalters. (Historische Semantik 16) Göttingen 2012

Reinhard [2]2006 = Reinhard, Wolfgang, Lebensformen Europas. Eine historische Kulturanthropologie. München [2]2006

Reinke 1987 = Reinke, Martina, Die Reisegeschwindigkeit des deutschen Königshofes im 11. und 12. Jahrhundert nördlich der Alpen. In: Blätter für deutsche Landesgeschichte 123 (1987), S. 225–251

Reitemeier/Fouquet (Hg.) 2005 = Kommunikation und Raum. 45. Deutscher Historikertag in Kiel vom 14. bis 17. September 2004. Berichtsband hg. von Arnd Reitemeier und Gerhard Fouquet. Neumünster 2005

Remensnyder 1995 = Remensnyder, Amy Goodrich, Remembering Kings Past. Monastic Foundation Legends in Medieval Southern France. Ithaca, New York 1995

Renoux 2002 = Renoux, Annie, Pfalzen und königliche Staatsbildung. 25 Jahre Pfalzenforschung in Frankreich. In: Orte der Herrschaft. Mittelalterliche Königspfalzen, hg. von Caspar Ehlers. Göttingen 2002, S. 55–83

Reutter 2011 = Reutter, Wolfgang Paul, „Objektiv Wirkliches" in Friedrich Carl von Savignys Rechtsdenken, Rechtsquellen- und Methodenlehre. (Savignyana 10 / Studien zur europäischen Rechtsgeschichte 263) Frankfurt am Main 2011

RGG[4] = Religion in Geschichte und Gegenwart. Handwörterbuch für Theologie und Religionswissenschaft, hg. von Hans Dieter Betz, Don S. Browning, Bernd Janowski und Eberhard Jüngel. 4., völlig neu bearb. Auflage in 8 Bänden, Tübingen 1998–2005

Richard 1971 = Richard, Jean, Les récits de voyages et de pèlerinages. (Typologie des sources du moyen âge occidental 38) Turnhout 1981

Richter 2014 = Richter, Dagmar, Die neuen Konflikte um Kulturräume. Zur Bewahrung kultureller Identität im post-territorialen Zeitalter. In: Odendahl/Giegerich (Hg.) 2014, S. 71–104

Rieckenberg 1941 = Rieckenberg, Hans Jürgen, Königsstraße und Königsgut in liudolfingischer und frühsalischer Zeit. In: Archiv für Urkundenforschung 17 (1941), S. 32–154

Riedel 2005 = Riedel, Sabine, Einleitung. Religion, Ethnizität und Kultur als politische Ordnungsfaktoren. In: Die Erfindung der Balkanvölker. Identitätspolitik zwischen Konflikt und Integration, hg. von Sabine Riedel. Berlin 2005, S. 15–22

Rill 1995 = Rill, Ingo, Symbolische Identität. Dynamik und Stabilität bei Ernst Cassirer und Niklas Luhmann. (Epistemata, Reihe Philosophie 170) Würzburg 1995

Ristow 2006 = Ristow, Sebastian, Grab und Kirche. Zur funktionalen Bestimmung archäologischer Baubefunde im östlichen Frankenreich. In: Römische Quartalsschrift für Christliche Altertumskunde und Kirchengeschichte 101 (2006), S. 214–239

Ristow 2014a = Ristow, Sebastian, Judentum und Christentum in Spätantike und Frühmittelalter im deutschsprachigen Raum aus archäologischer Sicht. In: Das Altertum 59 (2014), S. 241–262

Ristow 2014b = Ristow, Sebastian, Aachen und Köln, Ingelheim und Mainz. Residenz und Stadt. Siedlungsentwicklung zwischen Spätantike und Frühmittelalter. In: Hortus Artium Medievalis 20 (2014), S. 85–97

Röckelein 2002 = Röckelein, Hedwig, Reliquientranslationen nach Sachsen im 9. Jahrhundert. Über Kommunikation, Mobilität und Öffentlichkeit im Frühmittelalter. (Beihefte der Francia 48) Stuttgart 2002

Rösener 1980 = Rösener, Werner, Strukturformern der älteren Agrarverfassung im sächsischen Raum. In: Niedersächsisches Jahrbuch für Landesgeschichte 52 (1980), S. 107–143

Rösener 2000 = Rösener, Werner, Struktur und Entwicklung der Grundherrschaft im deutschen Altsiedelgebiet (10.-13. Jahrhundert). In: Dilcher/Violante (Hg.) 2000, S. 111–133

Rösener 2003 = Rösener, Werner, Königshof und Herrschaftsraum. Norm und Praxis der Hof- und Reichsverwaltung im Karolingerreich. In: Uomo e spazio nell'alto Medioevo. Atti 50. settimana di studio del Centro Italiano di studi sull'alto Medioevo, Spoleto, 4–8 aprile 2002. (Settimane di studio del Centro italiano di studi sull'alto medioevo 50) Spoleto 2003, S. 443–478

Rösener 2008 = Rösener, Werner, Hofämter und Königshöfe des Frühmittelalters im Kontext der germanisch-romanischen Kultursynthese. In: Nomen et Fraternitas. Festschrift für Dieter

Geuenich zum 65. Geburtstag, hg. von Uwe Ludwig (Ergänzungsbände zum Reallexikon der germanischen Altertumskunde 62) Berlin 2008, S. 529–546

Rösener (Hg.) 2000 = Kommunikation in der ländlichen Gesellschaft vom Mittelalter bis zur Moderne, hg. von Werner Rösener. (Veröffentlichungen des Max-Planck-Instituts für Geschichte 156) Göttingen 2000

Rokkan 2000 = Rokkan, Stein, Staat, Nation und Demokratie in Europa. Die Theorie Stein Rokkans aus seinen gesammelten Werken, rekonstruiert und eingeleitet von Peter Flora. (Suhrkamp Taschenbuch Wissenschaft 1473) Frankfurt am Main 2000

Rosenwein 1999 = Rosenwein, Barbara H., Negotiating Space. Power, Restraint, and Privileges of Immunity in Early Medieval Europe. Ithaca, New York 1999

Rückert 2010 = Rückert, Joachim, Rechtsgewohnheiten und Denkgewohnheiten. In: Rechtsgeschichte 17 (2010), S. 74–79

Rückert 2011 = Rückert, Joachim, Savigny-Studien. (Savignyana 9 / Studien zur europäischen Rechtsgeschichte 255) Frankfurt am Main 2011

Rückert 2012 = Rückert, Joachim, Art. Historische Rechtsschule. In: HRG² 2 (2012), Sp. 1048–1055

Rüdiger 2016 = Rüdiger, Jan, Kann man zur See herrschen? Zur Frage mittelalterlicher Thalassokratien. In: Borgolte/Jaspert (Hg.) 2012, S. 35–58

Said 1993 = Said, Edward, Culture and Imperialism. New York, NY 1993; deutsche Übersetzung unter dem Titel: Kultur und Imperialismus. Einbildungskraft und Politik im Zeitalter der Macht. Frankfurt am Main 1993

Salzman 2002 = Salzman, Michele Renee, The Making of a Christian Aristocracy. Social and Religious Change in the Western Roman Empire. Cambridge, Massachusetts., 2002

Samsonowicz 2009 = Samsonowicz, Henryk, Das lange 10. Jahrhundert. Über die Entstehung Europas. (Klio in Polen 11) Osnabrück 2009

Sánchez-Pardo/Shapland (Hg.) 2015 = Churches and Social Power in Early Medieval Europe. Integrating Archaeological and Historical Approaches, hg. von José Sánchez-Pardo und Michael Shapland. (Studies in the Early Middle Ages 42) Turnhout 2015

Sander 2004 = Sander, Hans-Joachim, Mission und Religion. Unentrinnbar ein Dispositiv der Gewalt? Von der Not und dem Segen einer missionarischen Kirche. In: Deutschland, Missionsland? Zur Überwindung eines pastoralen Tabus, hg. von Matthias Sellmann. (Quaestiones Disputatae 206) Freiburg 2004

Santifaller ²1964 = Santifaller, Leo, Zur Geschichte des ottonisch-salischen Reichskirchensystems. (Österreichische Akademie der Wissenschaften, Phil.-Hist. Klasse, Sitzungsberichte 229, 1. Abhandlung) Wien ²1964

Sarnowsky 2008 = Sarnowsky, Jürgen, Angelsächsisch-iroschottischer Raum. In: Melville/Staub (Hg.) 2008, Bd. 2, S. 340–344

Sauer 1993 = Sauer, Christine, Fundatio und Memoria. Stifter und Klostergründer im Bild 1100–1350. (Veröffentlichungen des Max-Planck-Instituts für Geschichte 109) Göttingen 1993

Sawyer (Hg.) 1976 = Medieval Settlement. Continuity and Change, hg. von Peter Hayes Sawyer. London 1976

Schattkowsky 2000 = Schattkowsky, Martina, Grundherrschaft mit oder ohne Gerichtsherrschaft? Überlegungen zur Herausbildung ländlicher Herrschaftsstrukturen in den Siedlungsgebieten zwischen Elbe und Oder (12. und 13. Jahrhundert). In: Dilcher/Violante (Hg.) 2000, S. 135–164

Saxer 2013 = Saxer, Daniela, Die Schärfung des Quellenblicks. Forschungspraktiken in der Geschichtswissenschaft 1840–1914. (Ordnungssysteme, Studien zur Ideengeschichte der Neuzeit 37) München 2013

Schempf 2008 = Schempf, Herbert, Volksrecht, Rechtliche Volkskunde, Rechtsethnologie. In: Signa Ivris 1 (2008), S. 175–176

Schenk 2011 = Schenk, Winfried, Historische Geographie. (Geowissen Kompakt) Darmstadt 2011

Schieffer 1998 = Schieffer, Rudolf, Der geschichtliche Ort der ottonisch-salischen Reichskirchenpolitik. (Nordrhein-Westfälische Akademie der Wissenschaften, Vorträge, Geisteswissenschaften 352) Opladen 1998

Schieffer 2002 = Schieffer, Rudolf, Konstituierung der fränkischen Zivilisation. II. Das Europa der Karolinger. In: Ehlers, J. (Hg.) 2002, S. 99–120

Schieffer 2013 = Schieffer, Rudolf, Christianisierung und Reichsbildungen. Europa 700–1200. (C.H.Beck Geschichte Europas) München 2013

Schild 1993 = Schild, Wolfgang, Recht. Mittelalter. In: Dinzelbacher (Hg.) 1993, S. 591–614

Schipp 2009 = Schipp, Oliver, Der weströmische Kolonat von Konstantin bis zu den Karolingern (332 bis 861). (Studien zur Geschichtsforschung des Altertums 21) Hamburg 2009

Schlesinger 1978 = Schlesinger, Walter, Die Entstehung der Nationen. Gedanken zu einem Forschungsprogramm. In: Beumann/Schröder (Hg.) 1978, S. 11–62

Schlögel 2006 = Schlögel, Karl, Im Raume lesen wir die Zeit. Über Zivilisationsgeschichte und Geopolitik. Frankfurt am Main 2006

Schlögel 2013 = Schlögel, Karl, Grenzland Europa. Unterwegs auf einem neuen Kontinent. München 2013

Schmale, W. 2012 = Schmale, Wolfgang, Mythos „Europa". In: Boer/Duchhardt/Kreis (Hg.) 2012, S. 15–20

Schmauder 2000 = Schmauder, Michael, Überlegungen zur östlichen Grenze des karolingischen Reiches unter Karl dem Großen. In: Pohl/Reimitz (Hg.) 2000, S. 79–81

Schmid/Schmid 2007 = Schmid, Barbara und Regula Schmid, Die Allgegenwart des Raumes in den Kulturwissenschaften und die Ordnung der Dinge. In: Kundert/Schmid/Schmid (Hg.) 2007, S. 9–22

Schmid/Wollasch (Hg.) 1984 = Memoria. Der geschichtliche Zeugniswert des liturgischen Gedenkens im Mittelalter, hg. von Karl Schmid und Joachim Wollasch. (Münstersche Mittelalter-Schriften 48) München 1984

Schmidt, H.-J. 1996 = Schmidt, Hans-Joachim, Grenzen in der mittelalterlichen Kirche. Ekklesiologische und juristische Konzepte. In: Marchal (Hg.) 1996, S. 137–162

Schmidt, H.-J. 1999 = Schmidt, Hans-Joachim, Kirche, Staat, Nation. Raumgliederung der Kirche im mittelalterlichen Europa. (Forschungen zur mittelalterlichen Geschichte 37) Weimar 1999

Schmidt, H.-J. 2002 = Schmidt, Hans-Joachim, Raumkonzepte und geographische Ordnung kirchlicher Institutionen im 13. Jahrhundert. In: Moraw (Hg.) 2002, S. 87–125

Schmidt, M. 2009 = Schmidt, Michael, Das Imperium der Ottonen im Gefüge Europas von 911 bis 1025. Frankfurt am Main 2009

Schmidt-Recla 2006 = Schmidt-Recla, Adrian, Mancipatio familiae und Affatomie. Überlegungen zu Parallelentwicklungen im römischen und fränkischen Recht und zu Rezeptionsbedingungen im Frühmittelalter. In: Dilcher/Distler (Hg.) 2006, S. 461–486

Schmidt-Wiegand 2006 = Schmidt-Wiegand, Ruth, Sprache, Recht, Rechtssprache bei Franken und Alemannen vom 6. bis zum 7. Jahrhundert. In: Dilcher/Distler (Hg.) 2006, S. 141–158

Schmieder 1994 = Schmieder, Felicitas, Europa und die Fremden. Die Mongolen im Urteil des Abendlandes vom 13. bis in das 15. Jahrhundert. (Beiträge zur Geschichte und Quellenkunde des Mittelalters 16) Sigmaringen 1994

Schmitt 1940 = Schmitt, Carl, Raum und Großraum im Völkerrecht. Zuerst publiziert 1940; nun in: Ders., Staat, Großraum, Nomos. Arbeiten aus den Jahren 1916–1969, hg. von Günter Maschke. Berlin 1995, S. 234–262 (268)

Schmitt 1941 = Schmitt, Carl, Völkerrechtliche Großraumordnung mit Interventionsverbot für raumfremde Mächte. Ein Beitrag zum Reichsbegriff im Völkerrecht. Vierte Auflage publiziert 1941; nun in: Ders., Staat, Großraum, Nomos. Arbeiten aus den Jahren 1916–1969, hg. von Günter Maschke. Berlin 1995, S. 269–320 (371)

Schmitt 1951 = Schmitt, Carl, Recht und Raum. In: Tymbos für Wilhelm Ahlmann. Ein Gedenkbuch herausgegeben von seinen Freunden. Berlin 1951, S. 241–251

Schmitt-Weigand 1962 = Schmitt-Weigand, Adolf, Rechtspflegedelikte in der fränkischen Zeit. (Münsterische Beiträge zur Rechts- und Staatswissenschaft 7) Berlin 1962

Schmitz, G. 2012 = Schmitz, Gerhard, Art. Kapitularien. In: HRG² 2 (2012), Sp. 1604–1612

Schmitz, H. 1973/2005 = Schmitz, Hermann, Der Rechtsraum. Praktische Philosophie. (System der Philosophie 3/3) Bonn 1973, Studienausgabe Bonn 2005

Schmoeckel 1994 = Schmoeckel, Matthias, Die Großraumtheorie. Ein Beitrag zur Geschichte der Völkerrechtswissenschaft im Dritten Reich, insbesondere der Kriegszeit. Berlin 1994

Schneider, J. 1999 = Schneider, Jens, Klöster in der Region. Fragen der Regionalgeschichte. In: Mitteilungen des Vereins für Geschichte an der Universität-GH Paderborn 12 (1999), S. 31–37

Schneider, J. 2010 = Schneider, Jens, Auf der Suche nach dem verlorenen Reich. Lotharingien im 9. und 10. Jahrhundert. (Publications du Centre Luxembourgeois de Documentation et D'Études Médiévales 30) Köln 2010

Schneider, J. 2013a = Schneider, Jens, Raum und Grenze. Vergleichende Überlegungen zur Entwicklung im mittelalterlichen Reich. In: Picker (Hg.) 2013, S. 177–197

Schneider, J. 2013b = Schneider, Jens, Punkte im Raum. Zur Bedeutung von Orten für die Ausbildung von Herrschaft. Tübingen 2013 [http://nbn-resolving.de/urn:nbn:de:bsz:21-opus-67066]

Schneider, R. 1989 = Schneider, Reinhard, Das Königtum als Integrationsfaktor im Reich. In: Ehlers, J. (Hg.) 1989, S. 59–82

Schneider, R. 1991 = Schneider, Reinhard, Landeserschließung und Raumerfassung durch salische Herrscher. In: Die Salier und das Reich, hg. von Stefan Weinfurter. 3 Bde., Sigmaringen 1991, hier Bd. 1, S. 117–138

Schneidmüller 1987 = Schneidmüller, Bernd, Nomen patriae. Die Entstehung Frankreichs in der politisch-geographischen Terminologie (10.-13. Jahrhundert). (Nationes 7) Sigmaringen 1987

Schneidmüller 1997a = Schneidmüller, Bernd, Die mittelalterlichen Konstruktionen Europas. Konvergenz und Differenzierung. In: „Europäische Geschichte" als historiographisches Problem, hg. von Heinz Duchardt und Andreas Kunz. (Veröffentlichungen des Instituts für Europäische Geschichte Mainz, Beiheft 42) Mainz 1997, S. 5–24

Schneidmüller 1997b = Schneidmüller, Bernd, Nomen gentis. Nations- und Namenbildung im nachkarolingischen Europa. In: Geuenich/Haubrichs/Jarnut (Hg.) 1997, S. 140–156

Schneidmüller 2000 = Schneidmüller, Bernd, Konsensuale Herrschaft. Ein Essay über Formen und Konzepte politischer Ordnung im Mittelalter. In: Reich, Regionen und Europa in Mittelalter und Neuzeit. Festschrift für Peter Moraw, hg. von Paul-Joachim Heinig, Sigrid Jahns, Hans-Joachim Schmidt, Rainer Christoph Schwinges und Sabine Wefers. (Historische Forschungen 67) Berlin 2000, S. 53–87

Schneidmüller/Weinfurter 2006 = Schneidmüller, Bernd und Stefan Weinfurter, Ordnungskonfigurationen. Die Erprobung eines Forschungsdesigns. In: Schneidmüller/Weinfurter (Hg.) 2006, S. 7–18

Schneidmüller/Weinfurter (Hg.) 2006 = Ordnungskonfigurationen im hohen Mittelalter, hg. von
  Bernd Schneidmüller und Stefan Weinfurter. (Vorträge und Forschungen 64) Ostfildern 2006
Schöller 1970 = Schöller, Peter, Kräfte und Konstanten historisch-geographischer Raumbildung.
  Gemeinsame Probleme geschichtlicher und geographischer Landeskunde. In: Landschaft und
  Geschichte. Festschrift für Franz Petri zu seinem 65. Geburtstag, hg. von Georg Droege, Peter
  Schöller, Rudolf Schützeichel und Matthias Zender. Bonn 1970, S. 476–484
Schöttler 1994 = Schöttler, Peter, Zur Geschichte der Annales-Rezeption in Deutschland (West). In:
  Middell/Sammler (Hg.) 1994, S. 40–60
Schöttler (Hg.) 1997 = Geschichtsschreibung als Legitimationswissenschaft 1918–1945, hg. von
  Peter Schöttler. Frankfurt am Main 1997
Scholler/Tellenbach (Hg.) 2001 = Die Bedeutung der Lehre vom Rechtskreis und der Rechtskultur,
  hg. von Heinrich Scholler und Silvia Tellenbach. (Schriften zur Rechtstheorie 201) Berlin 2001
Schorn-Schütte 1984 = Schorn-Schütte, Luise, Karl Lamprecht. Kulturgeschichtsschreibung zwi-
  schen Wissenschaft und Politik. (Schriftenreihe der Historischen Kommission bei der Bayeri-
  schen Akademie der Wissenschaften 22) Göttingen 1984
Schott 1979 = Schott, Clausdieter, Der Stand der Leges-Forschung. In: Frühmittelalterliche Studien
  13 (1979), S. 29–55
Schott 2014c = Schott, Dieter, Europäische Urbanisierung (1000–2000). Eine umwelthistorische
  Einführung. (UTB 4025) Köln 2014
Schrage 1992 = Schrage, Eltjo Johannes Hidde, unter Mitwirkung von Harry Dondorp, Utrumque
  ius. Eine Einführung in das Studium der Quellen des mittelalterlichen gelehrten Rechts.
  (Schriften zur europäischen Rechts- und Verfassungsgeschichte 8) Berlin 1992
Schramm 1929/[4]1984 = Schramm, Percy Ernst, Kaiser, Rom und Renovatio. Studien zur Geschichte
  des römischen Erneuerungsgedankens vom Ende des Karolingerreiches bis zum Investitur-
  streit, Teil 1. (Studien zur Bibliothek Warburg 17) Leipzig 1929, [3]1975, Darmstadt [4]1984
Schreiner, K. 2000 = Schreiner, Klaus, Grundherrschaft. Ein neuzeitlicher Begriff für eine mittelal-
  terliche Sache. In: Dilcher/Violante (Hg.) 2000, S. 69–93
Schroer 2006 = Schroer, Markus, Räume, Orte, Grenzen. Auf dem Weg zu einer Soziologie des
  Raums. (Suhrkamp Taschenbuch Wissenschaft 1761) Frankfurt am Main 2006, [4]2012
Schultz 1997 = Schultz, Hans-Dietrich, Räume sind nicht. Räume werden gemacht. Zur Genese
  „Mitteleuropas" in der deutschen Geographie. In: Europa regional 5 (1997), S. 2–14
Schultz 2013 = Schultz, Hans-Dietrich, „Raumfragen beherrschen alle Geschichte". Macht und
  Raum im Denken der klassischen Geographie des 19./20. Jahrhunderts. In: Belina (Hg.) 2013,
  S. 15–35
Schulze/Oexle (Hg.) [2]2000 = Deutsche Historiker im Nationalsozialismus, hg. von Winfried Schul-
  ze und Otto Gerhard Oexle. Frankfurt am Main [2]2000
Schuppert 2016 = Schuppert, Gunnar Folke, The World of Rules. Eine etwas andere Vermessung
  der Welt. (Max Planck Institute for European Legal History Research Paper Series No. 2016–01
  [http://ssrn.com/abstract=2747385]
Schwerhoff 2012 = Schwerhoff, Gerd, Alteuropa. Ein unverzichtbarer Anachronismus. In: Jaser/
  Lotz-Heumann/Pohlig (Hg.) 2012, S. 27–45
Schwerhoff 2013a = Schwerhoff, Gerd, Spaces, Places, and the Historians. A Comment from a
  German Perspective. In: History and Theory 52 (2013), S. 420–432
Schwerhoff 2013b = Schwerhoff, Gerd, Historische Raumpflege. Der „spatial turn" und die Praxis
  der Geschichtswissenschaften. In: Räume, Grenzen, Identitäten. Westfalen als Gegenstand
  landes- und regionalgeschichtlicher Forschung, hg. von Wilfried Reininghaus und Bernd Wal-

ter. (Veröffentlichungen der Historischen Kommission für Westfalen, Neue Folge 9) Paderborn 2013, S. 11–27

Schwerhoff (Hg.) 2011 = Stadt und Öffentlichkeit in der Frühen Neuzeit, hg. von Gerd Schwerhoff. (Städteforschung, Reihe A: Darstellungen 83) Köln 2011

Schwerin 1939 = Schwerin, Claudius Freiherr von, „Volksrechtskunde" und „Rechtliche Volkskunde". In: Studi di storia e diritto in onore di Enrico Besta per il XL anno del suo insegnamento. Mailand 1939, hier Bd. 2, S. 515–536

Schwind 1984 = Schwind, Fred, Zu karolingerzeitlichen Klöstern als Wirtschaftsorganismen und Stätten handwerklicher Tätigkeit. In: Institutionen, Kultur und Gesellschaft im Mittelalter. Festschrift für Josef Fleckenstein zu seinem 65. Geburtstag, hg. von Lutz Fenske, Werner Rösener und Thomas Zotz. Sigmaringen 1984, S. 101–123

Schwinges (Hg.) 2007 = Straßen- und Verkehrswesen im hohen und späten Mittelalter, hg. von Rainer Christoph Schwinges. (Vorträge und Forschungen 66) Ostfildern 2007

See 1985 = See, Klaus von, Das Frühmittelalter als Epoche der europäischen Literaturgeschichte. In: Neues Handbuch der Literaturwissenschaft, Bd. 6 (Wiesbaden 1985), S. 5–64

See 1987 = See, Klaus von, Kulturkritik und Germanenforschung zwischen den Weltkriegen. In: Historische Zeitschrift 245 (1987), S. 343–362

Shuler 2010 = Shuler, Eric, The Saxons within Carolingian Christendom. Post-conquest identity in the translationes of Vitus, Pusinna and Liborius. In: Journal of Medieval History 36 (2010), S. 39–54

Sick 2012 = Sick, Andrea, Auszeichnen und Aufzeichnen von Räumen. Zum Vergleich zweier kartographischer Verfahren. In: Günzel/Nowak (Hg.) 2012, S. 341–354

Sieber 2010 = Sieber, Ulrich, Rechtliche Ordnung in einer globalen Welt. In: Rechtstheorie 41 (2010), S. 141–188

Siemek ²2014 = Simek, Rudolf, Religion und Mythologie der Germanen. 2., bibliographisch aktualisierte und überarbeitete Auflage, Darmstadt 2014

Siems 1992 = Siems, Harald, Handel und Wucher im Spiegel frühmittelalterlicher Rechtsquellen. (Monumenta Germaniae Historica, Schriften 35) Hannover 1992

Siems 1998 = Siems, Harald, Zu Problemen der Bewertung frühmittelalterlicher Rechtstexte. In: Zeitschrift der Savigny-Stiftung für Rechtsgeschichte, Germanistische Abteilung 106 (1989), S. 291–305

Siems 2009 = Siems, Harald, Die Entwicklung von Rechtsquellen zwischen Spätantike und Mittelalter. In: Kölzer (Hg.) 2009, S. 245–285

Siems (Hg.) 1995 = Recht im frühmittelalterlichen Gallien. Spätantike Tradition und germanische Wertvorstellungen, hg. von Harald Siems, Karin Nehlsen-von Stryk und Dieter Strauch. (Rechtsgeschichtliche Schriften 7) Köln 1995

Sievernich 2009 = Sievernich, Michael, Die christliche Mission. Geschichte und Gegenwart. Darmstadt 2009

Skalník 1978 = Skalník, Peter, The early state as a process. In: Claessen/Skalník (Hg.) 1978, S. 597–618

Smend 1928 = Smend, Rudolf, Verfassung und Verfassungsrecht. 1928, wieder abgedruckt in: Smend 1994, S. 119–276

Smend 1956 = Smend, Rudolf, Art. Integrationslehre. In: Handwörterbuch der Sozialwissenschaften, Bd. 5, hg. von Erwin von Beckerath, Hermann Bente und Carl Brinkmann. Stuttgart 1956, S. 299–302, wieder abgedruckt in: Smend 1994, S. 475–481

Smend 1966 = Smend, Rudolf, Art. Integration. In: Evangelisches Staatslexikon, hg. von Hermann Kunst und Siegfried Grundmann. Stuttgart 1966, Sp. 803 ff., wieder abgedruckt in: Smend 1994, S. 482–486

Smend 1994 = Smend, Rudolf, Staatsrechtliche Abhandlungen und andere Aufsätze. Berlin ³1994, S. 119–276

Soja 1989 = Soja, Edward, Postmodern Geographies. The Reassertion of space in critical social theory. London 1989

Sojc/Winterling/Wulf-Rheidt (Hg.) 2013 = Palast und Stadt im severischen Rom, hg. von Natascha Sojc, Aloys Winterling und Ulrike Wulf-Rheidt. Stuttgart 2013

Spiegel 1997 = Spiegel, Gabrielle M., The Past as Text. Theory and Practice of Medieval Historiography. (Parallax. Re-Visions of Culture and Society) Baltimore, MD 1997

Spiegel 2016 = Spiegel, Gabrielle M., Structures of Time in Medieval Historiography. In: Medieval History Journal 19 (2016), S. 21–33

Springer 1999 = Springer, Matthias, Was Lebuins Lebensbeschreibung über die Verfassung Sachsens wirklich sagt oder warum man sich mit einzelnen Wörtern beschäftigen muß. In: Häßler/Jarnut/Wemhoff (Hg.) 1999, S. 223–239

Staatslexikon⁷ = Staatslexikon. Recht, Wirtschaft, Gesellschaft, hg. von der Görres-Gesellschaft. 7., völlig neu bearb. Aufl. in 5 Bänden, Freiburg 1985–1993

Staubach (Hg.) 2007 = Außen und Innen. Räume und ihre Symbolik im Mittelalter, hg. von Nikolaus Staubach. (Tradition, Reform, Innovation 14) Frankfurt am Main 2007

Staudenmaier 2014 = Staudenmaier, Peter, Between Occultism and Nazism. Anthroposophy and the Politics of Race in the Fascist Era. London 2014

Steiger 2010 = Steiger, Heinhard, Die Ordnung der Welt. Eine Völkerrechtsgeschichte des karolingischen Zeitalters (741 bis 840). Köln 2010

Steinacher 2011 = Steinacher, Roland, Wiener Anmerkungen zu ethnischen Bezeichnungen als Kategorien der römischen und europäischen Geschichte. In: Burmeister/Müller-Scheeßel (Hg.) 2011, S. 183–206

Stengel 1910 = Stengel, Edmund E., Diplomatik der deutschen Immunitätsprivilegien vom 9. bis zum Ende des 11. Jahrhunderts. (Die Immunität in Deutschland 1) Innsbruck 1910, Nachdruck Aalen 1964

Steuer 1982 = Steuer, Heiko, Frühgeschichtliche Sozialstrukturen in Mitteleuropa. Eine Analyse der Auswertungsmethoden des archäologischen Quellenmaterials. (Abhandlungen der Akademie der Wissenschaften in Göttingen, Phil.-Hist. Klasse, Folge 3, 128) Göttingen 1982

Steuer 2004 = Steuer, Heiko, Das „völkisch" Germanische in der deutschen Ur- und Frühgeschichtsforschung. Zeitgeist und Kontinuitäten. In: Beck/Geuenich/Steuer (Hg.) 2004, S. 357–502

Steuer 2007 = Steuer, Heiko, Archäologische Quellen zur Religion und Kult der Sachsen vor und während der Christianisierung. In: Bonifatius. Leben und Nachwirken. Die Gestaltung des christlichen Europa im Frühmittelalter, hg. von Franz Joseph Felten, Jörg Jarnut und Lutz E. von Padberg. (Abhandlungen zur mittelrheinischen Kirchengeschichte 121) Mainz 2007, S. 83–110

Steuer/Biegel (Hg.) 2002 = Stadtarchäologie in Norddeutschland westlich der Elbe, hg. von Heiko Steuer und Gerd Biegel. (Zeitschrift für Archäologie des Mittelalters, Beiheft 14) Bonn 2002

Stieldorf 2012 = Stieldorf, Andrea, Marken und Markgrafen. Studien zur Grenzsicherung durch die fränkisch-deutschen Herrscher. (Monumenta Germaniae Historica, Schriften 64) Hannover 2012

Stiftung DHM (Hg.) 2014 = Kaiser und Kalifen. Karl der Große und die Mächte am Mittelmeer um 800, hg. von der Stiftung Deutsches Historisches Museum. Darmstadt 2014

Stolleis 2008 = Stolleis, Michael, Art. Europa. In: HRG^2 1 (2008), Sp. 1439–1441

Stolleis 2010 = Stolleis, Michael, Europa als Rechtsgemeinschaft. In: Europa als kulturelle Idee. Symposium für Claudio Magris, hg. von Stefan Kadelbach. Baden-Baden 2010, S. 71–81

Stoneking 2016 = Stoneking, Mark, An Introduction to Molecular Anthropology. Hoboken, New Jersey 2016

Stoneking/Krause 2011 = Stoneking, Mark und Johannes Krause, Learning About Human Population History from Ancient and Modern Genomes. In: Nature Reviews Genetics 12 (2011), S. 603–614

Strothmann, J. 2005 = Strothmann, Jürgen, Der beherrschte Raum und seine Grenzen. Zur Qualität von Grenzen in der Zeit der Karolinger. In: Millennium 2 (2005), S. 255–269

Strothmann, J. 2008 = Strothmann, Jürgen, Königsherrschaft oder nachantike Staatlichkeit? Merowingische Monetarmünzen als Quelle für die politische Ordnung des Frankenreiches. In: Millennium 5 (2008), S. 353–381

Strothmann, J. 2009a = Strothmann, Jürgen, Geschichte als Liturgie. Mittelalterliche Antikenrezeption und die Rolle des benediktinischen Mönchtums. In: Macht des Wortes. Benediktinisches Mönchtum im Spiegel Europas, hg. von Gerfried Sitar OSB und Martin Kroker. 2 Bde., Regensburg 2009, hier Bd. 1, S. 219–226

Strothmann, J. 2009b = Strothmann, Jürgen, Karolingische politische Ordnung als Funktion sozialer Kategorien. In: Pohl/Wieser (Hg.) 2009, S. 51–61

Strothmann, J. 2014 = Strothmann, Jürgen, Wer ist das Reich? Überlegungen zur Funktionsweise des karolingischen Ordnungsgefüges. In: Nationes, Gentes und die Musik im Mittelalter, hg. von Frank Hentschel und Marie Winkelmüller. Berlin 2014, S. 73–88

Strothmann, M. 2007 = Strothmann, Meret, Die zwei Europa. Zusammenführende Bemerkungen. In: Sie schufen Europa. Historische Portraits von Konstantin bis Karl dem Großen, hg. von Mischa Meier. München 2007, S. 327–341

Struve 1987 = Struve, Tilmann, Die Entwicklung der organologischen Staatsauffassung im Mittelalter. (Monographien zur Geschichte des Mittelalters 16) Stuttgart 1987

Szabó 1984 = Szabó, Thomas, Antikes Erbe und karolingisch-ottonische Verkehrspolitik. In: Institutionen, Kultur und Gesellschaft im Mittelalter. Festschrift für Josef Fleckenstein zu seinem 65. Geburtstag, hg. von Lutz Fenske, Werner Rösener und Thomas Zotz. Sigmaringen 1984, S. 125–145

Szabó (Hg.) 2009 = Die Welt der europäischen Straßen von der Antike bis in die Frühe Neuzeit, hg. von Thomas Szabó. Köln 2009

Tauber 1996 = Tauber, Jürg, Archäologische Funde und ihre Interpretation. In: Both (Hg.) 1996, S. 171–187

Tauschek 2013 = Tauschek, Markus, Kulturerbe. Eine Einführung. Berlin 2013

Tausend 2009 = Tausend, Klaus, Im Inneren Germaniens. Beziehungen zwischen den germanischen Stämmen vom 1. Jahrhundert vor Christus bis zum 2. Jahrhundert nach Christus. (Geographica Historica 25) Stuttgart 2009

Tautscher 1974 = Tautscher, Anton, Betriebsführung und Buchhaltung in den karlingischen Königsgütern nach dem Capitulare de Villis. In: Vierteljahrschrift für Social- und Wirtschaftsgeschichte 61 (1974), S. 1–28

Taylor (Hg.) 2006 = The Geography of Law. Landscape, Identity and Regulation, hg. von William Taylor. (Oñati International Series in Law and Society) Oxford 2006

Tellenbach 1988 = Tellenbach, Gerd, Die westliche Kirche vom 10. bis zum frühen 12. Jahrhundert. Göttingen 1988

Teuscher 2014 = Teuscher, Simon, Zur Mediengeschichte des „mündlichen Rechts" im späteren Mittelalter. In: Zeitschrift der Savigny-Stiftung für Rechtsgeschichte, Germanistische Abteilung 131 (2014), S. 69–88

Theuws 2000 = Theuws, Franz, Introduction. Rituals in Transforming Societies. In: Theuws/Nelson (Hg.) 2000, S. 1–13

Theuws/Nelson (Hg.) 2000 = Rituals of Power. From Late Antiquity to the Early Middle Ages, hg. von Frans Theuws und Janet L. Nelson. (The Transformation of the Roman World 8) Leiden 2000

Thier 2008 = Thier, Andreas, Art. Corpus Iuris Canonici. In: HRG[2] 1 (2008), Sp. 894–901

Thier 2010 = Thier, Andreas, Rechtsgewohnheiten, Ordnungskonfigurationen und Rechtsbegriff. In: Rechtsgeschichte 17 (2010), S. 40–44

Thimme 2006 = Thimme, David, Percy Ernst Schramm und das Mittelalter. Wandlungen eines Geschichtsbildes. (Schriftenreihe der Historischen Kommission bei der Bayerischen Akademie der Wissenschaften 75) Göttingen 2006

Tinti (Hg.) 2014 = Tinti, Francesca, England and Rome in the Early Middle Ages. Pilgrimage, Art, and Politics, hg. von Francesca Tinti. (Studies in the early Middle Ages 40) Turnhout 2014

Tischler 2014 = Tischler, Matthias M., Academic Challenges in a Changing World. In: Journal of Transcultural Medieval Studies 1 (2014), S. 1–8

TRE = Theologische Realenzyklopädie, in Gemeinschaft mit Horst Robert Balz hg. von Gerhard Krause und Gerhard Müller. 36 Bde. und Registerbände, Berlin 1977–2007

Tremp/Schmuki (Hg.) 2010 = Alkuin von York und die geistige Grundlegung Europas. Akten der Tagung vom 30. September bis zum 2. Oktober 2004 in der Stiftsbibliothek St. Gallen, hg. von Ernst Tremp und Karl Schmuki. (Monasterium Sancti Galli 5) St. Gallen 2010

Ullmann 1980 = Ullmann, Walter, Jurisprudence in the Middle Ages. (Variorum Reprints CS 120) London 1980

Untermann 2015 = Untermann, Matthias, Frühmittelalterliche Pfalzen im ostfränkischen Reich. In: The Emperor's House, hg. von Michael Featherstzone, Jean-Michel Spieser, Gülru Tanman und Ulrike Wulf-Rheidt. (Urban Spaces 4) Berlin 2015, S. 107–126

Vai/Ghirotto et al. 2015 = Stefania Vai, Silvia Ghirotto, Elena Pilli, Francesca Tassi, Martina Lari, Ermanno Rizzi, Laura Matas-Lalueza, Oscar Ramirez, Carles Lalueza-Fox, Alessandro Achilli, Anna Olivieri, Antonio Torroni, Hovirag Lancioni, Caterina Giostra, Elena Bedini, Luisella Pejrani Baricco, Giuseppe Matullo, Cornelia Di Gaetano, Alberto Piazza, Krishna Veeramah, Patrick Geary, David Caramelli, Guido Barbujani, Genealogical Relationships between Early Medieval and Modern Inhabitants of Piedmont. In: PLoS ONE 10(1): e0116801. doi:10.1371/journal.pone.0116801

VanValkenburgh/Osborne 2012 = VanValkenburgh, Parker und James F. Osborne, Home Turf. Archaeology, Territoriality, and Politics. In: Archeological Papers of the American Anthropological Association 22/1 (2012), S. 1–27

Veeramah/Tönjes et al. 2011 = Veeramah, Krishna R., Anke Tönjes, Peter Kovacs, Arnd Gross, Daniel Wegmann, Patrick Geary, Daniela Gasperikova, Iwar Klimes, Markus Scholz, John Novembre und Michael Stumvoll, Genetic Variation in the Sorbs of Eastern Germany in the Context of Broader European Genetic Diversity. In: European Journal of Human Genetics 19 (2011), S. 1–7

Veit 2011 = Veit, Ulrich, Über das ‚Geschichtliche' in der Archäologie und über das ‚Archäologische' in der Geschichtswissenschaft. In: Burmeister/Müller-Scheeßel (Hg.), S. 297–310

VerfLex[2] = Die deutsche Literatur des Mittelalters. Verfasserlexikon. Begründet von Wolfgang Stammler und Karl Langosch. 2. Aufl. hg. von Kurt Ruh und Burghart Wachinger. 12 Bde., Berlin 1978–2006

Verhein 1953/1954 = Verhein, Klaus, Studien zu den Quellen zum Reichsgut der Karolingerzeit. Teil 1: Capitulare de Villis, Capitulare Ambrosianum, Brevium Exempla, Urbar des Reichsgutes aus Lorsch, Urbar des Reichsgutes in Rätien. In: Deutsches Archiv für Erforschung des Mittelalters 10 (1953/1954), S. 313–394

Verhein 1954/55 = Verhein, Klaus, Studien zu den Quellen zum Reichsgut der Karolingerzeit. Teil 2: Die Brevium Exempla. In: Deutsches Archiv für Erforschung des Mittelalters 11 (1954/1955), S. 333–392

Vierhaus 1977 = Vierhaus, Rudolf, Rankes Begriff der historischen Objektivität. In: Objektivität und Parteilichkeit in der Geschichtswissenschaft, hg. von Reinhart Koselleck, Wolfgang J. Mommsen und Jörn Rüsen. (Beiträge zur Historik 1) München 1977, S. 63–76

Vogtherr 2000 = Vogtherr, Thomas, Die Reichsabteien der Benediktiner und das Königtum im hohen Mittelalter (900–1125). (Mittelalter-Forschungen 5) Stuttgart 2000

Vollrath, E. 1993 = Vollrath, Ernst, „Macht" und „Herrschaft" als Kategorien der Soziologie Max Webers. In: Bürgerschaft und Herrschaft. Zum Verhältnis von Macht und Demokratie im antiken und neuzeitlichen politischen Denken, hg. von Jürgen Gebhardt und Herfried Münkler. Baden-Baden 1993, S. 211–226

Vollrath, H. 1990 = Vollrath, Hanna, Christliches Abendland und archaische Stammeskultur. Zu einer Standortbestimmung des frühen Mittelalters. (Bertha Benz-Vorlesung 4) Ladenburg 1990

Wadle 1995 = Wadle, Elmar, Visionen vom „Reich". Streiflichter zur Deutschen Rechtsgeschichte zwischen 1933 und 1945. In: Die deutsche Rechtsgeschichte in der NS-Zeit. Ihre Vorgeschichte und ihre Nachwirkungen, hg. von Joachim Rückert und Dietmar Willoweit. (Beiträge zur Rechtsgeschichte des 20. Jahrhunderts 12) Tübingen 1995, S. 241–299

Wagner, P. 2005 = Wagner, Peter, Hat Europa eine kulturelle Identität? In: Joas/Wiegandt (Hg.) 2005, S. 494–511

Wagner, W. 1987 = Wagner, Wolfgang, Geltungsbereiche ausländischer Kodifikationen im Deutschen Reich vor Inkrafttreten des BGB. In: Ius Commune 14 (1987), S. 203–223

Wallace-Hadrill 1971 = Wallace-Hadrill, John Michael, Early Germanic Kingship in England and on the Continent. Oxford 1971, Nachdruck 1980

Weber, K. 2011 = Weber, Karl, Die Formierung des Elsass im Regnum Francorum. Adel, Kirche und Königtum am Oberrhein in merowingischer und frühkarolingischer Zeit. (Archäologie und Geschichte. Freiburger Forschungen zum ersten Jahrtausend in Südwestdeutschland 19) Ostfildern 2011

Weber, M. 1922/[5]1972 = Weber, Max, Wirtschaft und Gesellschaft. Tübingen 1922 (postum), hier benutzt wurde die 5. Auflage, Studienausgabe, Tübingen 1972

Webster/Brown (Hg.) 1997 = The Transformation of the Roman World A.D. 400–900, hg. von Leslie Webster und Michelle Brown. London 1997

Wehler 2013 = Wehler, Hans-Ulrich, Die neue Umverteilung. Soziale Ungleichheit in Deutschland. (beck'sche reihe) München 2013

Weichhart 1990 = Weichhart, Peter, Raumbezogene Identität. Bausteine zu einer Theorie räumlich-sozialer Kognition und Identifikation. (Erdkundliches Wissen 102) Stuttgart 1990

Weigel 2002 = Weigel, Sigrid, Zum ‚topographical turn'. Kartographie, Topographie und Raumkonzepte in den Kulturwissenschaften. In: KulturPoetik 2,2 (2002), S. 151–165

Weigl 2012 = Weigl, Andreas, Bevölkerungsgeschichte Europas. Von den Anfängen bis in die Gegenwart. (UTB 3756) Wien 2012

Weinfurter 2009 = Weinfurter, Stefan, Ordnungskonfigurationen. Das Beispiel Heinrichs III. In: Neue Wege der Forschung. Antrittsvorlesungen am Historischen Seminar Heidelberg 2000–2006. Heidelberg 2009, S. 11–46

Weitzel 1992 = Weitzel, Jürgen, Gewohnheitsrecht und fränkisch-deutsches Gerichtsverfahren. In: Gewohnheitsrecht und Rechtsgewohnheiten im Mittelalter, hg. von Gerhard Dilcher. (Schriften zur europäischen Rechts- und Verfassungsgeschichte 6) Berlin 1992, S. 67–86

Weitzel 2002 = Weitzel, Jürgen, Die transalpine Provinz des ungeschriebenen Rechts. In: Dreier/Forkel/Laubenthal (Hg.) 2002, S. 23–45

Weitzel 2006a = Weitzel, Jürgen, Worte der Vorläufer. In: Dilcher/Distler (Hg.) 2006, S. 43–50

Weitzel 2006b = Weitzel, Jürgen, Die Bedeutung der Dinggenossenschaft für die Herrschaftsordnung. In: Dilcher/Distler (Hg.) 2006, S. 351–366

Weitzel 2006c = Weitzel, Jürgen, Gericht, Verfahren, Recht. In: Dilcher/Distler (Hg.) 2006, S. 543–548

Weitzel 2010 = Weitzel, Jürgen, Ein zweiter Paradigmenwechsel? In: Rechtsgeschichte 17 (2010), S. 62–66

Wenskus 1976 = Wenskus, Reinhard, Sächsischer Stammesadel und fränkischer Reichsadel. (Abhandlungen der Akademie der Wissenschaften in Göttingen. Phil.-Hist. Klasse, Folge 3 Nr. 93) Göttingen 1976

Wenskus [2]1977 = Wenskus, Reinhard, Stammesbildung und Verfassung. Das Werden der frühmittelalterlichen gentes. Köln/Graz 1961, zweite Auflage 1977

Werner, K. F. 1998 = Werner, Karl Ferdinand, La Naissance de la Noblesse. Paris 1998

Werner, M. 2009 = Werner, Michael, Zum theoretischen Rahmen und historischen Ort der Kulturtransferforschung. In: Kultureller Austausch. Bilanz und Perspektiven der Frühneuzeitforschung, hg. von Michael North. Köln 2009, S. 15–24

Werner/Zimmermann 2002 = Werner, Michael und Bénédicte Zimmermann, Verflechtung. Der Ansatz der Histoire croisée und die Herausforderung des Transnationalen. In: Geschichte und Gesellschaft 28 (2002), S. 607–636 [http://www.jstor.org/stable/40185909]

Werner/Zimmermann (Hg.) 2004 = De la comparaison à l'histoire croisée, hg. von Michael Werner und Bénédicte Zimmermann. (Le genre humain 42) Paris 2004

Wetzstein 2014 = Wetzstein, Thomas, New Masters of Space. The Creation of Communication Networks in the West (Eleventh-Twelfth Centuries). In: Cohen/Madeline (Hg.) 2014, S. 115–132

Whitrow 1988/1991 = Whitrow, Gerald J., Die Erfindung der Zeit. Hamburg 1991. Deutsche Übersetzung aus dem Englischen: Time in History. Oxford 1988

Wickham 2009 = Wickham, Chris, The Inheritance of Rome. A history of Europe from 400 to 1000. (The Penguin history of Europe 2) London 2009

Wickham 2015 = Wickham, Chris, Medieval Rome. Stability and Crisis of a City, 900–1150. (Oxford studies in medieval European history) Oxford 2015

Wieczorek/Hinz (Hg.) 2000 = Europas Mitte um 1000. Katalog, hg. von Alfried Wieczorek und Hans-Martin Hinz. 2 Bde., Stuttgart 2000

Wilentz (Hg.) 1985 = Rites of Power. Symbolism, Ritual, and Politics since the Middle Ages, hg. von Sean Wilentz. Philadelphia, PA 1985

Williamson 2014 = Williamson, Fiona, The Spatial Turn of Social and Cultural History. A Review of the Current Field. In: European History Quarterly 44 (2014), S. 703–717

Willner 2011 = Willner, Heinz, Limes Saxoniae. Die Wiederentdeckung einer lange vergessenen Grenze. Marburg 2011

Willoweit 1989 = Willoweit, Dietmar, Art. Herrschaft. In: LexMA 4 (1989), Sp. 2176–2179

Willoweit 2000 = Willoweit, Dietmar, Grundherrschaft und Territorienbildung. Landherren und Landesherren in deutschsprachigen Urkunden des 13. Jahrhunderts. In: Dilcher/Violante (Hg.) 2000, S. 215–233

Willoweit 2002 = Willoweit, Dietmar, Historische Prozesse staatenübergreifender Rechtsbildung. In: Dreier/Forkel/Laubenthal (Hg.) 2002, S. 3–21

Willroth 1998 = Willroth, Karl-Heinz, Siedlungen und Gräber als Spiegel der Stammesbildung. Gedanken zur Abgrenzung germanischer Stämme in der ausgehenden vorrömischen Eisenzeit in Norddeutschland und Südskandinavien. In: Studien zur Archäologie des Ostseeraumes. Festschrift für Michael Müller-Wille, hg. von Anke Wesse. Neumünster 1998, S. 359–371

Wilschewski 2007 = Wilschewski, Frank, Die karolingischen Bischofssitze des sächsischen Stammesgebietes bis 1200. (Studien zur internationalen Architektur- und Kunstgeschichte 46) Petersberg 2007

Winkler 1995 = Winkler, Günther, Zeit und Recht. Kritische Anmerkungen zur Zeitgebundenheit des Rechts und des Rechtsdenkens. (Forschungen aus Staat und Recht 100) Wien 1995

Winkler 1999 = Winkler, Günther, Raum und Recht. Dogmatische und theoretische Perspektiven eines empirisch-rationalen Rechtsdenkens. (Forschungen aus Staat und Recht 120) Wien 1999

Winroth 2000 = Winroth, Anders, The Making of Gratians's Decretum. (Cambridge Studies in Medieval Life and Thought 4,49) Cambridge 2000

Wirth 1997 = Wirth, Gerhard, Art. Stamm. In: LexMA 8 (1997) Sp, 42 f.

Wischmeyer/Möller (Hg.) 2013 = Transnationale Bildungsräume. Wissenstransfers im Schnittfeld von Kultur, Politik und Religion, hg. von Johannes Wischmeyer und Esther Möller. (Veröffentlichungen des Instituts für Europäische Geschichte 96) Göttingen 2013

Wisnovsky (Hg.) 2011 = Vehicles of Transmission, Translation, and Transformation in Medieval Textual Culture, hg. von Robert Wisnovsky. (Cursor mundi 4) Turnhout 2011

Wissenschaftsrat 2012 = Perspektiven der Rechtswissenschaft in Deutschland. Situation, Analysen, Empfehlungen. Wissenschaftsrat, Drucksache 2558–12, Köln 2012

Wiwjorra 2006 = Wiwjorra, Ingo, Der völkische Germanenmythos als Konsequenz deutscher Altertumsforschung des 19. Jahrhunderts. In: Politische Mythen im 19. und 20. Jahrhundert in Mittel- und Osteuropa, hg. von Heidi Hein-Kircher. (Tagungen Ostmitteleuropa-Forschung 24) Marburg 2006, S. 157–166

Wolf 1982 = Wolf, Armin, Zur Methode europäischer Rechtsgeschichte. In: Aspekte europäischer Rechtsgeschichte. Festgabe für Helmut Coing zum 70. Geburtstag. (Ius Commune Sonderhefte 17) Frankfurt am Main 1982, S. 457–474

Wolf 1989 = Wolf, Armin, Die Gliederung Europas in Nationen im Spiegel von Recht und Gesetzgebung des Mittelalters. In: Ehlers, J. (Hg.) 1989, S. 83–96

Wolfram 2006 = Wolfram, Herwig, Grundlagen und Ursprünge des europäischen Königtums. In: Dilcher/Distler (Hg.) 2006, S. 185–196

Wolnik 2004 = Wolnik, Gordon, Mittelalter und NS-Propaganda. Mittelalterbilder in den Print-, Ton- und Bildmedien des Dritten Reiches. Münster 2004

Wolter 1988 = Wolter, Heinz, Die Synoden im Reichsgebiet und in Reichsitalien von 916–1056. (Konziliengeschichte, Reihe A: Darstellungen) Paderborn 1988

Wood 2013 = Wood, Ian, The Modern Origins of the Early Middle Ages. Oxford 2013

Wormald 2003 = Wormald, C. Patrick, The ‚leges barbarorum'. Law and Ethnicity in the post-Roman West. In: Goetz/Jarnut/Pohl (Hg.) 2003, S. 21–53

Wulf-Rheidt 2013 = Wulf-Rheidt, Ulrike, Der Palst auf dem Palatin. Zentrum im Zenrum. Geplanter Herrschaftssitz oder Produkt eines langen Entwicklungsprozesses? In: Politische Räume in vormodernen Gesellschaften. Gestaltung, Wahrnehmung, Funktion, hg. von Ortwin Dally, Friederike Fless, Rudolf Haensch, Felix Pirson und Susanne Sievers. Rahden/Westf. 2013, 277–290

Yoffee 2012 = Yoffee, Norman, New Territory in Archaeological Theory. In: Territoriality in Archaeology. (Archeological Papers of the American Anthropological Association 22/1, Special Issue 2012), S. 189–192

Zender ²1973 = Zender, Matthias, Räume und Schichten mittelalterlicher Heiligenverehrung in ihrer Bedeutung für die Volkskunde. Köln ²1973

Zimmermann 2012 = Zimmermann, M., Judentum. In: Boer/Duchhardt/Kreis (Hg.) 2012, S. 113–122

Zöllner 1950 = Zöllner, Erich, Die politische Stellung der Völker im Frankenreich. (Veröffentlichungen des Instituts für österreichische Geschichtsforschung 13) Wien 1950

Zotz 1993 = Zotz, Thomas, Carolingian Tradition and Ottonian-salian Innovation. Comparative Observations on Palatine Policy in the Empire. In: Duggan (Hg.) 1993, S. 69–100

Zotz 2004 = Zotz, Thomas, Symbole der Königsmacht und Spiegel gesellschaftlicher Interaktion. Zur Rede vom Palatium in den Urkunden der Ottonen. In: Retour aux sources. Textes, études et documents d'histoire médiévale offerts à Michel Parisse, hg. von Sylvain Gougenheim. Paris 2004, S. 363–372

Zotz 2009 = Zotz, Thomas, Grundlagen, Grenzen und Probleme der Staatlichkeit im frühen Mittelalter. Zur Bedeutung und Funktion der Königspfalzen. In: Pohl/Wieser (Hg.) 2009, S. 515–522

10 Sachregister

Anmerkungen:
1. Die Lemmata „Geschichtswissenschaft", „Rechtsgeschichte" und „Rechtsräume" werden ebenso wie geographische Namen nicht eigens ausgeworfen.
2. Es handelt sich nicht um ein generelles Verzeichnis aller erwähnten „Sachen" sondern um eines der relevanten Stichwörter.

11 Personenregister

Anmerkungen:
1. Die Namen der unter „4. Quellen" aufgelisteten Autoren wurden nicht in das Personenregister übernommen, sofern sie nicht an anderer Stelle im Text erwähnt sind.
2. Namen noch lebender Personen wurden nicht in das Register aufgenommen.

www.ingramcontent.com/pod-product-compliance
Lightning Source LLC
Chambersburg PA
CBHW030313100426
42812CB00002B/689